RECEITAS DO MUNDO TODO

PÃO QUENTE

PARA FAZER EM CASA

JESSAMYN WALDMAN RODRIGUEZ
e as padeiras da Hot Bread Kitchen
com Julia Turshen

Fotografias principais
Jennifer May

Tradução
Isabella Pacheco

Copyright © 2015 by Jessamyn Waldman Rodriguez

Copyright das fotografias principais © 2015 by Jennifer May

Copyright das outras fotografias © 2015 by Evan Sung

Copyright da fotografia do pão de queijo by Shutterstock

Tradução publicada mediante acordo com Clarkson Potter/ Publishers, um selo do Crown Publishing Group, uma divisão da Penguin Random House llc.

Companhia de Mesa é um selo da Editora Schwarcz S.A.

Grafia atualizada segundo o Acordo Ortográfico da Língua Portuguesa de 1990, que entrou em vigor no Brasil em 2009.

TÍTULO ORIGINAL The Hot Bread Kitchen Cookbook: From Around the World
FOTO DE CAPA Jennifer May
PREPARAÇÃO Lígia Azevedo
ÍNDICE REMISSIVO Probo Poletti
REVISÃO Ana Maria Barbosa e Márcia Moura

Dados Internacionais de Catalogação na Publicação (CIP)
(Câmara Brasileira do Livro, SP, Brasil)

Rodriguez, Jessamyn Waldman
  Pão quente : receitas do mundo todo para fazer em casa / Jessamyn Waldman Rodriguez e as padeiras da Hot Bread Kitchen com Julia Turshen ; fotografias principais Jennifer May ; tradução Isabella Pacheco. — 1ª ed. — São Paulo : Companhia de Mesa, 2017.

  Título original: The Hot Bread Kitchen Cookbook: From Around the World
  ISBN 978-85-92754-04-4

  1. Cozinha internacional 2. Culinária 3. Hot Bread Kitchen 4. Pães (Culinária) I. Turshen, Julia. II. May, Jennifer. III. Título.

17-02870   CDD-641.815

Índice para catálogo sistemático:
1. Pães : Receitas : Culinária 641.815

[2017]
Todos os direitos desta edição reservados à
EDITORA SCHWARCZ S.A.
Rua Bandeira Paulista, 702, cj. 32
04532-002 — São Paulo — SP
Telefone: (11) 3707-3500
www.companhiadasletras.com.br
instagram.com/companhiademesa

TIPOGRAFIA Archer
DIAGRAMAÇÃO acomte
PAPEL Alta Alvura
IMPRESSÃO Geográfica, junho de 2017

A marca FSC® é a garantia de que a madeira utilizada na fabricação do papel deste livro provém de florestas que foram gerenciadas de maneira ambientalmente correta, socialmente justa e economicamente viável, além de outras fontes de origem controlada.

Para Eli, Dahlia e Emile
Eu não conseguiria (nem tentaria) fazer isso sem vocês.

A todos aqueles que fazem pão e à equipe
da Hot Bread Kitchen, desde o início até hoje.

SUMÁRIO

INTRODUÇÃO 9

DICAS PARA FAZER PÃES 15

NOTAS SOBRE EQUIPAMENTOS E INGREDIENTES 20

Primordiais: PÃES SEM FERMENTO 25

Levemente inflados:
PÃES CHATOS FERMENTADOS 53

Masa y más: TORTILHAS E COMPANHIA 85

Escuros e crocantes: PÃES BÁSICOS 117

Chalá e além: TRANÇAS E PÃES ENRIQUECIDOS 169

Massas recheadas do mundo todo 201

Fáceis e doces: PÃES RÁPIDOS E FESTIVOS 231

Sem desperdício:
O QUE FAZER COM AS SOBRAS DE PÃO 267

FONTES 291

AGRADECIMENTOS 292

ÍNDICE REMISSIVO 296

Introdução

Todos os dias, às 5h, enquanto a maioria das pessoas ainda está dormindo em Nova York, as batedeiras industriais já estão a toda na Hot Bread Kitchen, no East Harlem. Lutfunnessa, uma de nossas padeiras, põe uma panela de água para ferver e mede a farinha integral para fazer uma fornada de chapati. Enquanto isso, Nancy escorre o milho seco que deixou hidratando durante a noite. Como chefe da produção de tortilhas, fará milhares delas em três deliciosas variedades, com milhos diferentes. Às 6h, Ela chega à cozinha e começa a misturar as massas fermentadas do dia, começando com a de nan-e qandi, um pão persa com textura de bolo. Vinte outras massas serão preparadas para mais de setenta tipos de pão. Ao longo do dia, as batedeiras misturam fermentos naturais, especiarias, farinhas de produção local e água para fazer versões de uma grande variedade de pães tradicionais do mundo todo — massas lêvedas, de centeio, focaccias e conchas mexicanas. Nunca paramos; sempre tem algo acontecendo na Hot Bread Kitchen.

À primeira vista, ela pode parecer uma padaria comum. Mas por trás dos chalá trançados e dos pães multigrãos, uma missão poderosa prevalece. A Hot Bread Kitchen é uma empresa que provê educação e abre portas para mulheres de baixa renda, muitas delas imigrantes. Nossa missão é treinar todos da padaria para que possam atingir cargos gerenciais na indústria alimentícia ou começar seu próprio negócio na área. Usamos o lucro da venda de cada pão para pagar esse treinamento. Assim, nossa missão é sustentada pela empresa.

O segredo da Hot Bread Kitchen é que os pães artesanais que assamos são inspirados nas mulheres que treinamos. Nossas receitas são diversas e autênticas, passadas de geração em geração.

A ideia da padaria surgiu de um feliz mal-entendido. No ano 2000, eu me candidatei a um trabalho em uma organização de microfinanças chamada

Women's World Banking [Banco Mundial das Mulheres]. Não consegui o trabalho, mas depois de um tempo um amigo me perguntou sobre minha entrevista na Women's World Baking [Padaria Mundial das Mulheres]. A supressão dessa letra "n" despertou algo em mim. O conceito de um coletivo internacional de padeiras ressoou em minha cabeça, juntando minha paixão por comida com meu comprometimento com a justiça social.

Toda cultura tem um pão tradicional, e na maioria dos países são as mulheres quem mantêm essa tradição viva. Seria de esperar que nos Estados Unidos, especialmente em Nova York, uma cidade com grande população imigrante, muitas mulheres estivessem empregadas nessa área. Mas, surpreendentemente, havia muito poucas padeiras.

Meu sonho era que a Hot Bread Kitchen pudesse compensar esse desequilíbrio — e, é claro, oferecer ótimos pães com ênfase em especialidades regionais que não são encontrados em todo canto. Ao ajudar mulheres a utilizar suas habilidades inatas e sua paixão pela cozinha em uma profissão formal, a Hot Bread Kitchen criaria uma gama de novas padeiras que mudaria a cara da indústria.

Mas, aos 21 anos, sem dinheiro, nenhuma experiência no universo da panificação, recém-formada e idealista demais, eu não tinha condições de abrir uma padaria social. Por isso, assim como se faz com a massa, deixei a ideia descansar e comecei minha carreira em uma área completamente diferente.

Cresci em Toronto, em uma família fascinada por comida. Meu bisavô, um imigrante russo, geriu uma padaria judaica lá durante anos, a Perlmutter's Bakery. Eles faziam lindos pães de centeio. Minha mãe também gosta de levar um pouco do crédito da Hot Bread Kitchen, porque fazíamos chalá juntas nas tardes de sexta-feira para o jantar do Shabat. Tenho memórias vívidas de sentir a massa nas mãos e ajudar a abri-la, do cheiro do pão crescendo e depois saindo do forno. Tudo isso está no meu sangue.

Depois da faculdade — e da fatídica entrevista —, comecei a trabalhar com políticas públicas e relações internacionais. Eu me tornei embaixadora da Canadian Landmine Foundation, que tentava resolver o problema de áreas infestadas de minas terrestres abandonadas. Comecei a me interessar por políticas de imigração, então fui trabalhar no Programa das Nações Unidas para o Desenvolvimento, na Costa Rica. Após completar um mestrado em administração pública, trabalhei em algumas ONGs, com foco em direitos humanos, educação e problemas imigratórios. Depois fiz parte da equipe de uma escola no Brooklyn. Durante todo esse tempo, ficava voltando à ideia da Padaria Mundial das Mulheres. Falei com várias pessoas sobre isso, esperando, secretamente, que alguém fizesse a ideia acontecer. Ninguém o fez, então decidi tomar coragem e abrir a Hot Bread Kitchen.

Primeiro precisei aprender a fazer pães profissionalmente. Fiz aulas na

New School e um estágio na padaria do restaurante Daniel, de Daniel Boulud, que recebeu três estrelas Michelin, sob o comando do chef padeiro Mark Fiorentino. Meu namorado na época (e hoje meu marido), Eli Rodriguez, havia trabalhado no Daniel e me apresentou a Mark, que gentilmente corrigiu o modo patético como eu fazia baguetes e me ensinou a maior parte do que sei sobre panificação. Apesar da loucura que era trabalhar na padaria na parte da manhã e depois comandar uma escola de ensino médio, a experiência confirmou que eu *amava* fazer pães e incentivou meu desejo de criar um coletivo de padeiras imigrantes.

Usando tudo o que aprendi com Mark, pudemos assar o primeiro pão oficial da Hot Bread Kitchen em 2007, na cozinha da minha própria casa, um pequeno apartamento na Pacific Avenue, no Brooklyn. Na verdade, era uma tortilha de milho nixtamalizado — a verdadeira tortilha integral, tradicional e saudável. A padeira responsável por ela foi minha primeira funcionária e grande amiga, Elidia Ramos, que usou uma receita da sua cidade natal, Puebla, no México. Comecei a vender tortilhas de milho (p. 94) e filão multigrãos (p. 150) no verão daquele ano, em uma feira no Harlem. As pessoas gostavam dos nossos pães, e eu ficava feliz em conversar com todo mundo sobre o conceito da padaria. Na época, eu era padeira, vendedora, compradora, encarregada da limpeza e gerente de arrecadações e busca de patrocínio (embora minha mãe desse assistência nesse último quesito). Começamos a crescer, e Elidia logo trouxe sua sobrinha, sua irmã e, finalmente, sua filha. Trabalhávamos até a madrugada e chegamos a usar os fornos do restaurante Daniel algumas vezes. Nossa comunidade estava se expandindo.

Ansiosa para crescer para além da bancada da cozinha do meu apartamento, aluguei uma cozinha comercial no Queens durante alguns períodos da madrugada. Nossos canais de distribuição cresceram e passaram a incluir lojas especializadas — a Saxelby Cheese, no mercado da Essex Street, foi quem começou a vender nosso lavash. Em 2008, contratei minha primeira funcionária de fora da cozinha, Katrina Schwartz — uma talentosa faz-tudo —, e trabalhamos duro para fazer as coisas acontecerem. Em junho de 2009, alugamos um escritório em Gowanus, no Brooklyn, mas a cozinha continuou no Queens.

A Hot Bread Kitchen cresceu rapidamente, e em dezembro de 2010 nos mudamos para o atual endereço no East Harlem (também chamado de El Barrio). Nossa padaria comercial de grande porte fica localizada no La Marqueta, um antigo mercado embaixo da linha do trem. A proposta original do mercado era "limpar" o bairro, levando os vendedores de rua para baixo de um teto. Embora fosse uma decisão anti-imigrante, do tipo "tire-os das ruas", o local prosperou por décadas. Nos bons tempos, ele se estendia pela Park Avenue, desde a rua 111 até a 116, e dizem que 10 mil pessoas passavam por ali todo dia. Infelizmente, quando os supermercados começaram a vender verduras e outras frutas, e os hábitos alimentares e demográficos do bairro mudaram, o movimento do La Marqueta caiu. Todos os lotes do mercado fecharam, menos aquele em que estamos — o 4.

Em 2009, quando visitei pela primeira vez aquele espaço espetacular, eu me apaixonei. Alguns poucos estabelecimentos, como o Mama Grace, estavam ali havia décadas e possuíam clientes fiéis; outros espaços eram ocupados pelo comércio ilícito; mas havia ali o espírito de um empreendimento vivaz. A prefeitura ajudou a Hot Bread Kitchen a se mudar para o La Marqueta, em sua tentativa de fazer com que os empreendedores voltassem àquele espaço. Foi um longo processo após a primeira visita. Mas um dos dias mais felizes da minha vida profissional foi quando nossa cozinha, nosso escritório, nosso moedor de milho e nossa pequena equipe migraram para a nova padaria de 465 metros quadrados, ao lado de estabelecimentos vendendo produtos frescos, peixe seco e produtos africanos. Era uma casa nova, mas parecia que estávamos ali desde sempre.

Quando nos mudamos, lancei o programa HBK Incubates, uma incubadora que permite que pequenos empreendimentos da indústria alimentícia, como o meu havia sido, transformem-se em realidade. Selecionamos empreendedores ambiciosos, prontos para formalizar seus negócios, e ajudamos a levar seus produtos para o mercado, provendo espaço em uma cozi-

nha comercial certificada, além de recursos empresariais. Muitas pessoas obcecadas pela boa comida dividem o espaço da Hot Bread Kitchen.

Em alguns anos, passamos de uma ideia remota a uma padaria de sucesso e a um programa de treinamento. A equipe de duas pessoas — Elidia e eu — passou a ter 61. E tanto o treinamento quanto a padaria que é resultado dele só crescem. Nossos pães são vendidos em feiras, grandes estabelecimentos — como Dean & DeLuca e Whole Foods — e até fora do país. Fornecemos pão para mais de oitenta restaurantes de toda a cidade.

Com isso, chegamos ao livro em suas mãos. Esta coleção de receitas ecléticas inclui especialidades que assamos e vendemos na Hot Bread Kitchen, como a focaccia de maçã e cheddar (p. 83), o m'smen de couve (p. 31) e os apetitosos pães de chocolate com cereja (p. 257). Mas este livro também inclui pratos que fazemos em casa para a família, como o byrek, uma massa albanesa de queijo (p. 212), os sanduíches vietnamitas bahn mi (p. 195), curry de carne e batata (p. 38) e a torta dominicana (p. 237). Aqui, você encontrará receitas de, no mínimo, vinte países diferentes e, é claro, de Nova York. Elas representam a comida surgida da diáspora. Incluímos também o lendário bialy da Hot Bread Kitchen, que a especialista Mimi Sheraton — que escreveu um livro sobre o assunto — acredita ser o melhor de todos.

Entre as receitas, você também conhecerá algumas das pessoas que são parte da nossa família e aprenderá seus segredos culinários. Fanny, uma padeira formada e membro da nossa incubadora culinária, ensina a fazer morocho (p. 226) e tortilhas de tiesto (p. 225) — o equivalente equatoriano de café e donut. Margaret, que agora trabalha na Amy's Bread, ensina sua receita de biscoito feito com coco fresco (p. 238). E Nancy divide sua receita do guacamole mais gostoso do mundo (p. 113).

Este livro ainda inclui dicas empresariais — ou receitas para empreender. Aprendi muito sobre administrar e gerenciar um empreendimento social, sobre pães e sobre mim mesma (tendo chegado ao mundo *após* o nascimento da padaria, minhas duas crianças são filhos dela também) através dessa organização. Procuro compartilhar um pouco disso com empreendedores de todas as áreas. Nossos pães são incrivelmente gostosos e ímpares, mas conhecer a história por trás de uma receita e as pessoas que a levam até você torna tudo isso ainda melhor.

No fim das contas, este livro de receitas é como a Hot Bread Kitchen — mais do que a soma de suas partes, *muito* mais do que simplesmente assar pães. É sobre o espírito humano e o que nos faz crescer: a comida que compartilhamos.

Dicas para fazer pães

Antes de começar a fazer pães, é bom dar uma revisada nas indicações a seguir, que incluem muitos dos truques do ofício. Seja você um padeiro experiente ou não, estas dicas vão ajudá-lo a mergulhar em qualquer receita deste livro com confiança.

- As receitas foram redigidas considerando o uso de uma batedeira. Isso porque muita gente possui batedeira, e, sinceramente, é mais provável que você faça pães com frequência se tiver uma. Entre os muitos benefícios e conveniências desse utensílio está a possibilidade de juntar todos os ingredientes de uma vez e deixar que ele faça o trabalho de misturar e sovar por você.

- Por outro lado, fazer pão sem batedeira é algo maravilhosamente zen (e um ótimo exercício para os bíceps). Se não tiver uma batedeira, siga estas dicas para trabalhar com as mãos:
  - Em uma tigela grande, dissolva o fermento na água morna (em torno de 37°C, nossa temperatura corporal, e na quantidade que a receita pedir).
  - Separe metade das xícaras de farinha da receita e adicione uma por vez, misturando para incorporar cada uma antes de colocar mais. Depois, mexa com uma colher de pau durante 5 minutos (na mesma direção). Deixe descansar por 15 minutos.
  - Acrescente o restante dos ingredientes (como sal, açúcar, leite e óleo) e depois o restante da farinha, ½ xícara por vez,

mexendo com a colher até que a massa fique dura demais para continuar. Então despeje-a em uma superfície enfarinhada e sove até amaciá-la.
  - Há alguns truques simples para sovar uma massa com eficácia. Primeiro, remova anéis e outras joias. Então abra espaço suficiente para trabalhar. Se você tiver uma bancada de madeira ou uma tábua bem grande, é hora de usá-la. Jogue um pouco de farinha na superfície. Faça uma bola com a massa, pressione-a com a base da mão e empurre-a um pouco para a frente, então dobre a massa sobre si mesma. Repita esse movimento de empurrar e puxar diversas vezes; a sova deve ser ritmada e quase meditativa. Você precisa deixar a superfície da massa bem lisa. Não pressione muito forte a ponto de rompê-la, ou acabará com uma massa solta. O objetivo é obter uma superfície brilhante, o que leva cerca de 10 minutos de sova vigorosa (dependendo da sua força).

- No primeiro dia das aprendizes na padaria, ensinamos o que fazer se a massa começar a grudar nas mãos. Nada retrata mais os "novatos" do que mãos cobertas

de massa tentando modelá-la! Se você estiver sovando ou moldando e a massa começar a grudar nas mãos, pare! Esfregue-as em cima da pia ou do lixo até que toda a massa saia. Adicione um pouco mais de farinha à superfície de trabalho e comece de novo. Um toque leve e uma fina camada de farinha vão ajudar a garantir que não aconteça de novo.

- Da mesma forma, se a massa começar a grudar na mesa, pare! Use um cortador de massa ou uma faca grande para retirá-la da mesa. Seu objetivo é manter toda a massa junta.

- Ao longo do livro, você será instruído a despejar a massa em uma superfície levemente enfarinhada ou algo parecido. Preste bastante atenção a essas instruções. Se usar farinha demais, não conseguirá fazer com que a massa grude ao dobrá-la e mudará o nível de hidratação do pão, o que afeta o sabor e a textura. Se usar farinha insuficiente, a massa vai grudar nas suas mãos e na mesa, sem nunca atingir a consistência macia desejada. Use as mãos para polvilhar não mais que 2 colheres (sopa) de farinha na superfície de trabalho — o padeiro faz isso

*Independentemente do método de sova, faça um **teste de transparência** para confirmar que o glúten se desenvolveu de forma apropriada. Pegue um pedaço de massa do tamanho de uma bola de golfe. Se estiver grudando, passe um pouco de farinha para que fique mais fácil manusear. Use as mãos para esticar a massa delicadamente até formar uma camada fina e quase transparente. Em seguida, coloque na frente de uma janela ou lâmpada: você deve ser capaz de ver a luz através dela. Se a massa esticar e passar no teste de transparência, o glúten se desenvolveu e seu pão está pronto para crescer. Devolva a bolinha ao restante e prossiga com o período de descanso. Se a bolinha se romper antes de ficar transparente, continue sovando até que passe no teste. Isso não funciona com massas com grãos integrais, nozes, sementes ou farinha de centeio.*

como se estivesse arremessando um frisbee. O importante não é a técnica, e sim obter uma mesa consistentemente coberta de farinha (veja na p. 123 as fotografias de uma superfície bem enfarinhada).

- Há um roteiro quando se trabalha com massa fermentada: sova, descansa, sova, descansa, assa. Seja paciente e deixe a massa descansar o tempo necessário. A fermentação que ocorre nesses intervalos ajuda a desenvolver o sabor e a estrutura do pão.
  - **SOVA 1:** Misture os ingredientes e sove a massa com as mãos, ou faça tudo isso na batedeira. Esse é o momento em que o fermento é distribuído e o glúten, a proteína do trigo, começa a se desenvolver.
  - **DESCANSO 1:** Deixe a massa repousar. Em termos caseiros, é nesse momento que ela vai crescer, no que é chamado de fermentação primária. Algumas vezes, você terá de dobrar a massa antes ou durante este passo para regular a temperatura, distribuir os açúcares e desenvolver o glúten.
  - **SOVA 2:** Divida a massa e molde-a em rolos, bisnagas, bolinhas e afins.
  - **DESCANSO 2:** Dê ao fermento mais tempo para trabalhar, consumindo a glucose da farinha. O dióxido de carbono criado no processo dá ao pão o ar de que ele precisa.
  - **ASSE:** Depois coma! Se você conseguir se segurar, é melhor deixar os pães esfriarem por pelo menos 1 hora antes de cortá-los e servi-los.

- O tempo tem um impacto imenso no processo de fermentação. Todas as receitas indicam por quanto tempo se deve deixar a massa crescer, mas é somente uma sugestão! As receitas também contam com uma dica visual, como "até que a massa esteja fofa e macia". O próprio fermento não tem relógio, portanto preste atenção a essas dicas — elas são mais importantes do que o tempo sugerido. Outra maneira de saber se sua massa está pronta para o próximo passo é tocá-la levemente. Deve ser menos resistente do que uma bexiga cheia, e, quando você retirar os dedos, eles devem deixar uma marquinha.

- Para algumas massas, recomendamos um período de descanso de no mínimo 20 minutos depois de a farinha e a água terem sido misturadas rapidamente na batedeira. O nome chique para esse processo é "autólise", mas você pode simplesmente pensar nele como o momento em que a farinha e a água "se conhecem" (na verdade, isso possibilita que a farinha absorva a água). O período de descanso permite que o glúten leve menos tempo para se desenvolver (de 4 a 6 minutos misturando) e também é uma forma de extrair mais sabor da farinha.

- A temperatura também impacta na fermentação. O fermento é mais bem-sucedido em ambientes mornos. Por isso, recomendamos deixar o pão descansar em temperatura ambiente. A temperatura ideal é entre 21°C e 23°C. A maioria das cozinhas — profissionais e caseiras — tem uma temperatura maior do que essa. Portanto, se precisar, encontre um local mais fresco em sua casa para deixar a massa descansar.

- É possível — e, em muitos casos, preferível — misturar algumas massas e deixá-las descansar na geladeira para desacelerar a fermentação, o que proporciona mais tempo para seu desenvolvimento. Isso também permite que o trabalho com o pão se encaixe em sua agenda. Misture a massa conforme indicado, coloque-a em uma tigela coberta e deixe-a descansar em temperatura ambiente por 45 minutos. Então leve à geladeira por algumas horas, inclusive por uma noite inteira, se necessário. Retire a massa da geladeira, deixe-a voltar à temperatura ambiente e então sove-a e deixe-a descansar novamente, para só depois levar ao forno.

- Recomendo assar pães fermentados em papel-manteiga. Essa é a maneira mais fácil de mover massas frágeis, infladas e totalmente descansadas para dentro do forno ou para cima de uma pedra para pizza. (Isso significa que o último descanso da massa de pão deve ser feito sobre papel-manteiga.) O papel-manteiga, que fica marrom enquanto o pão assa, deve ser descartado após um único uso.

- O vapor é um ingrediente importante para criar a crosta crocante e brilhante do pão. Ele é usado quando o pão já está no forno para que a crosta permaneça macia e se expanda com facilidade. Quando o vapor começa a subir, os açúcares na massa começam a caramelizar, formando aquela crosta dourada. Há diversos métodos para criar vapor em um forno caseiro. O meu favorito é também o mais fácil: coloque uma assadeira na parte de baixo do forno enquanto ele preaquece e, quando for abri-lo para colocar o pão, adicione com cuidado 10 pedras de gelo nela. Feche a porta do forno o mais rápido que conseguir e pronto. É muito importante fazer isso com cuidado. Colocar as mãos dentro de um forno a 260°C e depois criar vapor pode ser traiçoeiro. Proceda com cautela.

DICAS PARA FAZER PÃES 17

Armazenando pães

Recebo muitas dúvidas sobre a melhor maneira de armazenar pães caseiros. Aqui vão algumas dicas:

- Nunca coloque na geladeira. Isso tira toda a umidade do pão.
- Pão crocante que será consumido em até 24 horas: guarde em um saco de papel ou de pano em temperatura ambiente. Ou mantenha-o aberto em cima de uma tábua, com o lado cortado virado para baixo para proteger o miolo do ar.
- Pão crocante que não será consumido em até 24 horas: assim que adquiri-lo ou que estiver pronto e frio, fatie-o e congele-o em um saco hermético. Descongele as fatias conforme for consumir e aqueça-as com cuidado em uma torradeira, frigideira ou no forno a 150°C.
- Pães macios que serão consumidos em até 3 dias: guarde-os em um pote para pão ou em um saco hermético. Se for guardar por mais tempo, fatie o pão, congele-o e então descongele e reaqueça conforme indicado acima.
- Tortilhas, m'smen e outros pães finos e crocantes também podem ser congelados e refrigerados conforme indicado.
- Compre ou asse pães com maior frequência. Não há nada como um pão fresquinho.

DICAS PARA FAZER PÃES

Notas sobre equipamentos e ingredientes

O ato de assar pães é mais antigo que qualquer tecnologia moderna e todas essas variedades de farinhas; sinceramente, você não precisa de mais do que uma tigela, suas mãos e fogo para transformar farinha e água em pão. Dito isso, o que vem a seguir são recomendações de equipamentos úteis e dos melhores ingredientes para sua despensa.

EQUIPAMENTOS

Uma **balança de cozinha** ajuda bastante. Nunca usamos xícaras como medida na padaria — tudo é considerado por peso, para garantir a precisão. Este livro tem medidas em peso e em xícaras, mas encorajo todos a pesar os ingredientes para que o resultado seja o mais confiável possível. Balanças digitais são fáceis de usar e há muitos modelos bons por um preço justo no mercado. Elas aumentam a probabilidade de melhores resultados e tornam a limpeza mais prática. Se não for utilizar uma balança, fique atento ao método da p. 22 para medir farinha.

Se você planeja preparar um número grande de receitas, uma **batedeira com gancho** é um investimento válido que durará por bastante tempo. Na padaria, temos batedeiras enormes em que a tigela e o gancho giram em direções opostas. Em casa, pare sua batedeira algumas vezes e raspe as laterais da tigela com uma espátula de silicone para garantir que os ingredientes sejam misturados de maneira uniforme. As batedeiras caseiras podem pular um pouquinho quando misturam massas mais espessas, portanto utilize-as em uma superfície estável e certifique-se de que o topo esteja travado antes de ligar. Dependendo da massa, pode ser que você também precise apoiar a mão no topo para impedir que a batedeira pule e caia no chão. Mas lembre: pão é algo mais antigo que esse tipo de equipamento, e todas as receitas podem ser feitas usando a boa e velha força dos braços (veja na p. 15 mais informações sobre como sovar com as mãos).

Assadeiras baixas são essenciais para pães. Quando eu mencionar uma neste livro, pense no formato 33 × 46 cm, com altura de 2,5 cm. As melhores são as de aço inoxidável, que também costumam ser as mais baratas.

Algumas receitas deste livro pedem uma **assadeira retangular para pão de fôrma**, similar à de bolo inglês, que mede 23 × 13 × 7,5 cm (e possui capacidade para 8 xícaras). Prefiro as de aço inoxidável.

Papel-manteiga é solicitado em muitas receitas. Se você planeja assar bastante, vale a pena procurar por folhas de papel-manteiga que caibam exatamente na assadeira baixa.

Um **cortador de massa** (abaixo) é bastante útil para cortá-la, movê-la e limpar a superfície de trabalho. Também é ótimo para transferir legumes cortados e outros ingredientes da tábua para uma tigela ou panela.

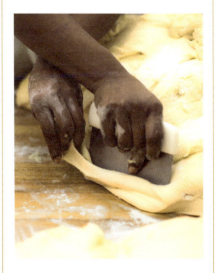

INGREDIENTES

Tem muita farinha neste livro! Sem levar em consideração marcas, recomendo a utilização de farinhas não branqueadas e sem bromato de potássio, porque têm menos resíduos químicos e mais vitaminas. Uso farinhas orgânicas de produtores locais sempre que possível. Isso não é requisitado nas receitas, mas procure sempre as da melhor qualidade. Certifique-se de comprar em um supermercado com alta rotatividade de produtos, para que ela esteja fresca — e sempre confira a data de fabricação.

Embora usemos dezenas de **farinhas** diferentes na Hot Bread Kitchen, este livro trabalhará com oito tipos:

- **DE TRIGO:** as receitas funcionam com qualquer marca.
- **DE TRIGO ESPECIAL PARA PÃO:** possui mais proteína do que a comum, o que a torna uma excelente escolha para baguetes e pães redondos.
- **DE TRIGO INTEGRAL:** uso uma de produtores locais, pois dá um sabor mais rico a pães multigrãos. Conforme você se tornar um padeiro mais experiente, tente fazer a mesma receita usando farinhas integrais de diferentes produtores ou marcas.
- **DE CENTEIO:** pode ser encontrada em lojas especializadas em produtos

Com um **estilete (ou bisturi) para pães** (veja na p. 125), você pode fazer os cortes decorativos de maneira precisa na parte superior deles antes de colocá-los no forno. Como é um pouco difícil de encontrar, você pode utilizar uma faca fina bem afiada no lugar. No entanto, você não terá o mesmo controle sobre o traço, então tome cuidado para não acabar estragando seu pão.

Uma **pedra para pizza** transforma qualquer forno caseiro em um forno para pães. Ela retém o calor e ajuda seu pão a assar de baixo para cima, mantendo a crosta crocante. Você também pode utilizar azulejos não revestidos encontrados em lojas de material de construção. Compre o máximo que puder para cobrir a grade do seu forno.

É ótimo ter em mãos um **borrifador** com água na hora de assar. Em algumas receitas deste livro, recomendo o uso.

Depois de assados, deixe seus pães sobre uma **grade** durante 1h, para esfriar.

naturais, mercadões, alguns supermercados ou na internet. Você pode tentar fazer a mesma receita com marcas diferentes para ver se o resultado se altera.
- **SEMOLINA:** disponível em alguns supermercados e em lojas de produtos naturais.
- **DE TEFF:** disponível em alguns supermercados e em lojas de produtos naturais.
- **DE ARROZ:** disponível em alguns supermercados e em lojas de produtos naturais.
- *MASA HARINA*: é um tipo de farinha de milho que passa pelo processo de nixtamalização (veja nas pp. 86-7). Disponível em alguns supermercados e em lojas de produtos naturais.

Se você não estiver pesando sua farinha (apesar de minha forte recomendação para pesar), é importante transferir a farinha do pacote para uma tigela bem grande e mexer com uma colher também grande, para quebrar pedaços e inserir ar. Coloque a farinha a colheradas dentro da xícara medidora até que transborde; passe uma faca por cima para nivelar. Não se aventure a "medir com os olhos" usando uma xícara comum; se a receita pedir 1 ½ xícara (chá) de farinha, você deverá usar as xícaras medidoras de 1 e de ½. E tenha cuidado para não bater o utensílio na bancada, deixar sobrar farinha de uma xícara para outra ou pressionar demais a farinha com a colher. Isso fará com que ela se amontoe na xícara — e resultará numa quantidade maior do que a receita pede.

O **fermento** usado nas receitas é sempre o biológico seco. Verifique a data de validade antes de usá-lo. Pode ser adicionado diretamente aos ingredientes secos se você estiver utilizando uma batedeira. Para ativá-lo, use água em temperatura entre 37°C e 43°C. No caso da sova manual, recomendo dissolvê-lo antes (veja como fazer na p. 15).

O **sal** é sempre kasher da marca Diamond Crystal, encontrado em alguns supermercados e lojas de produtos naturais. Se for utilizar sal refinado, use metade da medida indicada.

O **azeite** é sempre extravirgem, por ter um sabor mais apurado. Azeites de boa qualidade não precisam custar caro.

O **óleo de canola** é requisitado ao longo de todo o livro. Sinta-se livre para substituí-lo por qualquer outro de sabor neutro. Para fritar, você pode substituí-lo por óleo de amendoim ou de girassol.

O **leite** é sempre integral e, de preferência, orgânico. Se possível, compre de produtores locais.

A **manteiga** é sempre sem sal, a não ser que a receita peça diferente. Quando utilizada em massas mais espessas, deve estar em temperatura ambiente antes de ser incorporada (exceto na massa de empanada da p. 220).

O **ghee**, ou manteiga clarificada, que é utilizado com frequência na culinária indiana, é usado em alguns pães, como o paratha (na p. 40) e o naan (na p. 72). Se você não conseguir encontrar, pode fazer em casa seguindo as instruções da p. 40. Ou pode simplesmente substituí-lo pela mesma quantidade de manteiga sem sal.

Os **ovos** são sempre grandes, de preferência orgânicos. Se possível, compre de produtores locais.

O **iogurte** é sempre sem sabor e integral, de preferência comprado de produtores locais e sem conservantes.

O **açúcar** é o cristal, a não ser que a receita peça outro tipo (por exemplo, confeiteiro, mascavo ou demerara).

O **mel** deve ser leve, sem sabores marcantes.

O **xarope de maple** é sempre natural, sem adição de açúcar, glicose de milho ou aromatizantes.

NOTAS SOBRE EQUIPAMENTOS E INGREDIENTES

PRIMORDIAIS

PÃES SEM FERMENTO

Na maior parte do mundo, as mulheres cozinham, e em muitas casas você as encontra fazendo pães, a base das refeições familiares. Pães sem fermento estão entre os mais vendidos da Hot Bread Kitchen. Também estão entre os mais fáceis de se fazer, no forno ou na frigideira, pois não há a preocupação com o tempo de crescimento da massa. Com alguns truques e técnicas, é possível fazer coisas incríveis com a simples combinação de farinha, água, sal e às vezes um pouquinho de gordura.

Koutar, que se formou aqui, faz sempre que pode o m'smen, um pão sequinho servido com mel, para o marido. Eles estão longe da família, e esse pão é uma maneira de matar um pouco a saudade que ele sente do Marrocos, seu país natal. Na realidade, muitas das mulheres que trabalham na Hot Bread Kitchen começam e terminam o dia assando pães para sua própria família, apesar de passar oito horas por dia fazendo isso profissionalmente.

Não há receitas melhores do que as que aparecem neste capítulo para iniciar um livro sobre pães do mundo e as mulheres que os fazem. São receitas que não requerem muito planejamento (você terá pãezinhos na mesa em cerca de uma hora), mas ainda assim passam uma mensagem de pertencimento e amor.

Dicas para fazer pães sem fermento

Vou confessar que o título deste capítulo é um pouco equivocado. Pão sem fermento é algo que não existe. Embora as receitas aqui reunidas não contenham fermento nem bicarbonato de sódio, o vapor, ainda que subestimado, os substitui. Criado quando a água misturada à farinha atinge 100°C no forno, ele faz bolhas surgirem na massa, conferindo leveza aos pães.

As dicas abaixo aplicam-se a todas as receitas ao longo do capítulo e são importantes para quem ingressa no mundo dos pães.

- Deixe a massa descansar conforme especificado. Apesar de não conter fermento, a sova ativa o glúten, o que dá a ela estrutura e deixa-a resistente o bastante para ser moldada. Deixar que a massa descanse por pelo menos 15 minutos fará com que você a molde com facilidade.

- A maioria dos pães deste capítulo, e muitos do próximo, é assada em uma frigideira. Essa é uma forma muito mais eficiente e econômica de fazer pães frescos diariamente, que não esquenta toda a sua casa (um fator importante se você vive perto da linha do Equador). Diferentes culturas possuem diferentes tipos de panelas para fazer pães no fogo. O denominador comum é uma superfície pesada e lisa que mantém a temperatura constante. No México, um comal — frigideira lisa e de fácil manuseio, feita de barro ou ferro fundido — é usado para fazer tortilhas, enquanto no Equador elas são assadas em frigideiras de barro grandes chamadas tiestos. Na Índia, uma tava (ou tawa) é usada para fazer roti e paratha. Na Etiópia, a injera é feita em uma espécie de chapa chamada mitad. Minha recomendação é investir em uma chapa ou frigideira de ferro fundido grande o suficiente para cobrir duas bocas do fogão. Embora você consiga obter o mesmo efeito usando uma frigideira pequena do mesmo material, uma maior permitirá que você asse vários pães de uma só vez — o que é ótimo, porque, convenhamos, um só m'smen nunca é suficiente! Siga as instruções do fabricante antes de utilizar a frigideira pela primeira vez.

- Quando você for fazer biscoitos de lavash (pp. 49-51), certifique-se de colocar a massa entre 2 assadeiras, conforme indicado. Isso vai garantir que fiquem finos, uniformes e crocantes.

- O lavash e o matsá (p. 42) vão ficando crocantes conforme esfriam. Portanto, não se preocupe se não estiverem tão quebradiços quanto o esperado assim que saírem do forno.

M'SMEN

RENDE 12 UNIDADES (DE 18 CM); SERVE 12 PESSOAS

4 xícaras (chá)/500 g de **FARINHA DE TRIGO**, e mais um pouco para modelar

½ xícara (chá) e mais 2 colheres (sopa)/100 g de **SEMOLINA**, e mais um pouco para modelar

1½ colher (chá) de **SAL KASHER**

1¾ de xícara (chá)/400 ml de **ÁGUA**

2 colheres (chá) e 6 colheres (sopa)/85 ml de **ÓLEO DE CANOLA** e mais um pouco para modelar

6 colheres (sopa)/85 g de **MANTEIGA COM SAL** derretida

Provei m'smen pela primeira vez em uma viagem ao Marrocos. Comprei um pedaço desse pão macio, amanteigado, sequinho e coberto com mel de um vendedor de rua. Foi uma experiência culinária primorosa. Anos depois, em 2009, quando o Centro de Suporte às Famílias Árabe-Americanas indicou três fortes candidatas do Marrocos ao nosso programa de treinamento, minha primeira pergunta foi: "Você sabe fazer m'smen?". Uma delas, Bouchra, nos ensinou a fazer o pão e, para sua surpresa, ele rapidamente se tornou um de nossos produtos mais vendidos. Também chamado de rghaif ou melloui, ele normalmente é servido com chá de hortelã (p. 33), mas nossos clientes nos disseram que o utilizam de diversas maneiras, inclusive para fazer sanduíches de atum. Você pode sovar e dividir a massa até 8 horas antes de moldá-la, deixando bastante tempo de descanso para o glúten se desenvolver.

1. Coloque a farinha, a semolina e o sal na batedeira com o gancho acoplado. Adicione a água e 2 colheres (chá)/10 ml do óleo de canola. Com a batedeira ligada em velocidade baixa, bata por cerca de 2 minutos, até que tudo esteja bem incorporado. Aumente a velocidade para média e continue batendo até que a massa esteja macia, brilhante e elástica, desgrudando das laterais da tigela, o que levará cerca de 6 minutos.

2. Usando óleo, unte generosamente uma assadeira e uma superfície de trabalho (um balcão de granito, de aço inoxidável ou de fórmica é ideal). Transfira a massa para esse espaço. Com as mãos também untadas, divida-a em 12 bolinhas (cada uma deve pesar cerca de 85 g). Coloque-as na assadeira untada e mexa para que fiquem cobertas de óleo. Mantenha-as distantes umas das outras e cubra com filme sem apertar. Deixe descansar em temperatura ambiente por 30 minutos.

3. Enquanto isso, misture as 6 colheres (sopa)/85 ml de óleo restantes e a manteiga derretida em uma tigela pequena.

4. Unte sua superfície de trabalho novamente. Use a palma da mão para amassar uma bolinha por vez. Faça pressão até esticar a massa e formar um disco de cerca de 25 cm de diâmetro, fino a ponto de ficar quase translúcido. Usando as mãos, espalhe sobre a superfície da massa 1 colher (sopa) da mistura de óleo e manteiga. Em seguida, polvilhe um pouco (cerca de 1 colher de chá) de semolina. Com uma espátula de silicone, faça uma linha de leve no meio da massa. Segure uma das bordas da massa e dobre de modo que passe cerca de 1,5 cm além da linha marcada, como na terceira foto à esquerda (p. 30). Faça o mesmo com a borda oposta. Depois, repita o processo nas pontas, formando um quadrado de 7,5 cm. Transfira para a assadeira untada com as dobras para baixo

A receita continua…

28   PÃO QUENTE

e deixe descansar por pelo menos 15 minutos. Faça isso com todas as bolinhas. Se a mistura de óleo e manteiga começar a se solidificar, aqueça um pouco.

5. Coloque o primeiro m'smen que moldou em um pedaço de papel-manteiga levemente untado com óleo e estique com a palma das mãos até que quase dobre de tamanho. Faça isso com todos, na ordem em que foram moldados. Se não estiverem esticando muito, deixe que descansem um pouco mais antes de continuar. Cada m'smen deve formar um quadrado de cerca de 18 cm quando finalizado. Corte o papel-manteiga um pouco maior que o quadrado de massa. Não empilhe os pães depois de abri-los, ou grudarão.

6. Aqueça uma frigideira grande em fogo médio-alto até que uma gota de água evapore quase imediatamente.

7. Coloque os pães com o papel-manteiga virado para cima na frigideira (tantos quanto couberem) e então retire-o assim que a massa começar a assar (ele sairá facilmente). Asse os m'smen por cerca de 2 a 3 minutos de cada lado, até que fiquem translúcidos e dourados em alguns pontos. Transfira-os para uma grade enquanto prepara o restante.

8. Esse pão é mais gostoso se consumido quente, porém dura até 5 dias na geladeira em um pote hermético. Você pode congelá-lo por até 3 meses. Reaqueça por 1 minuto de cada lado numa frigideira bem quente e seca antes de servir.

M'SMEN DE COUVE-PORTUGUESA, CEBOLA E CHEDDAR

RENDE 12 UNIDADES (DE 19 CM); SERVE 12 PESSOAS

1 colher (sopa) de **AZEITE**

7 colheres (sopa)/100 g de **MANTEIGA**

1 **CEBOLA** média cortada em cubos pequenos

1 maço (cerca de 6 xícaras de chá/400 g) de **COUVE-PORTUGUESA** sem talos e cortado em fatias finas

2 xícaras (chá)/190 g de **CHEDDAR** ralado grosseiramente

6 colheres (sopa)/85 g de **ÓLEO DE CANOLA**, e mais um pouco para modelar

Massa de **M'SMEN** (p. 28) já descansada e dividida em 12 bolinhas

O m'smen é delicioso sozinho, mas também funciona bem com recheios salgados, como cordeiro apimentado. Desenvolvemos essa versão com couve-portuguesa e cheddar como uma vitrine para os deliciosos produtos do mercado local. Sinta-se livre para substituir a couve-portuguesa por outras verduras e legumes da estação — fica uma delícia com espinafre ou acelga, assim como com cebolinha, aspargos, alho-poró, cogumelos e até abóbora ralada.

1. Aqueça o azeite e 1 colher (sopa)/15 g de manteiga em uma frigideira em fogo médio. Adicione a cebola e refogue, mexendo de vez em quando, até que esteja translúcida, por cerca de 10 minutos. Transfira para uma tigela e deixe esfriar.

2. Enquanto isso, ferva uma panela grande de água. Adicione a couve, espere ferver novamente e deixe cozinhar até que fique brilhante, cerca de 2 minutos depois. Escorra, lave com água fria e escorra novamente. Aperte a couve com as mãos para tirar o máximo de líquido possível.

3. Adicione a couve à tigela com cebola e junte o cheddar. Misture bem para combinar os ingredientes.

4. Derreta o restante da manteiga — 6 colheres (sopa)/85 g — em uma panela pequena. Transfira para uma tigela pequena e acrescente o óleo de canola, sempre mexendo.

5. Em uma superfície untada, trabalhe uma bolinha de massa

por vez. Use a palma da mão para amassá-la, formando um círculo de cerca de 25 cm de diâmetro, fino a ponto de ficar quase translúcido. Usando as mãos, cubra a superfície da massa com 1 colher (sopa) da mistura de óleo e manteiga e então distribua cerca de ⅓ de xícara (chá)/50 g da mistura de couve por cima. Segure a borda da massa e dobre até que passe 1,5 cm do centro do círculo. Repita o processo com os outros lados, formando um quadrado de 10 cm. Transfira para uma assadeira untada os m'smen com as dobras para baixo e deixe descansar por pelo menos 15 minutos. Faça o mesmo com as outras bolinhas, aquecendo a mistura de óleo e manteiga se começar a solidificar.

6. Vá pegando os m'smen um a um, na ordem em que os moldou, e coloque em um pedaço de papel-manteiga levemente untado com óleo; então estique com a palma das mãos até que quase dobre de tamanho. Se não estiverem esticando muito, deixe

A receita continua...

PRIMORDIAIS: PÃES SEM FERMENTO

que descansem um pouco mais antes de prosseguir. Cada m'smen deve ser um quadrado de cerca de 19 cm quando finalizado. Corte o papel-manteiga mantendo uma borda além do quadrado de massa. Não empilhe os pães, ou eles grudarão.

7. Aqueça uma frigideira grande em fogo médio-alto até que uma gota de água evapore quase imediatamente.

8. Coloque quantos m'smen couberem na frigideira com o papel-manteiga virado para cima, retirando-o assim que os pães começarem a assar (o papel sairá facilmente). Deixe os m'smen por cerca de 3 a 4 minutos de cada lado, até que comecem a ficar transparentes e dourados em alguns pontos e o queijo esteja levemente queimado. Transfira-os para uma grade enquanto faz o mesmo com o restante.

9. Sirva quente. Guarde as sobras em um pote hermético em temperatura ambiente por até 4 dias. M'smen recheados podem ser congelados por até 3 meses. Reaqueça-os por cerca de 2 minutos de cada lado em uma frigideira bem quente e seca antes de servir.

CHÁ DE HORTELÃ

SERVE 4 PESSOAS

5 ¼ xícaras (chá)/1,25 litro de **ÁGUA** fervente

1 colher (sopa) de **CHÁ VERDE CHINÊS** (do tipo gunpowder, se encontrar)

¼ de xícara (chá)/50 g de **AÇÚCAR**, ou a gosto

1 maço grande de **HORTELÃ** com talos

Em um café da manhã marroquino tradicional, o m'smen (p. 28) é regado com mel e servido com chá de hortelã. Para fazê-lo, você vai precisar de uma chaleira de metal e de chá verde chinês tipo gunpowder, cujas folhas são enroladas em pequenas bolinhas, que dizem lembrar a pólvora. Esse tratamento dado às folhas, também aplicado aos chás oolong, ajuda a preservar o sabor. No Marrocos, o chá de hortelã é consumido durante o dia todo e é adoçado — prove desta forma pelo menos uma vez antes de decidir o que seu paladar prefere.

1. Ferva ¼ de xícara (chá)/60 ml de água e escalde a chaleira de metal, descartando o líquido em seguida — isso a aquecerá. Adicione o chá, então acrescente as 5 xícaras (chá)/1,2 litro de água fervente restantes e deixe em infusão por 2 minutos. Coloque o açúcar e algumas folhas de hortelã e mantenha a infusão por mais 3 minutos.

2. Mexa para se certificar de que todo o açúcar derreteu. Passe por uma peneira e sirva 4 copos, segurando a chaleira a no mínimo 30 cm de altura, para que o chá fique aerado e bolhas se formem na superfície.

PRIMORDIAIS: PÃES SEM FERMENTO

CHAPATI INTEGRAL

RENDE 12 UNIDADES REDONDAS (15 CM); SERVE 12 PESSOAS

- 1¾ de xícara (chá) mais 1 colher (sopa)/415 ml de **ÁGUA**
- 1 colher (chá) de **SAL KASHER**
- 2¼ de xícaras (chá)/290 g de **FARINHA DE TRIGO INTEGRAL**, e mais um pouco para modelar

NOTA: Lutfunnessa usa um rolo de massa para chapati tradicional — ele é pequeno e possui elevações que dão textura ao pão. Você pode encontrá-lo em lojas especializadas em produtos indianos ou na internet; outra opção é usar um rolo de massa comum.

Lutfunnessa (veja a p. 36), que aprendeu a fazer chapati com sua mãe em Bangladesh, ensinou-me a fazer essa versão integral logo que entrou na padaria. Como a farinha é cozida em água fervente, esse chapati fica macio e fofinho por muitos dias (o que é raro com pães mais fininhos) e pode ser servido em temperatura ambiente ou aquecido rapidamente em uma frigideira seca.

1. Em uma panela média, aqueça a água e o sal até atingir uma fervura branda. Retire do fogo e adicione toda a farinha de uma vez, então mexa vigorosamente com uma colher de pau para incorporar. A massa ficará seca e grossa. Tampe a panela e deixe descansar por 2 minutos, para que a farinha possa hidratar completamente.

2. Transfira a mistura para a batedeira com o gancho acoplado. Bata em velocidade baixa até que a massa esteja cremosa, mas sem grudar nas mãos, o que deve levar cerca de 4 minutos.

3. Transfira a massa para uma superfície de trabalho levemente enfarinhada e sove-a com delicadeza por cerca de 1 minuto, até que amacie. Forme um cilindro grosso com a massa e use um cortador para dividi-la em 12 pedaços iguais (cada um deve pesar cerca de 57 g). Faça primeiro uma bolinha com cada pedaço e depois um disco de 5 cm, aplicando pressão na massa. Com um rolo, abra os discos até que seu diâmetro chegue aos 15 cm.

4. Enquanto isso, aqueça em fogo médio-alto uma chapa grande ou frigideira de ferro fundido.

5. Forre uma cesta com papel-toalha. Trabalhando com um chapati de cada vez (ou mais, se couber na frigideira), asse o pão por 15 segundos. Vire o chapati e deixe do outro lado até que a massa esteja dourada e com as beiradas secas, o que deve levar cerca de 45 segundos. Vire novamente o pão na panela e deixe até que esse lado também fique dourado, por cerca de 30 segundos a 1 minuto, dependendo da temperatura. É provável que o chapati infle. Isso é um bom sinal: significa que a água da massa está evaporando, o que o deixa mais macio (ele vai desinflar enquanto esfria). Transfira os chapatis prontos para a cesta e cubra-os com as sobras do papel-toalha, para mantê-los quentinhos enquanto trabalha com o restante da massa.

6. Sirva quente. Guarde os pães que sobrarem por até 3 dias em temperatura ambiente em saquinhos herméticos. Reaqueça-os em uma frigideira ou no forno a 150°C por alguns minutos, até que fiquem bonitos e quentinhos. Não deixe que fiquem crocantes demais, ou perderão a elasticidade.

Perfil da padeira

LUTFUNNESSA ISLAM, COORDENADORA DE LAVASH E DE GRANOLA

Em sua infância em Bangladesh, Lutfunnessa aprendeu todos os truques do chapati. Sua mãe fazia o pão todos os dias, servindo com mel pela manhã ou como acompanhamento do curry picante à noite (veja o curry de carne e batata na p. 38). A receita veio com Lutfunnessa para os Estados Unidos e, para nossa sorte, para a Hot Bread Kitchen quando ela se tornou parte da nossa equipe.

Ex-professora de ciência política em Bangladesh, Lutfunnessa veio com o marido para Nova York em 1996. Eles tiveram dois filhos, de cuja educação ela se ocupava. Quando ambos entraram na escola, Lutfunnessa procurou trabalho fora de casa. Ela viu um panfleto da Hot Bread Kitchen quando ainda estávamos no Queens, em 2010. O programa de treinamento a atraiu por ser remunerado, exclusivo para mulheres e por não exigir interação com o público (o que a intimidava, dado seu inglês limitado). Ela nos pareceu uma ótima candidata, porque, assim como nós, ama comida e pensa nisso o tempo todo, além de trabalhar com determinação e de fazer um chapati (p. 35) excepcional! Lutfunnessa se destacou no treinamento, estudando inglês, matemática e teoria da panificação. Quando nos mudamos para o Harlem e ela terminou o programa, foi contratada para gerenciar a produção de lavash e de granola.

O primeiro pão que Lutfunnessa faz pela manhã é o chapati. Depois, ela prepara a massa do lavash. Então, mistura uma quantidade enorme de aveia, nozes e afins para fazer granola. Perto do fim do seu expediente, corre para o Almoço com as Gerentes — uma chance para as gerentes juniores compartilharem estratégias e dificuldades de gerenciamento com um time de estagiárias em constante mudança.

Aos domingos, Lutfunnessa toca nosso estande no Greenmarket, no Queens. Ela fala bengali, inglês e, após cinco anos na Hot Bread Kitchen, espanhol fluente, todos muito úteis em uma vizinhança etnicamente diversa. Lutfunnessa tem um público fiel e faz suas próprias compras de produtores locais que também expõem ali (veja a receita de legumes e verduras ao estilo de Bangladesh na página ao lado). Quando Lutfunnessa treina uma nova equipe, diz: "Para ser um bom vendedor, você precisa ser boa conversando com os clientes". Embora isso pareça óbvio, indica uma transformação notável em alguém que procurava um trabalho nos bastidores. A natureza extrovertida recém-descoberta em Lutfunnessa inspira novas estagiárias — e vende muitos pães.

Na Hot Bread Kitchen, Lutfunnessa voltou a ser professora. Parte de seu trabalho como gerente é ensinar as estagiárias a fazer nossos pães. Ela adora trabalhar com mulheres com histórias de vida tão diferentes. Na verdade, quando alguém pergunta qual será o próximo passo na sua carreira, ela ri e responde: "Este é meu último trabalho. Não tenho planos de sair daqui nunca!". *Inshallah.*

LEGUMES E VERDURAS AO ESTILO DE BANGLADESH

SERVE DE 6 A 8 PESSOAS

SAL KASHER

340 g de **VAGEM** aparada e cortada em pedaços de 2,5 cm (cerca de 3 xícaras)

½ **REPOLHO VERDE** sem miolo e picado grosseiramente (cerca de 4 xícaras/453 g)

1 **CENOURA** média descascada e cortada em cubos de 1 cm

¼ de xícara (chá)/55 ml de **AZEITE**

1 **CEBOLA** pequena dividida ao meio e cortada em meias-luas finas

12 **DENTES DE ALHO** em fatias finas

1 pedaço de 2,5 cm de **GENGIBRE FRESCO** sem casca e ralado

3 **PIMENTAS DEDO-DE-MOÇA VERDES FRESCAS** (tire as sementes se quiser que fique menos picante)

1½ colher (chá) de **PANCH PHORON** (veja a nota)

½ **COUVE-FLOR** cortada em pedaços pequenos (cerca de 4 xícaras/400 g)

3 **PIMENTÕES** (de preferência de 3 cores diferentes) cortados em quadrados de 1 cm

1½ xícara (chá)/190 g de **ERVILHA** (pode ser congelada)

1 xícara (chá)/40 g de **COENTRO FRESCO** picado grosseiramente

É assim que Lutfunnessa prepara os legumes e verduras de cada estação que compra aos domingos na feira. Esta receita pode ser feita com um único item (couve-flor ou repolho, por exemplo) ou com uma combinação deles, conforme os ingredientes listados à esquerda. Os que precisam ser mantidos são o alho, o gengibre fresco, a pimenta, o coentro e o panch phoron, uma mistura de especiarias. Sirva com chapati integral (p. 35) quentinho.

1. Leve uma panela grande com água e uma quantidade generosa de sal para ferver. Adicione a vagem, o repolho e a cenoura e deixe cozinhar até que fiquem levemente macios, o que deve levar cerca de 2 minutos. Escorra-os.

2. Enquanto isso, aqueça o azeite em uma panela grande em fogo médio-alto. Acrescente a cebola, o alho, o gengibre, a pimenta e o panch phoron. Mexa por cerca de 5 minutos, até que esteja bem cheiroso e a cebola comece a amolecer. Junte os legumes e verduras branqueados, a couve-flor e os pimentões e tempere com pitadas generosas de sal. Tampe a panela e deixe cozinhar por aproximadamente 25 minutos, mexendo de vez em quando, até que os vegetais estejam macios e cheirosos.

3. Junte as ervilhas, tampe e deixe cozinhar por cerca de 2 minutos, até que estejam brilhantes e tenras. Tempere com sal a gosto, retire e descarte as pimentas inteiras e adicione o coentro. Sirva quente.

NOTA: Para fazer o panch phoron em casa, misture quantidades iguais de feno-grego, cominho e sementes de nigela, mostarda-preta e erva-doce. Armazene em um pote de vidro hermético em um local escuro (como o armário da cozinha) por até 6 meses.

PRIMORDIAIS: PÃES SEM FERMENTO

CURRY DE CARNE E BATATA

SERVE 6 PESSOAS

6 colheres (sopa)/85 g de **ÓLEO DE CANOLA**

900 g de **ACÉM** bem limpo e cortado em cubos de 2,5 cm

SAL KASHER e **PIMENTA-DO-REINO** moída na hora

1 **CEBOLA** cortada em quadrados de 6 mm

4 **DENTES DE ALHO** bem picadinhos

1 pedaço de 5 cm de **GENGIBRE FRESCO** sem casca e bem picadinho

½ colher (chá) de **PIMENTA CALABRESA** em flocos ou **CAIENA** em pó

2 colheres (chá) de **COMINHO** em pó

2 colheres (chá) de **CÚRCUMA** em pó

½ colher (chá) de **CARDAMOMO** em pó

½ colher (chá) de **CANELA** em pó

680 ml de **ÁGUA**

4 **BATATAS** grandes descascadas e cortadas em pedaços de 2,5 cm

¾ de xícara (chá)/30 g de **COENTRO FRESCO** picado grosseiramente

Outra especialidade de Lutfunnessa, este curry chamado em bengali de *alu-maunsho torkerry* é perfeito para uma noite fria, acompanhado de muito chapati integral (p. 35) quentinho ou arroz basmati. Ela também recomenda fazer esta receita com um corte de carne com osso, como costela ou paleta de cordeiro, ou sobrecoxas de frango sem pele e desossadas. Esta até que é uma receita de curry bem fácil de fazer, com especiarias que você provavelmente já tem em casa. Deixe a carne dourar e caramelizar bem, de modo a conferir um sabor mais intenso ao prato. São quase 2 horas de cozimento, portanto certifique-se de ficar de olho na quantidade de líquido na panela e adicione mais água se necessário.

1. Aqueça o azeite em uma panela grande em fogo médio-alto. Seque a carne com papel-toalha, então tempere com sal e pimenta-do-reino. Doure a carne em levas, virando os pedaços algumas vezes até que todos estejam dourados, o que deve levar cerca de 10 minutos. Transfira tudo para um prato.

2. Reduza o fogo para médio e acrescente a cebola, o alho, o gengibre e a pimenta à panela. Mexa, raspando o fundo para desgrudar os pedacinhos caramelizados de carne que restaram. Tempere com sal e deixe cozinhar por cerca de 10 minutos, mexendo de vez em quando, até que os legumes tenham ficado macios e comecem a dourar. Adicione o cominho, a cúrcuma, o cardamomo e a canela e misture bem. Cozinhe até que as especiarias soltem seu aroma, por cerca de 1 minuto.

3. Volte a carne para a panela, adicione a água e deixe ferver. Diminua o fogo, tampe a panela e deixe cozinhando numa fervura branda, mexendo de vez em quando, por cerca de 1 hora, até que a carne esteja macia.

4. Adicione as batatas e continue mexendo de vez em quando, até que fiquem tenras, o que leva mais 30 minutos. Acrescente água suficiente para garantir que o líquido cubra praticamente toda a carne. Tempere com sal e pimenta-do-reino a gosto, jogue o coentro por cima e sirva quente.

PARATHA

RENDE 16 PÃES REDONDOS (DE 15 CM); SERVE DE 8 A 12 PESSOAS

- 1 xícara (chá)/125 g de **FARINHA DE TRIGO**, e mais um pouco para modelar
- 1 xícara (chá)/130 g de **FARINHA DE TRIGO INTEGRAL**
- ¼ de xícara (chá) de **FARINHA DE ARROZ**
- 1 colher (chá) de **SAL KASHER**
- ⅔ de xícara (chá)/160 ml de **ÁGUA**, e mais um pouco se precisar
- 4 colheres (sopa)/60 g de **GHEE** (veja a nota) ou **MANTEIGA** derretida e morna, e mais um pouco para modelar e cozinhar

NOTA: Se você não encontrar ghee, pode fazer em casa ou usar a mesma quantidade de manteiga sem sal. Para 12 colheres (sopa)/170 g, derreta 16 colheres (sopa)/225 g de manteiga sem sal em uma panela pequena em fogo médio. A espuma do leite vai se separar da gordura, mas continue cozinhando por cerca de 10 minutos, até que a superfície dessa espuma escureça e vá para o fundo da panela. Retire a panela do fogo e passe a manteiga para uma tigela coando com um pano de prato limpo. Descarte o que não passou. Armazene em um vidro hermético.

Recentemente, descobri que havia mais de 365 tipos de pães indianos feitos com uma imensa variedade de grão regionais, a maioria deles impossível de achar hoje. A paratha é um dos pães mais ricos, e seu formato e recheio podem variar conforme a região.

1. Coloque a farinha de trigo, a farinha integral, a farinha de arroz e o sal na batedeira com o gancho acoplado. Em velocidade baixa, junte a água e o ghee e bata por cerca de 2 minutos, até que se misturem. Aumente a velocidade da batedeira para alta e continue batendo até que a massa fique macia e brilhante, o que leva cerca de mais 2 minutos. Se não ficar, adicione um pouco mais de água.

2. Unte uma assadeira baixa com um pouco de ghee derretido. Transfira a massa para lá e polvilhe um pouco de farinha sobre ela. Cubra a assadeira com filme e deixe que descanse por 30 minutos.

3. Divida a massa no meio e faça dois cilindros de 20 cm de comprimento. Corte cada pedaço em 8 partes iguais (cada uma deve pesar cerca de 30 g) e transforme-as em bolinhas. Coloque-as em uma superfície enfarinhada, polvilhe farinha sobre elas e cubra-as com filme. Deixe que descansem por 30 minutos.

4. Pegue uma bolinha de cada vez (mantendo o restante coberto pelo filme) e abra em um disco de 10 cm de diâmetro numa superfície enfarinhada. Pincele ghee levemente no lado de cima e dobre-o ao meio, formando um semicírculo. Dobre ao meio mais uma vez para formar um triângulo com a borda arredondada (como uma pequena fatia de pizza). Abra esse triângulo em um círculo de 15 cm. Pincele ghee novamente, repita as dobras e reabra a massa em um círculo de 15 cm. Repita o processo com o restante das bolinhas, certificando-se de manter toda a massa, exceto aquela em que estiver trabalhando, coberta pelo filme.

5. Aqueça uma frigideira em fogo médio-alto e pincele um pouco de ghee. Trabalhando em levas, cozinhe a paratha até que o lado de baixo esteja dourado, de 1 a 2 minutos depois. Pincele ghee, vire-a e cozinhe o outro lado por mais 1 a 2 minutos, até dourar. Vire o pão pela última vez e pressione levemente com uma espátula. Algumas vão inflar devido ao vapor formado entre as camadas. Retire da frigideira e mantenha a pilha de pães prontos coberta com papel-toalha enquanto faz o restante.

6. Coma morna ou armazene por até 5 dias na geladeira em um saco hermético. Reaqueça por 1 minuto de cada lado em uma frigideira quente e seca antes de servir.

EMPURRA E PUXA — MERCADO × MISSÃO

Equilibrar nossa missão social e os negócios é um desafio, porque o que é bom para os negócios nem sempre ajuda quem treinamos. Por exemplo, quando compramos um novo equipamento, aumentamos a eficiência, mas também reduzimos oportunidades de treinamento. Se uma máquina pode dividir uma enorme leva de massa em pedaços individuais, poupamos tempo e energia, aumentando nossa margem de lucro. Parece ótimo, não é? Significa mais dinheiro para investir em coisas como aulas de inglês e colocação no mercado de trabalho. No entanto, sabemos que o processo de divisão de massa requer cálculos matemáticos e trabalho em equipe, duas habilidades cruciais na profissão. E o mais importante: quando você precisa dividir manualmente 250 dúzias de pãezinhos, desenvolve o senso de urgência que todo chefe busca nos funcionários que contrata para uma padaria (uma habilidade muito difícil de ser ensinada!).

Um bom instinto e experiência são essenciais para se sair bem nesses desafios, mas às vezes o instinto não leva à resposta correta. A decisão de comprar essas máquinas é feita através de planejamento apropriado e de uma equipe sábia e comprometida, que não se esquiva de lidar com esses desafios. (Para constar, temos três máquinas para dividir massa — uma que forma filões e duas que formam pães redondos —, e saber operá-las se tornou uma habilidade valiosa para nossas padeiras, que vão deparar com as mesmas máquinas ao longo da carreira.)

Nosso planejamento inclui uma lista de objetivos para todo funcionário da Hot Bread Kitchen. Os empacotadores têm três; eu tenho doze. Nós os adequamos à proposta atual (por exemplo, pretendemos aumentar nossas vendas em 22,5% este ano) e consideramos o impacto social (por exemplo, vinte de nossas padeiras devem subir para o nível gerencial). Isso não é nenhuma novidade no mundo dos negócios com fins lucrativos — é uma teoria de gestão básica —, mas é menos comum em organizações sem fins lucrativos. Considerar nossa missão estabelecendo objetivos nos ajudou a atingir não só sucesso nos negócios, mas em nossas ambições sociais. Esses objetivos nos ajudam a descobrir o que priorizar em qualquer momento do empurra e puxa que é equilibrar missão e negócio.

Fazemos pão para criar melhores oportunidades para mulheres talentosas. Nunca quis criar uma organização sem fins lucrativos tradicional, tampouco uma padaria artesanal. É o casamento entre mercado e missão que inspirou a Hot Bread Kitchen e incentiva (e desafia) nossa talentosa equipe todos os dias. É assim que permanecemos em nosso trajeto a cada passo do caminho.

PRIMORDIAIS: PÃES SEM FERMENTO

MATSÁ

RENDE 5 PEDAÇOS (DE 30 × 20 CM); SERVE 10 PESSOAS

2 xícaras (chá)/250 g de **FARINHA DE TRIGO,** e mais um pouco para polvilhar

½ xícara (chá)/65 g de **FARINHA DE TRIGO INTEGRAL**

1 xícara (chá)/225 ml de **ÁGUA**

1½ colher (chá) de **SAL KASHER**

1 colher (sopa) de **AZEITE**

NOTA: Como esta receita inclui sal e azeite, não é apropriada para o Seder de Pessach (jantar da Páscoa judaica) mais tradicional. Se você quiser ser um pouco mais fiel, corte o sal pela metade e omita o azeite.

Aprendi a fazer pão com Mark Fiorentino, padeiro de longa data do Daniel, restaurante estrelado pelo *Guia Michelin*. Uma de minhas memórias preferidas daquele tempo é de fazer o matsá que ia nas cestas para viagem do jantar da Páscoa judaica. O Daniel não é nem de longe kasher, mas a maior parte da clientela é judia, então uma vez ao ano a padaria virava uma fábrica de matsá. Daniel Boulud até descia e abençoava os fornos. Não preciso nem dizer que foi o melhor matsá que já provei. Ele leva mais sal do que o matsá normalmente comercializado, além de um pouco de azeite. É uma receita fácil, que vai enlouquecer os amigos e a família no Seder ou em qualquer outro momento como um simples biscoito.

1. Coloque uma pedra para pizza na grade do meio do forno e preaqueça-o a 260°C.

2. Coloque as duas farinhas, a água, o sal e o azeite na batedeira com o gancho acoplado. Em velocidade baixa, misture até que todos os ingredientes estejam bem incorporados, cerca de 1 minuto depois. Aumente a velocidade para média e bata até que a massa desgrude das laterais da tigela, o que leva mais 1 ou 2 minutos; o glúten não deve se desenvolver.

3. Com as mãos úmidas, divida a massa em 5 partes iguais (cada uma pesando cerca de 100 g). Cubra os pedaços com filme.

4. Pegue um pedaço de cada vez, passe na farinha, forme um retângulo e então, em um pedaço de papel--manteiga, abra-o em um retângulo superfino de 30 cm de largura e 20 cm de comprimento. (Se quiser um matsá no formato tradicional, abra a massa em quadrados de 25 cm e use um cortador de pizza ou uma faca para aparar as arestas.) Solte periodicamente o matsá do papel com uma espátula ou uma faca grande e jogue um pouco de farinha embaixo, deixando a massa cada vez mais fina. Se a massa estiver resistente, deixe-a descansar por alguns minutos.

5. Com um garfo, faça furos no matsá através do papel, em fileiras harmônicas e semelhantes.

6. Coloque o matsá (ainda com o papel-manteiga) sobre uma assadeira baixa virada ao contrário para transferi-lo para a pedra para pizza. Deslize a massa até a pedra. Asse até que a superfície tenha pontos dourados, o que leva de 4 a 5 minutos. Se quiser alguns pontos queimadinhos, coloque o matsá sob um broiler já quente ligado no máximo durante mais 1 minuto para intensificar a cor. Transfira o matsá para uma grade para esfriar (ele vai ficar cada vez mais crocante). Descarte o papel-manteiga. Repita o processo até a massa acabar.

7. Coma o matsá frio. Armazene em um recipiente hermético em temperatura ambiente por até 1 semana.

GUEFILTE FISH

SERVE 12 PESSOAS

3 **CENOURAS** descascadas

1 **CEBOLA** grande picada grosseiramente

455 g de **CARPA** moída

455 g de **PEIXE BRANCO** moído

455 g de **LÚCIO** moído ou mais carpa e peixe branco

115 g de **SALMÃO** moído

4 **OVOS** grandes batidos

30 g de **MATSÁ** bem quebrado ou moído, ou farinha de matsá

2 colheres (sopa) de **AÇÚCAR**

1 colher (sopa) de **SAL KASHER**

2 colheres (chá) de **PIMENTA-DO-REINO** moída na hora (use a branca se não quiser pedacinhos pretos no seu guefilte fish)

½ xícara (chá)/110 g de **ÓLEO VEGETAL**

½ xícara (chá)/115 ml de **ÁGUA** fria

SPRAY PARA UNTAR

CHRAIN VERMELHO pronto

NOTA: A parte mais difícil desta receita é conseguir o peixe, que em geral precisa ser encomendado com antecedência. Eu faço uma combinação de carpa, lúcio, salmão e peixe branco. Você mesmo pode moer o peixe se tiver um moedor de carne. A receita em si é fácil de fazer.

Minha bisavó Minnie Starkman era polonesa e fazia guefilte fish da maneira tradicional, mantendo uma carpa viva na banheira para então matar, limpar e moer. Ela separava as partes cuidadosamente e as escaldava no caldo de peixe feito com os ossos da própria carpa. Era um processo longo e trabalhoso que deixava um aroma intenso pela casa.

Sua filha bem mais moderna, minha avó, achou uma receita com peixe moído e assado em uma fôrma de pudim, um utensílio culinário que ela amava (como conto ao lado). Muito mais simples, mas definitivamente controversa, esta versão venceu em meio àquelas pessoas que não cresceram comendo guefilte fish. Certifique-se de servir com bastante chrain vermelho (um molho de raiz-forte e beterraba) e matsá (p. 42) ou com eier kichel (p. 46).

1. Preaqueça o forno a 165°C.

2. Pique grosseiramente 2 cenouras e coloque-as no processador com a cebola. Pulse por 2 segundos cerca de 12 vezes, até esmagar bem.

3. Transfira os legumes para a batedeira com o batedor comum acoplado. Adicione os peixes moídos, os ovos, o matsá, o açúcar, o sal, a pimenta e o azeite. Misture os ingredientes em velocidade baixa, então aumente para a média e adicione a água aos poucos, até que tudo esteja bem incorporado, liso e leve, cerca de 5 minutos depois.

4. Unte uma fôrma tipo "bundt" de 2,8 litros. Corte o que sobrou da cenoura em rodelas finas e coloque uma em cada reentrância mais larga da fôrma (distribuindo as fatias que sobrarem aleatoriamente). Preencha com cuidado a fôrma com metade da mistura de peixe, tentando não mover as cenouras. Com as mãos úmidas, pressione com firmeza para não formar bolhas de ar. Preencha o restante da fôrma com o que sobrou da mistura e pressione de novo. Bata levemente a fôrma na bancada para assentar a mistura. Cubra bem com papel-alumínio.

5. Coloque a fôrma em uma assadeira baixa e transfira-a para o forno. Asse o guefilte fish por cerca de 1h20, até que esteja firme ao toque. Retire o papel-alumínio e, com delicadeza, escorra e descarte o excesso de líquido. Leve a fôrma de volta ao forno por 15 minutos, agora descoberta, para secar o peixe.

6. Retire do forno e deixe descansar por 10 minutos antes de desenformar com cuidado. Seque com papel-toalha e retire qualquer resíduo que cair no prato de servir. Deixe esfriar completamente. Cubra com filme e leve à geladeira por no mínimo 2 horas.

7. Fatie e sirva gelado com bastante chrain vermelho.

PICADINHO DE FÍGADO

SERVE 8 PESSOAS

455 g de **FÍGADO DE GALINHA** limpo

3 colheres (sopa) de **AZEITE**

SAL KASHER e **PIMENTA-DO-REINO** moída na hora

5 **CEBOLAS** médias cortadas em 8 pedaços

3 **OVOS** grandes cozidos, descascados e cortados ao meio

3 colheres (sopa) de **CALDO DE GALINHA**

MATSÁ (p. 42) ou **PÃO DE CENTEIO NOVA-IORQUINO** (p. 142)

2 colheres (sopa) de **ÓLEO VEGETAL** (se for fritar)

Esta receita que eu sempre adorei é da minha avó. É um ótimo acompanhamento para matsá, mas não como sobremesa. Esse comentário pode parecer desnecessário, mas no meu aniversário de oito anos minha avó fez uma quantidade enorme de picadinho de fígado em uma fôrma de pudim no lugar do bolo. Apesar de tê-lo coberto de velas, eu chorei. Mas superei a frustração e agora sirvo a receita com prazer — e sem velas.

1. Preaqueça o broiler (e, nesse caso, forre uma assadeira baixa com papel-alumínio) ou aqueça bem uma frigideira.

2. Seque levemente o fígado com papel-toalha. Regue com 1 colher (sopa) de azeite e tempere generosamente dos dois lados com sal e pimenta. Coloque na assadeira ou frite em duas colheres (sopa) de óleo até dourar e ficar firme ao toque, o que deve levar cerca de 3 minutos de cada lado. Deixe descansar enquanto prepara as cebolas.

3. Pulse as cebolas em levas no processador, até que estejam picadas grosseiramente.

4. Aqueça em fogo médio-alto as 2 colheres (sopa) de azeite que sobraram em uma frigideira grande. Adicione as cebolas e refogue por cerca de 40 minutos, mexendo de vez em quando, até que todo o líquido tenha evaporado e ela esteja bem caramelizada. Deixe descansar.

5. Pulse o fígado no processador até obter pedaços bem pequenos. Adicione os ovos, o caldo de galinha e ⅔ da cebola. Pulse, raspando as laterais se necessário, até que tudo esteja bem picado e misturado, mas não deixe que vire uma pasta. Tempere com sal e pimenta a gosto.

6. Transfira o fígado picado para uma travessa e coloque as cebolas caramelizadas por cima. Sirva com matsá ou pão de centeio.

EIER KICHEL

RENDE 12 UNIDADES (CÍRCULOS DE 10 CM); SERVE 12 PESSOAS

3 **OVOS** grandes

1 colher (sopa) de **ÓLEO DE CANOLA**, e mais um pouco para pincelar

½ colher (chá) de **SAL KASHER**

½ colher (chá) e mais 2 colheres (sopa) de **AÇÚCAR**

½ colher (chá) de **FERMENTO EM PÓ**

1 xícara (chá) mais 3 colheres (sopa)/150 g de **FARINHA DE TRIGO**

Esta é uma espécie de resposta judaica para a deliciosa *torta de aceite* espanhola, um biscoitinho fino adoçado que se tornou popular nos Estados Unidos nos últimos anos. Dependendo de para quem você pergunta, eier kichel pode ser um biscoito ou um acompanhamento para guefilte fish — vai entender! Na minha família, Minnie fazia nos feriados e se referia a eles como "nadas". Eier kichel vem do iídiche, e sua tradução é "biscoito feito com ovo". Esta é uma das receitas de massa do livro que leva a maior quantidade de ovos, então fica bem grudenta! Polvilhe pouco açúcar se quiser servir acompanhando guefilte fish (p. 44). Adicione mais açúcar e um pouco de gergelim se quiser comer no café da tarde — ou sempre que estiver a fim de um pouquinho de "nada".

1. Bata os ovos em uma tigela grande até ficarem espumosos. Ainda usando o batedor de arame, acrescente o óleo, o sal, ½ colher (chá) de açúcar e o fermento. Com uma colher de pau, acrescente 1 xícara (chá)/130 g de farinha em duas levas, certificando-se de que a primeira esteja completamente incorporada antes de colocar a segunda. A massa fica grudenta, mas deve se soltar das laterais da tigela. Se necessário, acrescente o restante da farinha, 1 colher (sopa) de cada vez, até que fique difícil mexer e ela solte das laterais. Transfira a massa para uma superfície enfarinhada e sove-a levemente. Ela não vai ficar lisa e brilhante, permanecendo grudenta. Cubra com filme e deixe descansar em temperatura ambiente por 20 minutos.

2. Preaqueça o forno a 260°C. Forre 2 assadeiras baixas com papel-manteiga.

3. Molde a massa em formato de cilindro e separe em 12 bolinhas iguais (cada um pesando cerca de 30 g). Em uma superfície enfarinhada, pegue uma parte de cada vez (mantenha o restante coberto com filme) e achate delicadamente com as mãos, formando discos de 5 cm de diâmetro. Com os polegares, estique um lado da borda e leve até o centro do disco, pressionando em seguida. Repita o processo mais 3 vezes, sempre girando o disco 45°. Quando a massa formar uma bolinha compacta, vire-a em uma superfície bem enfarinhada e, com um rolo, abra-a em um círculo de 10 cm de diâmetro, com no máximo 3 mm de espessura.

4. Coloque o círculo em uma assadeira forrada e repita o processo com o restante da massa, alinhando 6 em cada uma. Pincele óleo de canola e polvilhe ¼ de colher (chá) de açúcar em cada círculo (ou mais, se quiser servir como biscoitinho doce).

46 PÃO QUENTE

5. Leve as assadeiras ao forno, reduza a temperatura para 205°C e asse por 6 minutos.

6. Reduza a temperatura para 150°C e asse por cerca de 6 a 7 minutos, até que o eier kichel tenha formado bolhas e esteja bem dourado.

7. Retire as assadeiras do forno, transfira o eier kichel para uma grade e deixe esfriar completamente (eles ficarão crocantes no processo). Armazene o que sobrar em um recipiente hermético em temperatura ambiente por até 1 semana.

BISCOITO LAVASH INTEGRAL COM GERGELIM

RENDE 18 UNIDADES (DE 15 CM²)

1¼ de xícara (chá)/295 ml de **ÁGUA** morna

2½ xícaras (chá)/315 g de **FARINHA DE TRIGO PARA PÃO**, e mais um pouco para modelar

1½ xícara (chá)/195 g de **FARINHA DE TRIGO INTEGRAL**

¼ de xícara (chá)/55 ml de **AZEITE**

2 colheres (sopa) de **MEL**

2¾ de colheres (chá) de **SAL KASHER**

ÓLEO VEGETAL

3 colheres (chá) de **GERGELIM**

NOTA: Se você tiver 6 assadeiras baixas e um forno bem grande, pode abrir a massa e assar tudo de uma só vez. Caso contrário, trabalhe com porções, lembrando que o lavash precisa ficar entre 2 assadeiras em certo momento.

Esta variação crocante do pão armênio vai muito bem com queijos e molhinhos. Na padaria, cortamos as pontas para transformá-los em belos retângulos — mas guardamos as aparas e as vendemos no mercado local. Elas vendem mais do que os inteiros! Você pode facilmente substituir o gergelim por outros ingredientes, como sementes de papoula, de nigela ou zaatar — uma mistura de especiarias do Oriente Médio que inclui orégano, tomilho, gergelim, sumagre e sal —, ou simplesmente polvilhar sal kasher.

1. Junte a água, as farinhas, o azeite, o mel e 2 colheres (chá) de sal na batedeira com o gancho acoplado. Bata em velocidade média-baixa por cerca de 6 minutos, até formar uma massa firme e maleável que desgrude das laterais.

2. Transfira a massa para uma superfície enfarinhada e divida-a em 3 pedaços iguais (cada um com cerca de 300 g). Cubra os pedaços com filme, sem apertá-los, e deixe-os descansar em temperatura ambiente por 15 minutos.

3. Preaqueça o forno a 165°C.

4. Unte uma assadeira baixa de 33 × 46 cm com óleo vegetal. Em uma superfície enfarinhada, abra um pedaço da massa em formato de um retângulo pouco maior do que a assadeira. Se a massa encolher durante a manipulação, deixe-a descansar por mais alguns minutos. Encaixe o retângulo na assadeira de forma que suba um pouco nas laterais.

5. Leve a assadeira ao forno e asse por 5 minutos. Retire-a e borrife um pouco de água. Polvilhe ¼ de colher (chá) de sal e 1 colher (chá) de gergelim. Com um cortador de pizza, faça 6 quadrados com cerca de 15 cm cada um. Para obter biscoitos uniformes, corte as bordas (veja exemplo na foto ao lado).

6. Diminua a temperatura para 140°C. Cubra a assadeira com papel-alumínio e coloque uma segunda assadeira, virada de cabeça para baixo, por cima, deixando o lavash entre as duas. Asse até que fique dourado e crocante, o que deve levar cerca de 35 minutos.

7. Repita o processo com o restante da massa.

8. Deixe os biscoitos esfriarem completamente antes de comer (eles vão ficando cada vez mais crocantes). Armazene-os em um recipiente hermético em temperatura ambiente por até 1 semana.

PRIMORDIAIS: PÃES SEM FERMENTO

LAVASH

RENDE 4 RETÂNGULOS GRANDES (DE 33 × 46 CM)

1¼ de xícara (chá)/295 ml de **ÁGUA** morna

2¼ de colheres (chá) de **FERMENTO BIOLÓGICO SECO**

4 xícaras (chá)/510 g de **FARINHA DE TRIGO PARA PÃO**, e mais um pouco para modelar

¼ de xícara (chá)/55 ml de **AZEITE**

2 colheres (sopa) de **MEL**

3 colheres (chá) de **SAL KASHER**

ÓLEO VEGETAL

O lavash, um tipo de pão armênio fino e dobrável, é popular na Turquia, no Irã e cada vez mais na América do Norte. Para fazê-lo do modo tradicional, você precisa de um forno de barro. Ajustei a receita para que seja versátil e fácil de fazer em casa. Com um pouquinho de fermento, ela poderia ser a primeira do próximo capítulo (que inclui pães fermentados), mas já que é da mesma família do biscoito lavash integral com gergelim (p. 49), achei que era deveria fechar este capítulo. O fermento e o fato de ser assada de uma só vez tornam esta versão macia e maleável, não quebradiça como o biscoito, e ótima para substituir o pita. Sirva com homus (p. 78) ou com queijo.

1. Coloque a água, o fermento, a farinha, o azeite, o mel e 2 colheres (chá) de sal na batedeira com o gancho acoplado. Bata em velocidade baixa por cerca de 2 minutos, até hidratar a farinha. Bata em velocidade média-alta por 5 minutos, até formar uma massa firme e maleável. Faça o teste de transparência (p. 16) para se certificar de que o glúten esteja completamente desenvolvido.

2. Coloque a massa em uma superfície enfarinhada e corte-a em 4 pedaços iguais (de cerca de 215 g cada um). Coloque-os em uma tábua ou assadeira enfarinhada, cubra com filme, sem pressionar, e deixe que descansem em temperatura ambiente por 30 minutos.

3. Preaqueça o forno a 165°C.

4. Pegue uma parte de massa e coloque as restantes, ainda cobertas, na geladeira. Envolva-a com farinha e molde-a até formar um retângulo. Coloque a massa em uma folha de papel-manteiga enfarinhada e abra-a com o rolo até formar um retângulo do tamanho de uma assadeira de 33 × 46 cm. Enquanto abre a massa, vire-a para que fique homogênea e puxe de vez em quando o papel das bordas para que não forme dobras. Certifique-se de abrir também as bordas, para que não fiquem mais grossas do que o meio. Se a massa estiver resistente, deixe-a descansar por alguns minutos e tente novamente.

5. Transfira a massa para o verso de uma assadeira (com o papel-manteiga para baixo) e puxe as laterais do papel para desfazer quaisquer dobras. Borrife um pouco de água e polvilhe de ¼ a ½ colher (chá) de sal kasher, a gosto. Cubra a massa com uma segunda camada de papel-manteiga e coloque uma assadeira invertida por cima, para evitar que a massa encolha ou forme bolhas enquanto assa.

6. Leve as assadeiras ao forno e asse, girando-as na metade do tempo, até que o pão esteja levemente dourado, em cerca de 15 minutos. Para conferir se está pronto, retire do forno e levante a assadeira e o papel-manteiga de cima. O lavash deve estar branco em alguns pontos, amarelo translúcido em outros e firme ao toque. Se parecer cru ou malcozido, coloque de volta o papel-manteiga e a assadeira de cima e leve ao forno por mais alguns minutos.

7. Repita todo o processo com os outros pedaços, retirando-os da geladeira um de cada vez.

8. Sirva o lavash ainda morno. Armazene o que sobrar em um saco hermético. Reaqueça no forno com fogo baixo por alguns minutos.

LEVEMENTE INFLADOS

PÃES CHATOS FERMENTADOS

O primeiro capítulo deste livro ensina receitas de pães sem fermento — os mais elementares e rápidos de fazer do mundo. Mas a páginas a seguir levam as coisas a outro patamar. Juntando farinha e água com ar e tempo, os pães deste capítulo *crescem*. Com eles, pode-se aprender bastante sobre fermentação.

O capítulo começa com o injera (p. 56), base da alimentação na Etiópia. É feito com farinha de teff (um grão rico em proteína, parecido com a quinoa) misturada com água e fica fermentando durante um dia antes de cozinhar. Esse é um dos exemplos mais incríveis de como grão, água, ar e tempo podem fazer mágica. Na Hot Bread Kitchen, a história do injera não pode ser contada separadamente da história de Hiyaw Gebreyohannes (p. 59), uma lenda da nossa incubadora.

Este capítulo viaja pelo mundo. Inclui o nan-e barbari (p. 66), pão persa crocante, o nan-e qandi (p. 71), feito com leite e manteiga, o naan (p. 72), o pão mais famoso da Índia, e a focaccia de azeite (p. 81), contribuição italiana que está entre os melhores e mais versáteis pães levemente inflados do mundo.

Moldando o nan-e barbari
(p. 64)

INJERA DE FARINHA DE TEFF

RENDE 12 UNIDADES REDONDAS (DE 30 CM); SERVE 12 PESSOAS

4 xícaras (chá)/600 g de **FARINHA DE TEFF**

5 xícaras (chá)/1,135 litro de **ÁGUA**, e um pouco mais, se necessário

NOTA: A receita de Hiyaw resulta em um injera com um toque mais azedo e uma textura mais escura do que aquele servido em restaurantes africanos. Isso acontece porque ele usa apenas farinha de teff. O sabor mais ácido pode não ser do gosto de todos, portanto incluímos também uma receita híbrida (p. 58), um pouco mais suave.

Para fazer injera, você precisa de uma boa frigideira plana com fundo antiaderente. Não vai dar certo se o revestimento estiver gasto ou arranhado. A massa não tem glúten para uni-la, então a falta de um utensílio apropriado para assar os pães pode fazê-los desmanchar (o que é sempre frustrante). Recomendamos usar um comal (veja p. 27) de 30 cm de diâmetro com tampa. Se for fazer uma quantidade grande, considere investir em uma mitad elétrica.

Hiyaw, empreendedor inspirado e chef talentoso, foi um dos primeiros membros da incubadora da HBK e começou sua empresa de catering de comida etíope em nossa cozinha (veja a p. 59). O injera, pão esponjoso feito com farinha de teff, um grão sem glúten antiquíssimo, é servido sob pratos etíopes salgados. Tradicionalmente, funciona tanto como comida quanto como utensílio, de modo que você pode partir o injera em pedaços e pegar a comida com ele, sem necessidade de talheres. A fermentação natural confere ao pão um distinto sabor azedo, que corta a sensação pesada de caldos e ensopados que ficam cozinhando durante um longo tempo, como o doro wat (p. 62).

1. Com um batedor de arame, misture a farinha de teff e a água em uma tigela grande até formar uma massa lisa. Cubra bem com filme, certificando-se de deixar espaço entre ele e a mistura (o ar é necessário para a fermentação adequada).

2. Deixe a massa descansar em temperatura ambiente por 24 horas, até que fique espumosa e aromática. Mantenha a tigela coberta e não mexa na massa durante a fermentação.

3. Descubra a massa e, se houver água por cima, escorra-a e descarte-a (pare de escorrer quando houver massa junto). Bata com batedor de arame até que fique lisa e brilhante. A consistência deve ser a de uma massa de panqueca americana; se estiver muito grossa, adicione um pouco mais de água.

4. Abra um pano de prato limpo sobre uma bancada grande. Leve ao fogo alto uma frigideira antiaderente de 30 cm. Quando estiver quente (se uma gota de água ferver e evaporar de imediato com

o contato), despeje rapidamente ¾ de xícara (chá)/180 ml de massa no centro da frigideira e espalhe-a fazendo um movimento circular. Gire a frigideira para cobrir todo o fundo de maneira uniforme — não adicione mais massa para cobrir os buracos. Ajuste a temperatura do fogo conforme necessário para que o injera não queime, cozinhando até que se formem bolhas na superfície, o que leva cerca de 30 segundos. Tampe a frigideira e espere cerca de mais 2 minutos, até que a superfície do injera perca o brilho. Talvez seja necessário remover a tampa e enxugá-la uma ou duas vezes. Vire a frigideira em cima do pano de prato e deixe que o pão caia (você pode precisar batê-la com delicadeza na bancada para soltar o pão).

5. Repita o processo com a massa toda, colocando papel-manteiga entre os pães para empilhar. Sirva quente. Se sobrar, guarde os injeras ainda separados por papel-manteiga em um saco hermético em temperatura ambiente por um dia. Reaqueça-os por 1 minuto de cada lado na frigideira.

PÃO QUENTE

INJERA HÍBRIDO

RENDE 12 UNIDADES REDONDAS (DE 20 CM); SERVE 12 PESSOAS

- 2 xícaras (chá)/450 ml de **ÁGUA** morna
- 1 colher (chá) de **FERMENTO BIOLÓGICO SECO**
- ½ xícara (chá)/75 g de **FARINHA DE TEFF**
- 1 xícara (chá)/130 g de **FARINHA DE TRIGO INTEGRAL**
- ½ colher (chá) de **SAL KASHER**
- **MANTEIGA**

Muitos restaurantes etíopes servem injera feito com uma combinação de farinha de teff e de trigo integral. Embora fique bem escuro e deliciosamente azedo, ele é menos fiel ao original do que o feito somente com farinha de teff (veja a p. 56). Nesta receita, uso farinha de trigo integral, adiciono fermento e sal e passo um pouco de manteiga na frigideira — o que não é tradicional, mas deixa os pães deliciosos. Eles podem ser usados como base para ensopados etíopes como o doro wat (p. 62) ou repolho e cenoura braseados (p. 63). Note que o sabor distinto do pão se desenvolve durante a fermentação de 24 horas, que pode ser estendida para 36 horas para acrescentar ainda mais acidez ao sabor.

1. Em uma tigela grande, misture a água e o fermento. Sem parar de mexer, acrescente a farinha de teff, a farinha de trigo integral e o sal. Cubra a tigela com filme e deixe descansar em temperatura ambiente por 24 horas (ou até 36 horas). Depois de 1 hora, a massa vai começar a fermentar e formar bolhas, mas é preciso deixar 24 horas para que seu sabor distinto se desenvolva completamente.

2. Passado esse tempo, misture a massa até ficar lisa e brilhante. Ela deve parecer mais líquida do que massa de panqueca americana. Acrescente mais água, se necessário.

Abra um pano de prato limpo em uma bancada grande. Leve ao fogo alto uma frigideira antiaderente de 20 cm. Quando estiver quente (se uma gota de água ferver e evaporar de imediato com o contato), pincele uma camada fina de manteiga. Despeje rapidamente ¼ de xícara (chá)/60 ml de massa no centro da frigideira e espalhe-a fazendo um movimento circular. Gire a frigideira para cobrir todo o fundo de maneira uniforme — não adicione mais massa para cobrir os buracos. O injera não deve ter mais do que 0,5 cm de espessura. Ajuste a temperatura do fogo conforme necessário para que o injera não queime, cozinhando até que se formem bolhas na superfície, o que leva cerca de 30 segundos. Tampe a frigideira e espere, até cerca de mais 2 minutos que a superfície do injera perca o brilho. Talvez seja necessário remover a tampa e enxugá-la uma ou duas vezes. Vire a frigideira em cima do pano de prato e deixe que o pão caia (você pode precisar batê-la com delicadeza na bancada para soltar o pão).

3. Repita o processo com a massa toda, colocando papel-manteiga entre os pães para empilhar. Sirva quente. Se sobrar, guarde os injeras ainda separados por papel-manteiga em um saco hermético em temperatura ambiente por um dia. Reaqueça-os por 1 minuto de cada lado na frigideira.

HIYAW GEBREYOHANNES, CHEF E FUNDADOR DA TASTE OF ETHIOPIA

Hiyaw Gebreyohannes tem uma história de sucesso na incubadora da HBK. Ele nasceu no deserto da Etiópia, quando seus pais estavam no caminho entre sua cidade natal e Djibuti. A família emigrou para o Canadá logo depois, estabelecendo-se em Toronto quando Hiyaw tinha seis anos. Foi nessa cidade geralmente fria que passou sua infância e sua adolescência.

Pelo que Hiyaw lembra, a comida teve um papel importante em sua vida. "Jantares de família sempre foram uma aventura na nossa casa. Tinha muita gente: tios, primos… A mesa podia ser em qualquer lugar… só precisávamos de um prato grande para atacar." Seus pais tiveram três restaurantes em Toronto, e hoje a mãe é dona de dois em Michigan. No início dos anos 2000, Hiyaw veio para Nova York. Sua primeira experiência como sócio de um restaurante na cidade não foi bacana, então ele decidiu seguir um novo caminho, ainda envolvendo comida.

Para resgatar suas origens e raízes, Hiyaw passou um ano viajando, principalmente pela África; chegou a cogitar voltar para a Etiópia para começar um negócio lá. Para sorte dos amantes de comida de Nova York, ele ficou sem dinheiro e precisou voltar para os Estados Unidos. Sua mãe proporcionou a epifania culinária de que precisava quando o encorajou a fazer a comida que mais amava para viagem. Simples assim, como num passe de mágica, nasceu a Taste of Ethiopia.

Hiyaw estabeleceu a empresa em Michigan no início de 2011. Ansioso para voltar para Nova York, começou a procurar um espaço com cozinha industrial onde pudesse preparar e embalar a comida. Ele nos achou no East Harlem e, além de deparar com uma cozinha com valor viável, pôde assistir a aulas sobre divulgação de marca, gerenciamento financeiro, distribuição e direito trabalhista.

Na incubadora, a Taste of Ethiopia evoluiu rapidamente. Pouco mais de um ano depois, o negócio havia crescido tanto que Hiyaw precisava de mais espaço. Os 360 kg de comida que produzia na Hot Bread Kitchen toda semana (o que, para nós, parecia uma quantidade enorme) eram uma pequena fração das 18 toneladas que produz hoje em um espaço na zona norte de Nova York.

Sua comida etíope caseira (pense em um ensopado de frango com amendoim e couve-galega cozido lentamente e temperado com especiarias como cardamomo e alcaravia) hoje é enviada para toda a América do Norte. Atualmente, a vida de Hiyaw envolve menos tempo na cozinha e mais em frente ao computador, conforme o negócio segue crescendo. Ele — que fala inglês, francês e amárico — diz que seu mote sempre foi "engatinhe, ande, corra", e que hoje está pronto para correr. Hiyaw quer tornar a deliciosa e saudável comida etíope algo tão comum na América do Norte quanto massa e sushi. Orgulhoso de ser o catalisador de tamanha mudança, administra uma empresa de grande sucesso. Fico igualmente orgulhosa que a Hot Bread Kitchen tenha sido um ponto de partida para ele.

Doro wat (p. 62),
injera de farinha de teff (p. 56),
repolho e cenoura braseados (p. 63)

DORO WAT

SERVE 4 PESSOAS

1 **LIMÃO** cortado ao meio

675 g de **SOBRECOXA DE FRANGO** desossada e sem pele

¼ de xícara (chá)/55 ml de **ÓLEO VEGETAL**

1 **CEBOLA ROXA** grande picada em cubos pequenos

3 **DENTES DE ALHO** bem picadinhos

1 pedaço de 2,5 cm de **GENGIBRE FRESCO** descascado e ralado

2 colheres (sopa) de **BERBERE**

1 colher (chá) de **CARDAMOMO** moído

1 colher (chá) de **SEMENTE DE COMINHO-PRETO** moída

1 colher (sopa) de **EXTRATO DE TOMATE**

1 **TOMATE** grande picado

SAL KASHER

> **NOTA:** Para fazer algo próximo do tempero berbere em casa, leve à frigideira seca 1 colher (sopa) de semente de coentro e 1 colher (sopa) de pimenta--do-reino em grãos e torre. Depois que esfriar, moa com as sementes de 6 bagas de cardamomo, 6 dentes de alho e 6 pimentas de árbol ou dedo-de--moça desidratadas. Acrescente 1 colher (sopa) de páprica, 1 colher (sopa) de pimenta-caiena, uma pitada de gengibre em pó e uma de canela em pó. Armazene em um vidro com tampa em local escuro por até 6 meses.

O frango braseado é um prato etíope popular servido sempre com injera (pp. 56-8). É também uma aula sobre a riqueza das especiarias da Etiópia. O berbere — que significa "quente" em amárico — é considerado o cerne da culinária etíope, pois é utilizado em muitos pratos. Essa combinação de diversas especiarias pode ser encontrada em grandes supermercados e, é claro, na internet. Se não conseguir encontrar, você pode fazê-lo em casa (veja a nota ao lado). A semente de cominho-preto, outra especiaria que é incorporada ao ensopado, vale a busca, mas você pode substituí-la por sementes de nigela ou de cominho comum.

1. Coloque as metades do limão em uma panela grande com água e leve para ferver. Adicione o frango (deve ter água suficiente para cobri-lo), reduza o fogo e deixe cozinhar até que esteja firme ao toque e completamente cozido por dentro, o que leva cerca de 20 minutos. Transfira as sobrecoxas para um prato. Descarte os pedaços de limão, mas reserve o líquido de cozimento.

2. Em uma panela grande e pesada, aqueça o óleo em fogo médio. Adicione a cebola, o alho e o gengibre e refogue por cerca de 10 minutos, mexendo com frequência, até que a cebola fique macia e translúcida. Misture o berbere, o cardamomo e o cominho-preto e deixe cozinhar por aproximadamente 5 minutos, até que a cebola esteja dourada e as especiarias soltem os aromas.

3. Junte o extrato de tomate e mexa. Com delicadeza, arrume as sobrecoxas de frango em uma só camada. Despeje o líquido de cozimento até cobrir o frango (reserve o que sobrar para fazer uma sopa, por exemplo). Coloque os tomates por cima do frango e tempere com sal. Deixe a mistura ferver em fogo alto, então reduza o fogo e tampe. Deixe que o frango cozinhe por cerca de 20 minutos, até que todos os sabores estejam integrados. Tempere com sal a gosto antes de servir.

REPOLHO E CENOURA BRASEADOS

SERVE 6 PESSOAS

2 colheres (sopa) de **AZEITE**

1 **CEBOLA ROXA** grande cortada em cubinhos

SAL KASHER

4 **DENTES DE ALHO** bem picadinhos

1 pedaço de 2,5 cm de **GENGIBRE FRESCO** sem casca e bem picadinho

1 colher (sopa) de **CÚRCUMA** em pó

4 **CENOURAS** grandes descascadas e cortadas em pedaços de 2 cm

½ xícara (chá)/115 ml de **ÁGUA**

1 **REPOLHO VERDE** pequeno (com cerca de 900 g) sem talo e cortado em pedaços de 2 cm

Este é um prato clássico e reconfortante da culinária etíope. Durante alguns gloriosos meses, contratamos Hiyaw para fazer o almoço dos funcionários da Hot Bread Kitchen todas as quartas-feiras. Eu amava essa combinação de vegetais macios e ainda anseio pelo gosto sedutor da cúrcuma, que além de tudo é saudável. Este é o acompanhamento perfeito para um banquete etíope com doro wat (p. 62) e injera (pp. 56-8). E é tão fácil de fazer que deveria fazer parte do cardápio semanal de qualquer família. Experimente servi-lo com frango assado e arroz e espere todos pedirem para repetir.

1. Em uma panela grande, aqueça o azeite em fogo médio-alto. Adicione a cebola e uma pitada generosa de sal e refogue por cerca de 8 minutos, mexendo de vez em quando, até que a cebola amoleça. Acrescente o alho, o gengibre e a cúrcuma e refogue, mexendo por aproximadamente 5 minutos, até que os vegetais soltem sua fragrância e comecem a dourar.

2. Junte as cenouras, a água e uma boa pitada de sal e deixe cozinhar por aproximadamente 7 minutos, mexendo de vez em quando, até que as cenouras comecem a amolecer. Misture o repolho em levas de ½ xícara (chá), deixando que murche antes de adicionar outra. Quando todo o repolho já estiver dentro da panela, tampe e deixe cozinhar em fogo médio-baixo por cerca de 35 minutos, mexendo de vez em quando, até que o repolho esteja desmanchando de tão macio. Ele vai liberar bastante líquido enquanto cozinha, mas adicione um pouco de água à panela a qualquer momento se os vegetais ameaçarem grudar no fundo.

3. Tempere com sal a gosto e sirva quente.

LEVEMENTE INFLADOS: PÃES CHATOS FERMENTADOS 63

PÃO DE QUEIJO

RENDE 10 PÃES DE QUEIJO | 500 G

150 g **QUEIJO MEIA CURA** ralado

180 g de **POLVILHO AZEDO**

60 g de **POLVILHO DOCE**
(ou fécula de mandioca)

1 **OVO**

¼ de colher (chá) de **SAL**

2 colheres (sopa) de **MANTEIGA**

Este pão de queijo é baseado na receita familiar que deu origem ao Pão de Queijo Haddock Lobo, localizado nos Jardins, em São Paulo. Fundado em 1968 pelo casal Thomaz e Marion, rapidamente se tornou um marco ao apresentar o quitute mineiro para os moradores da capital paulista. Por levar polvilho doce e azedo, a massa é leve e cresce bastante.

1. Preaqueça o forno a 220°C.

2. Bata o polvilho azedo, o polvilho doce e a manteiga até que estejam incorporados.

3. Adicione o ovo e o sal, misturando até que formem uma massa homogênea.

4. Acrescente o queijo ralado.

5. Bata apenas até que todos os ingredientes estejam incorporados.

6. Deixe a massa descansar por 10 minutos em temperatura ambiente.

7. Faça 10 bolinhas de aproximadamente 50 g cada uma.

8. Asse-as em forno preaquecido por cerca de 10 a 12 minutos, até que estejam crescidos e dourados por fora.

9. Caso não queira assar toda a massa de uma vez, você pode guardá-la coberta com um pano úmido na geladeira por até 2 dias.

NAN-E BARBARI

RENDE 2 PÃES (DE 35 × 13 CM); SERVE DE 6 A 8 PESSOAS

2 xícaras (chá) de **ÁGUA** morna

2¼ de colheres (chá) de **FERMENTO BIOLÓGICO SECO**

4 xícaras (chá)/510 g de **FARINHA DE TRIGO PARA PÃO**, e mais um pouco para modelar

2 colheres (chá) de **SAL KASHER**

ÓLEO DE CANOLA

2 colheres (chá) de **FARINHA DE TRIGO**

½ colher (chá) de **AÇÚCAR**

⅓ de xícara (chá)/80 ml de **ÁGUA** fria

1 colher (chá) de **SEMENTE DE NIGELA**

1 colher (chá) de **GERGELIM**

Um dos nossos produtos mais bonitos é o nan-e barbari, um pão arredondado de 35 cm de comprimento. Uma característica determinante dele, além de sua forma, é que ele leva roomal — uma pasta de farinha e água — em sua superfície antes de assar, acrescentando uma camada de umidade diretamente ao pão. Essa técnica antiga deixou de ser usada, porque as padarias hoje costumam usar fornos a vapor. Esta receita permite fazer um pão com uma crosta linda sem ter que gerar vapor dentro do forno.

Na Hot Bread Kitchen, fazemos um pão bem longo, mas, a não ser que você tenha um forno enorme, é melhor fazer duas unidades, como ensino aqui. O nan-e barbari combina perfeitamente com qualquer queijo. Gosto especialmente com feta, pepino e azeitona.

1. Misture a água morna e o fermento na batedeira com o gancho acoplado.

2. Adicione a farinha de trigo para pão e o sal, e bata em velocidade baixa até que tudo esteja integrado. Aumente a velocidade para média-alta e continue batendo por cerca de 6 minutos, até que a massa esteja elástica. As paredes da tigela devem ficar limpas. Unte uma tigela grande com óleo de canola e transfira a massa para dentro dela. Cubra com filme e deixe descansar em temperatura ambiente por cerca de 1 hora, até que esteja elástica (ao pressioná-la levemente, seus dedos devem deixar uma marca).

3. Coloque a massa em uma superfície levemente enfarinhada. Divida-a ao meio (cada pedaço deve pesar cerca de 490 g) e delicadamente transforme cada parte em um retângulo e depois em um cilindro (veja as instruções na p. 120). Cubra os pedaços de massa com filme e deixe descansar por cerca de 30 minutos em temperatura ambiente até que a massa tenha crescido e esteja elástica.

4. Enquanto isso, junte em uma panela pequena a farinha de trigo, o açúcar, ½ colher (chá) de óleo de canola e a água fria. Cozinhe essa pasta de farinha em fogo médio, mexendo sempre, por cerca de 2 minutos, até que bolhas se formem nas laterais e ela fique grossa e opaca. Deixe esfriar.

5. Coloque uma pedra para pizza na grade mais baixa do forno e preaqueça-o a 235°C por pelo menos 30 minutos.

6. Forre o verso de uma assadeira com papel-manteiga. Coloque um pedaço da massa em cima; deixe o outro pedaço coberto e em um local fresco. Puxe as pontas e pressione o meio com delicadeza, formando um retângulo de 35 × 13 cm. Use a ponta dos dedos para criar 5 linhas profundas ao longo do comprimento da massa, tomando cuidado para não cortá-la (veja as fotos das pp. 54-5). Pincele metade da pasta de farinha na massa e polvilhe metade das sementes de nigela e de gergelim.

Deslize a massa com o papel-manteiga para a pedra quente e asse por cerca de 18 minutos, até que o pão infle e esteja dourado. Transfira o pão pronto para uma grade de resfriamento, descarte o papel-manteiga e repita o processo com a segunda unidade. Sirva quente. Armazene o que sobrar em temperatura ambiente dentro de um saco hermético por até 2 dias.

LEVEMENTE INFLADOS: PÃES CHATOS FERMENTADOS

PIZZA DE NAN-E BARBARI

RENDE 2 UNIDADES

MASSA DE NAN-E BARBARI (p. 66) preparada até o passo 3

FARINHA DE TRIGO PARA PÃO

2 xícaras (chá)/500 ml de **MOLHO DE TOMATE** (da receita a seguir ou industrializado)

225 g de **MUÇARELA** fresca fatiada em pedaços pequenos

3 **ALCACHOFRAS EM CONSERVA** cortadas em fatias finas

Quando eu era pequena, fazíamos pizza em massas de um pão afegão que comprávamos no supermercado (Toronto é uma cidade bastante multicultural, e a variedade de pães é um reflexo disso). Fazíamos um molho de tomate simples e púnhamos queijo e às vezes alcachofras por cima. Quando começamos a fazer o nan-e barbari na Hot Bread Kitchen, lembrei-me desse prato de infância e percebi que a massa também daria uma bela pizza.

1. Coloque uma pedra para pizza na grade mais baixa do seu forno e preaqueça-o a 290°C. Deixe a pedra lá por pelo menos 30 minutos.

2. Forre o verso de uma assadeira com papel-manteiga. Transfira um pedaço de massa para uma superfície de trabalho enfarinhada. Pressione e estique a massa para fazer um círculo fino medindo cerca de 35 cm de diâmetro. Transfira-o para a assadeira. Distribua de maneira uniforme 1 xícara (chá)/250 ml do molho de tomate sobre a massa e espalhe a metade da quantidade de muçarela sobre o molho. Coloque metade das alcachofras por cima.

3. Deslize o papel-manteiga e a massa para a pedra quente e asse até que a borda esteja crocante e dourada, o molho borbulhe, o queijo tenha derretido e as alcachofras dourem, o que leva de 10 a 15 minutos.

4. Enquanto a pizza estiver no forno, molde a segunda massa e cubra-a com o restante do molho de tomate, do queijo e das alcachofras. Quando a primeira estiver pronta, coloque-a em um prato ou tábua e leve a outra ao forno.

5. Corte em fatias e sirva quente.

MOLHO DE TOMATE

RENDE 2½ XÍCARAS (CHÁ)/625 G

Coloco este molho na pizza, no frango, no macarrão... Inspirado na receita de Mario Batali, ele é bastante versátil, então sempre faço o dobro da receita.

2 colheres (sopa) de **AZEITE**

1 **CENOURA** pequena descascada e ralada na parte grossa do ralador

½ **CEBOLA** grande cortada em cubinhos

2 **DENTES DE ALHO** em fatias finas

1 colher (sopa) de **TOMILHO FRESCO** picado

1 lata grande/795 g de **TOMATE PELADO**

SAL KASHER

Aqueça o azeite em uma panela grande em fogo médio. Adicione a cenoura, a cebola, o alho e o tomilho e refogue por cerca de 10 minutos, mexendo de vez em quando, até que os legumes estejam macios. Acrescente os tomates, junto com o suco que vem na lata, tempere com sal e deixe ferver. Diminua o fogo e deixe cozinhar em fervura branda, mexendo de tempos em tempos e amassando os tomates com a colher até que o molho engrosse, o que leva aproximadamente 30 minutos. Tempere com sal a gosto e deixe esfriar em temperatura ambiente. Se preferir um molho mais liso e brilhante, bata no liquidificador ou use um mixer dentro da própria panela. Armazene em um vidro hermético na geladeira por até 1 semana ou no congelador por até 2 meses.

NAN-E QANDI

RENDE 6 UNIDADES REDONDAS (DE 13 CM); SERVE 6 PESSOAS

- ½ colher de chá de **FERMENTO BIOLÓGICO SECO**
- ¾ de xícara (chá)/180 ml de **LEITE INTEGRAL**
- 3¼ de xícaras (chá)/415 g de **FARINHA DE TRIGO PARA PÃO**, e mais um pouco para modelar
- 1 colher (chá) de **SAL KASHER**
- ¾ de colher (chá) de **FERMENTO EM PÓ**
- 9 colheres (sopa)/125 g de **MANTEIGA** derretida e resfriada
- ¼ de xícara (chá) e mais 1 colher (sopa)/105 g de **MEL**
- **ÓLEO DE CANOLA**
- 1 **OVO** batido
- 1 colher (sopa) de **GERGELIM**

NOTA: Se você for dobrar o tamanho do nan-e qandi para fazer os sanduíches muffuletta (p. 79), o tempo de crescimento inicial (8 horas) será o mesmo, mas o tempo do segundo crescimento deve aumentar para 3 horas, e o tempo de forno para 25 minutos.

Rico em manteiga e leite, além de adocicado devido ao mel, o nan-e qandi é um pão viciante do Irã. Esta massa tem uma fermentação longa — é a primeira massa que colocamos na batedeira de manhã e a última que assamos. Sirva com café ou chá, faça um queijo quente maravilhoso com ele, ou ainda uma muffuletta (p. 79). Quem diria?!

1. Na batedeira com o gancho acoplado, misture o fermento biológico seco e o leite. Adicione a farinha de trigo para pão, o sal, o fermento em pó, a manteiga derretida e o mel. Bata em velocidade baixa por cerca de 1 minuto, até que todos os ingredientes secos estejam misturados e uma massa comece a se formar. Aumente a velocidade para média-alta e misture até que esteja elástica, macia e um pouco brilhante, cerca de 5 minutos depois. Faça o teste da transparência (p. 16) para se certificar de que o glúten esteja totalmente desenvolvido.

2. Unte uma tigela grande com óleo de canola e transfira a massa para ela. Cubra com filme e deixe-a descansar em temperatura ambiente por cerca de 8 horas, até que esteja mais macia do que uma bexiga cheia e elástica, de modo que seu dedo deixe uma marca ao pressioná-la. Note que, como a quantidade de fermento biológico seco é pequena, o crescimento da massa ocorrerá bem devagar.

3. Coloque a massa em uma superfície levemente enfarinhada e divida-a em 6 pedaços iguais (cada um pesando cerca de 135 g). Forme uma bola com cada parte (veja a p. 123), cubra-as com filme e deixe descansar por 5 minutos. Com um rolo, abra cada parte em discos de 13 cm de diâmetro.

4. Disponha os discos de maneira uniforme em 2 assadeiras baixas forradas com papel-manteiga. Use um garfo para fazer alguns furinhos, em seguida pincele o ovo batido e polvilhe o gergelim. Cubra as assadeiras com filme e deixe a massa descansar por mais 20 minutos.

5. Enquanto isso, preaqueça o forno a 180°C.

6. Asse o nan-e qandi até que esteja bem dourado, virando as assadeiras na metade do tempo para que dourem de maneira uniforme, por cerca de 20 minutos ao todo. Sirva quente ou em temperatura ambiente. Armazene o que sobrar em temperatura ambiente dentro de um saco hermético por até 2 dias. Reaqueça-os no forno a 180°C por alguns minutos antes de comer.

LEVEMENTE INFLADOS: PÃES CHATOS FERMENTADOS

NAAN

RENDE 12 UNIDADES (DE 7,5 × 15 CM); SERVE 12 PESSOAS

1 colher (chá) de **FERMENTO BIOLÓGICO SECO**

¼ de xícara (chá)/55 ml de **ÁGUA**

5 xícaras (chá) menos 2 colheres (sopa)/620 g de **FARINHA DE TRIGO PARA PÃO**, e mais um pouco para modelar

1 colher (sopa) de **SAL KASHER**, e mais um pouco para servir

2 colheres (chá) de **AÇÚCAR**

½ colher (chá) de **FERMENTO EM PÓ**

¾ de xícara (chá)/180 ml de **LEITE INTEGRAL**

¾ de xícara (chá)/180 ml de **IOGURTE INTEGRAL**

1 colher (sopa) de **GHEE** (veja a nota da p. 40), ou **MANTEIGA** derretida, e mais se precisar

O naan talvez seja o paradigma dos pães achatados fermentados. Saído fresquinho do forno tandoor e servido com curries e carnes assadas, este pão indiano é muito delicado. Pães similares feitos com fermento químico são encontrados hoje em supermercados, mas o naan que fica muito tempo nas prateleiras não é o verdadeiro, porque leva muitos ingredientes em sua composição. Esta versão com iogurte e ghee garante uma massa azedinha e gostosa. Se puder, coma o naan quentinho, recém-saído do forno.

1. Misture o fermento biológico seco e a água na batedeira com o gancho acoplado. Adicione a farinha, o sal, o açúcar, o fermento em pó, o leite, o iogurte e 1 colher (sopa) de ghee. Bata em velocidade baixa por cerca de 2 minutos, até que todos os ingredientes estejam incorporados. Aumente a velocidade para média-alta e continue batendo por aproximadamente 5 minutos, até que a massa fique macia e as laterais da tigela estejam limpas.

2. Unte uma tigela grande com ghee e transfira a massa para dentro dela. Cubra com filme e deixe descansar em temperatura ambiente por cerca de 2 horas, até que esteja elástica (ao pressioná-la levemente, seus dedos devem deixar uma marca).

3. Transfira a massa para uma superfície enfarinhada e divida-a em 12 pedaços iguais (cada um pesando cerca de 100 g). Faça bolinhas, cubra com filme e deixe descansar em temperatura ambiente por cerca de 1 hora, até que estejam elásticas (ao pressioná-las levemente, seus dedos devem deixar uma marca).

4. Coloque uma pedra para pizza na grade mais baixa do forno e preaqueça-o a 260°C por no mínimo 30 minutos.

5. Uma bola por vez (mantenha o restante coberto com filme), estique e pressione a massa para criar uma forma oval medindo cerca de 7,5 × 15 cm.

6. Use uma assadeira baixa invertida para transferir o naan para a pedra, colocando quantos couberem em uma única camada. Asse por cerca de 2 minutos, até que as bordas estejam secas, e a parte de baixo, dourada. Use uma espátula grande para virar o naan e asse por mais 2 minutos, até que o outro lado também esteja dourado. Repita o processo com o restante da massa. Mantenha os pães já assados em uma cesta forrada com pano de prato enquanto trabalha com o restante.

7. Sirva o naan quente, com ghee pincelado e sal, se quiser. Caso sobre, armazene em temperatura ambiente dentro de um saco hermético. Reaqueça dos dois lados em uma frigideira em fogo médio ou no forno a 205°C.

NAAN DE ALHO COM PIMENTA DEDO-DE-MOÇA VERDE

RENDE 12 PEDAÇOS (DE 10 CM); SERVE 12 PESSOAS

5 dentes de **ALHO** bem picados

½ **PIMENTA DEDO-DE-MOÇA VERDE** sem sementes e picada em fatias finas

2 colheres (sopa) de **FOLHAS DE HORTELÃ** bem picadas

2 colheres (sopa) de **SEMENTE DE NIGELA**

MASSA DE NAAN (p. 72) preparada até o passo 3

FARINHA DE TRIGO

8 colheres (sopa)/115 g de **GHEE** (veja a nota da p. 40) em temperatura ambiente

SAL KASHER

É difícil superar o naan, principalmente quando está quentinho, mas recheá-lo com uma mistura maravilhosa de alho, pimenta dedo-de-moça verde, hortelã fresca e sementes de nigela transforma esse pão em algo inesquecível.

1. Coloque uma pedra para pizza na grade mais baixa do forno e preaqueça-o a 260°C por no mínimo 30 minutos.

2. Em uma tigela pequena, misture o alho, a pimenta dedo-de-moça verde, a hortelã e a semente de nigela.

3. Cubra cada bola com cerca de 2 colheres (sopa) da mistura de alho e em seguida dobre a massa ao meio para formar um recheio. Estique delicadamente um pedaço de massa por vez (mantenha o restante coberto com filme), em um círculo de cerca de 10 cm de diâmetro.

4. Use uma assadeira baixa invertida para transferir o naan para a pedra, colocando quantos couberem em uma única camada. Asse por cerca de 2 minutos, até que as bordas estejam secas, e a parte de baixo, dourada. Use uma espátula grande para virar o naan e asse por mais 2 minutos, até que o outro lado também esteja dourado. Repita o processo com o restante da massa. Mantenha os pães já assados em uma cesta forrada com pano de prato enquanto trabalha com o restante.

5. Sirva o naan quente, com ghee pincelado e sal. Caso sobre, armazene em temperatura ambiente dentro de um saco hermético. Reaqueça os dois lados em uma frigideira em fogo médio ou no forno a 205°C.

LEVEMENTE INFLADOS: PÃES CHATOS FERMENTADOS

PITA

RENDE 16 UNIDADES REDONDAS (DE 20 CM)

- 2¼ de colheres (chá) de **FERMENTO BIOLÓGICO SECO**
- 3 xícaras (chá)/680 ml de **ÁGUA** morna
- 3 xícaras (chá)/380 g de **FARINHA DE TRIGO PARA PÃO**, e mais um pouco para modelar
- 3 xícaras (chá)/390 g de **FARINHA DE TRIGO INTEGRAL**
- 1 colher (sopa) de **SAL KASHER**
- 2 colheres (sopa) de **AZEITE** e mais um pouco, se precisar

Em árabe, o pita é simplesmente chamado de *khubz*, ou "pão". O pita que você encontra fora das casas e padarias da região do Magrebe (no noroeste da África) não é tão bom quanto ele; até algumas das melhores casas de falafel usam um decepcionante pão industrializado, com gosto de papelão. Esta receita, que é fácil de reproduzir em casa, usa uma proporção de um para um de farinha de trigo e farinha integral. Faça sanduíches com o pão ou sirva com homus (p. 78) fresquinho.

1. Misture o fermento e a água na batedeira com o gancho acoplado. Adicione a farinha de trigo para pão, a farinha de trigo integral, o sal e o azeite. Bata em velocidade baixa por cerca de 2 minutos, até que todos os ingredientes estejam incorporados.

2. Aumente a velocidade para média-alta e bata por aproximadamente 6 minutos, até que a massa esteja macia e brilhante e as laterais da tigela estejam limpas. Faça o teste da transparência (p. 16) para garantir que o glúten esteja totalmente desenvolvido.

3. Unte uma tigela média com azeite e transfira a massa para ela. Cubra a tigela com filme e deixe a massa descansar em temperatura ambiente por cerca de 1h30 até que esteja elástica (ao pressioná-la levemente, seus dedos devem deixar uma marca).

4. Coloque uma pedra para pizza na grade mais baixa do forno e preaqueça-o a 245°C por no mínimo 30 minutos.

5. Transfira a massa para uma superfície levemente enfarinhada e divida-a em 16 pedaços iguais (cada um pesando cerca de 90 g). Faça uma bola com cada parte, cubra com filme sem pressionar e deixe descansar por 10 minutos.

6. Use um rolo para abrir cada parte de massa em um disco de 20 cm de diâmetro (mantenha o restante coberto com filme). Ele ficará bem fino, com cerca de 3 mm de espessura. Use uma assadeira baixa invertida ou uma espátula grande para transferir quantos pitas couberem em uma única camada para a pedra e asse por cerca de 2 minutos, até que inflem. Use uma espátula grande para virar os pitas e asse por mais 1 minuto. Os pães não devem ficar muito dourados.

7. Mantenha os pitas já assados em uma cesta forrada com pano de prato enquanto assa o restante. Sirva quente. Se sobrar, armazene em um saco hermético em temperatura ambiente por alguns dias. Reaqueça na pedra quente por 1 minuto de cada lado.

HOMUS

SERVE DE 4 A 6 PESSOAS

1 xícara (chá)/230 g de
GRÃO-DE-BICO

¼ de colher (chá) de
BICARBONATO DE SÓDIO

¼ de xícara (chá)/55 g de **TAHINE**

¼ de xícara (chá)/55 ml de **SUMO DE LIMÃO** fresco, ou a gosto

1 **DENTE DE ALHO** grande bem
picadinho

1½ colher (chá) de **SAL KASHER**
ou a gosto

¼ de xícara (chá)/55 ml de **ÁGUA**
gelada

AZEITE

NOTA: Este homus fica melhor
se for consumido de imediato.
Se pretende deixá-lo na
geladeira (por até 3 dias) e
servir depois, aumente
a quantidade de água para
½ xícara/110 ml. Isso vai
manter a textura da pasta.

Se você vai assar seu próprio pita (p. 76), a melhor coisa a fazer enquanto a massa cresce é cozinhar grão-de-bico para preparar homus caseiro. É algo que faço, por ser fácil e rápido, sempre deixando o grão-de-bico de molho desde a noite anterior. Sinta-se livre para mudar as quantidades de tahine, limão, alho e sal, mas se certifique de seguir as instruções de quanto tempo bater o homus para que ele fique macio, cremoso e com uma textura leve. Tentei chegar à cremosidade da receita israelense durante vinte anos. Então, um chef talentoso da Palestina me ensinou o segredo: acrescentar bicarbonato de sódio. Por fim, descobri que isso é comum no Oriente Médio, mas raramente indicado por aqui.

1. Coloque o grão-de-bico em uma panela grande (com capacidade de no mínimo 1 litro) e adicione água gelada o suficiente para cobrir tudo em 10 cm. Deixe-o hidratar em temperatura ambiente durante a noite ou por pelo menos 6 horas.

2. Escorra o grão-de-bico e retorne-o para a panela. Jogue o bicarbonato de sódio e leve a panela ao fogo alto. Cozinhe os grãos, mexendo com uma colher de pau, até que a casca comece a se soltar e a panela esteja seca, de 4 a 5 minutos depois. As cascas devem começar a grudar no fundo da panela. Adicione água gelada o suficiente para cobrir os grãos em mais de 10 cm e leve para ferver. Diminua o fogo e deixe cozinhar em fervura branda até que esteja macio e seja facilmente espremido entre os dedos, mas sem estar completamente mole, o que deve levar cerca de 45 minutos (o tempo de cozimento varia dependendo de quão novos são os grãos e de quanto tempo ficaram hidratando — monitore-os com atenção para se certificar de que não cozinhem

demais). Enquanto o grão-de-bico cozinha, descarte qualquer pedaço ou casca que boie.

3. Escorra os grãos e lave-os com água gelada. Descarte as cascas que encontrar, mas não enlouqueça com essa tarefa — tudo bem se não retirar todas.

4. Coloque os grãos em um processador e pulse por 1 minuto para transformá-los em uma pasta grossa e porosa. Adicione o tahine, o sumo de limão, o alho e o sal e pulse por mais alguns minutos, para distribuir bem os ingredientes; então deixe bater por cerca de 2 minutos, até que a mistura esteja macia. Com o processador ainda ligado, despeje lentamente a água gelada até que o homus esteja cremoso e leve, o que levará outros 2 minutos. Prove e ajuste os temperos a gosto, adicionando mais sumo de limão e/ ou sal, se desejar.

5. Deixe o homus descansar em temperatura ambiente por 30 minutos antes de servir, morno e regado com azeite.

PÃO QUENTE

MUFFULETTA
COM AZEITE

SERVE 4 PESSOAS

¼ de xícara (chá)/40 g de
AZEITONA VERDE sem caroço

¼ de xícara (chá)/40 g de
GIARDINIERA escorrida
e picada grosseiramente

1 **ALCACHOFRA** em conserva
picada grosseiramente

2 **PEPININHOS** em conserva
picados grosseiramente

1 colher (sopa) de **ALCAPARRA** em
conserva escorrida

1 **FILÉ DE ANCHOVA**

½ talo de **AIPO** fatiado fino

Uma pitada de **PIMENTA CALABRESA**

½ xícara (chá)/110 ml de **AZEITE**

2 pães **NAN-E QANDI** (p. 71)
cortados ao meio na horizontal

115 g de **PROVOLONE** em fatias finas

115 g de **MUÇARELA** (veja a nota)
em fatias finas

115 g de **MORTADELA** em fatias finas

115 g de **SALAME** em fatias finas

115 g de **PRESUNTO COPA** em fatias
finas

> **NOTA:** Você pode usar muçarela
> industrializada (em vez da
> fresca), é até preferível: possui
> pouca água e não deixará o
> sanduíche mole. Quanto à
> giardiniera, é um tipo de picles
> italiano. Você pode substituir
> por qualquer outro.

Muffuletta é o nome de um pão siciliano e também de um dos melhores sanduíches do mundo. Ele tem sua origem na loja Central Grocery, em New Orleans, onde fazendeiros italianos vendiam sua produção para o mercado vizinho. Juntando aos pães muffuletta os produtos dos fazendeiros, além de carnes e queijos fatiados, nasceu o icônico sanduíche. Costumo usar o nan-e qandi nesta receita, e ele rende refeições deliciosas para nossa equipe. Você pode fazer o sanduíche em dois nan-e qandis simples ou em um que tenha o dobro do tamanho normal (veja a nota da p. 71), de modo mais fiel ao sanduíche de New Orleans (eles normalmente são tão grandes que você compra uma fatia em vez de um sanduíche inteiro). A focaccia (p. 81) é outra opção de pão.

1. Em um processador, junte as azeitonas, a giardiniera, a alcachofra, os pepinos, as alcaparras, a anchova, o aipo e a pimenta calabresa e pulse algumas vezes até que tudo esteja bem picado, mas não deixe virar uma pasta. Adicione o azeite e pulse mais uma ou duas vezes para incorporá-lo.

2. Divida a mistura sobre os 4 lados cortados do nan-e qandi e espalhe até as bordas (dessa maneira, cada mordida terá uma camada fina da mistura de azeitona junto ao recheio). Em camadas, coloque o provolone, a muçarela, a mortadela, o salame e o presunto copa sobre uma das metades de pão e feche os sanduíches. Envolva-os em filme, coloque uma tábua em cima deles e, sobre ela, algo pesado (como algumas latas de conserva ou uma panela). Deixe os sanduíches descansarem em temperatura ambiente durante uns 20 minutos ou por até 6 horas na geladeira (deixe que voltem à temperatura ambiente antes de servi-los).

3. Corte-os em 4 e sirva.

LEVEMENTE INFLADOS: PÃES CHATOS FERMENTADOS

FOCACCIA DE AZEITE

RENDE 1 UNIDADE (DE 33 × 46 CM); SERVE 8 PESSOAS

1 colher (chá) de **FERMENTO BIOLÓGICO SECO**

2¾ de xícaras (chá)/630 ml de **ÁGUA**

5½ xícaras (chá)/700 g de **FARINHA DE TRIGO PARA PÃO**

4 colheres (sopa)/55 ml de **AZEITE**, e mais um pouco para modelar e regar

1 colher (sopa) de **SAL KASHER**, e mais um pouco para salpicar

¾ de colher (chá) de **AÇÚCAR**

Coberturas variadas (p. 83; opcional)

Se você é novato em fazer pães fermentados, a focaccia é uma boa opção para começar. Feita em uma assadeira baixa, requer pouca sova. Com azeite e sal por cima, é um coringa, principalmente quando é colocada na mesa quentinha em uma festa. Sirva com queijo ou coberturas, faça sanduíches (divida a focaccia ao meio na horizontal, coloque o recheio, e então corte-a em quadrados; faça um tostex, se desejar) e transforme as sobras em deliciosos croûtons.

1. Misture o fermento e a água na batedeira com o gancho acoplado. Adicione a farinha e bata em velocidade baixa até que os ingredientes estejam bem misturados. Aumente a velocidade para média por cerca de 2 minutos, até que se forme algo parecido com uma massa de bolo espessa. Desligue a batedeira e deixe descansar por 10 minutos para que a farinha hidrate.

2. Acrescente 2 colheres (sopa)/30 ml de azeite, o sal e o açúcar e bata em velocidade baixa por cerca de 1 minuto, até misturar. Aumente um pouquinho a velocidade e continue batendo por aproximadamente 3 minutos, até que a massa esteja bem espessa e comece a desgrudar das laterais da tigela. Ela estará bastante grudenta nessa etapa. Aumente a velocidade para média-alta por cerca de 6 minutos, até que a massa esteja macia e brilhante e as laterais da tigela estejam limpas. Faça o teste da transparência (p. 16) para se certificar de que o glúten está totalmente desenvolvido.

3. Unte uma tigela grande com azeite e transfira a massa para dentro dela. Dobre a massa sobre si mesma algumas vezes, cubra a tigela com filme e deixe descansar em temperatura ambiente por aproximadamente 2 horas, até que cresça, atingindo um volume 1,5 vez maior.

4. Unte generosamente com azeite uma assadeira baixa de 33 × 46 cm. Com as mãos também untadas, transfira a massa para a assadeira, pressionando-a com os dedos para cobrir todo o fundo. Se estiver resistente, deixe-a descansar por 10 minutos e depois estique mais um pouquinho. Repita o processo quantas vezes forem necessárias, até que a massa preencha toda a assadeira. Cubra com filme e deixe descansar por 30 minutos.

5. Preaqueça o forno a 205°C.

6. Descubra a massa e use os dedos para fazer buracos firmes na superfície. Pressione até sentir o fundo da assadeira, tendo cuidado para não rasgar a massa. Use um pincel para passar 2 colheres (sopa)/30 ml de azeite sobre a focaccia, então polvilhe de maneira uniforme 1 colher (chá) de sal. Note que, se optar por qualquer das variações que sugerimos a seguir,

A receita continua...

LEVEMENTE INFLADOS: PÃES CHATOS FERMENTADOS

Círculos de focaccia

Esta é uma das minhas maneiras preferidas de fazer focaccia. Divida a massa em 10 pedaços (cada um pesando cerca de 125 g) e faça bolas (p. 123). Espace-as de maneira uniforme em 2 assadeiras baixas forradas com papel-manteiga.

Deixe a massa crescer durante 1 hora, até inflar e ficar elástica.

Descubra-a e use os dedos para fazer 5 buracos na superfície de cada bola. Pressione com firmeza até sentir o fundo da assadeira, tendo cuidado para não rasgar a massa. Com um pincel, cubra levemente cada focaccia com azeite e polvilhe uma pitada de sal kasher e de ervas finas por cima. Asse até que estejam douradas, o que leva cerca de 20 minutos.

Deixe que esfriem, divida cada uma ao meio na horizontal e recheie com o que quiser, desde fatias de presunto com rúcula a frango com parmesão, ou use o pão para fazer a muffuletta (p. 79).

este é o momento de adicioná-las, por cima do azeite e do sal.

7. Asse a focaccia até que esteja bem dourada por cima e crocante por baixo, o que leva cerca de 30 minutos. Transfira-a para uma grade e deixe esfriar por pelo menos 10 minutos antes de cortar e servir. Armazene o que sobrar em temperatura ambiente dentro de um saco hermético por até 2 dias. Reaqueça no forno a 150°C durante alguns minutos.

Variações sazonais da focaccia

Vendemos focaccia com todo tipo de legumes em nosso estande no mercado dos produtores, mudando os recheios de vez em quando para incluir o que for da estação. No outono, a surpreendente combinação do doce da maçã com o gosto marcante do cheddar deixa nossos clientes enlouquecidos — no bom sentido. Durante os meses mais frios, quando o mercado fica um pouco sombrio, batatas fatiadas e alecrim ajudam a esquecer a tristeza; a combinação de amido e amido é reconfortante e muito agradável. No início da primavera usamos cebolinha, e para nós o verão significa lindos tomates que parecem que vão transbordar das mesas do mercado. Há espaço para criatividade: brócolis (delícia), couve (perfeição), tomate seco (um presente). Corte os legumes em pedaços médios para que cozinhem junto com a massa e use o quanto de azeite desejar.

Cada uma das receitas abaixo rende recheio suficiente para uma focaccia de 33 × 46 cm. Adicione os recheios após colocar azeite e sal na massa, conforme indicado na receita da p. 81.

Focaccia de maçã e cheddar

Retire as sementes de 2 maçãs, corte-as em fatias finas e distribua-as de maneira uniforme sobre a superfície de uma focaccia pincelada com azeite e polvilhada com sal. Polvilhe as maçãs com 1 xícara (chá)/95 g de cheddar ralado grosseiramente. Asse até que a parte exposta da focaccia, as maçãs e o queijo estejam dourados (e borbulhando) e a parte de baixo esteja crocante, o que leva cerca de 20 minutos.

Focaccia de batata e alecrim

Com um mandolim, faça fatias muito finas de seis batatas asterix e coloque-as em uma tigela grande. Misture ⅓ de xícara (chá)/80 ml de azeite, 1 colher (sopa) de sal kasher e 2 colheres (chá) de alecrim. Arrume de maneira uniforme as batatas sobre a focaccia pincelada com azeite e polvilhada com sal e asse até que fique dourada e a parte de baixo esteja crocante, o que deve levar cerca de 20 minutos.

Focaccia de cebolinha e pecorino

Limpe e corte grosseiramente um maço de cebolinha. Coloque em uma tigela e junte 3 colheres (sopa) de azeite e ½ colher (chá) de sal kasher. Distribua a cebolinha sobre a focaccia pincelada com azeite e polvilhada com sal, depois polvilhe ½ xícara (chá)/50 g de queijo pecorino ralado na parte grossa do ralador. Asse até que a parte exposta da focaccia esteja dourada, a parte de baixo, crocante e o queijo, derretido e gratinado, o que leva cerca de 20 minutos.

Focaccia de tomate e manjericão

Fatie o mais fino que conseguir dois tomates italianos grandes. Distribua-os de maneira uniforme sobre a focaccia pincelada de azeite e polvilhada com sal e regue com mais 2 colheres (sopa) de azeite e mais ½ colher (chá) de sal. Rasgue 6 folhas grandes de manjericão e jogue por cima. Asse até que a parte exposta da focaccia e os tomates fiquem dourados e a parte de baixo esteja crocante, o que leva cerca de 20 minutos.

LEVEMENTE INFLADOS: PÃES CHATOS FERMENTADOS

Neste capítulo, avançaremos no campo da farinha, da água, do fermento e do vapor e viajaremos para a América Central, onde o milho reina supremo. Tortilhas, gorditas e tostadas são só alguns dos produtos deliciosos feitos com *masa* — que leva milho, água e um pouco de cal hidratada. Cada microrregião do México e da América Central faz a *masa* de uma forma diferente para criar uma variedade de comidas deliciosas. O capítulo começa com uma receita-base — para *masa* azul, branca e amarela —, que inspira as criações que vêm na sequência.

O segredo deste capítulo é que a *masa* nixtamalizada pode ser feita em casa, mas raramente é. A *masa harina* — farinha feita com milho nixtamalizado desidratado — pode ser encontrada em lojas especializadas, e é o que a maioria das pessoas comuns usa para fazer tortilhas. Infelizmente, a arte de pegar uma simples espiga de milho e transformá-la em uma *masa* fresca e cheirosa é cada vez mais rara. Este capítulo começa com a receita de *masa* nixtamalizada (p. 91) porque com ela obtemos os melhores resultados. Elidia, a primeira padeira que contratamos, ensinou-nos a nixtamalizar o milho: cozinhá-lo parcialmente e envolvê-lo em cal hidratada, então moê-lo até formar uma massa. A nixtamalização permite a conversão de espigas de milho secas em uma massa elástica. O segredo está na cal hidratada — conhecida também como hidróxido de cálcio, cal apagada, leite de cal ou cal extinta —, um pó branco utilizado na preparação de alimentos e, acredite se quiser, na preparação de cimento. É altamente alcalino e usado para criar uma solução que amacia

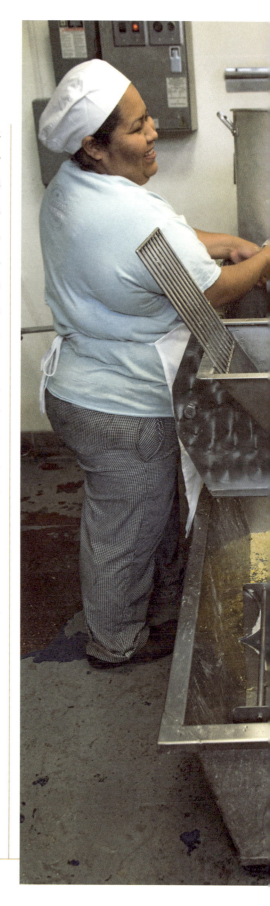

o milho e solta os grãos da espiga. A nixtamalização também libera óleos que ajudam na emulsificação. Esse processo antigo aproveita os benefícios nutricionais do milho seco, extraindo a niacina adicional que ajuda na digestão, além de ter um sabor maravilhoso.

O milho nixtamalizado é, então, escorrido e moído. Quando fiquei na casa de uma família na Guatemala, visitei o moedor de milho comunitário (molino) todas as manhãs com minha anfitriã. Ela levava o milho nixtamalizado para ser transformado em massa em um moedor enorme e barulhento. Era uma cena maravilhosa e cheirosa — cada mulher tinha nixtamalizado seu milho de uma forma diferente. Jovens mães conversavam enquanto esperavam na fila para usar o moedor para depois fazer tortilhas e outras delícias. Sempre pensei que ali seria o lugar ideal para organizar uma revolução.

Cenários como aquele são extremamente raros. Mais frequentemente, chefs e fábricas de tortilha usam *masa harina* — farinha de milho moído e desidratado, contendo conservantes e vendida nas prateleiras de supermercados. Similar à mistura para bolos, a *masa harina* é a maneira mais rápida de se fazer tortilhas, sem começar do zero.

Na Hot Bread Kitchen, as tortilhas feitas de milho nixtamalizado foram o primeiro produto que vendemos, e continuamos a fazê-las dessa maneira porque são mais gostosas. Isso também nos permite ser precisos em nossa busca por ingredientes: só usamos milho não transgênico e até misturamos algumas variedades dele. Neste capítulo, vou mostrar como você pode fazer a mesma coisa em casa. Requer certo comprometimento e planejamento, mas o processo é recompensador de diversas maneiras.

Além de tudo o que você precisa saber sobre fazer tortilhas de milho, encontrará aqui mais de uma dúzia de receitas das nossas padeiras usando *masa*. São muitas misturas e muitas combinações. A receita de tacos de abóbora (p. 102) e um pouco de queijo podem servir de recheio para tortilhas que depois serão fritas, assim como o frango da receita de tostadas de tinga (p. 103) pode ser usado nas carnitas cemitas (p. 135). As carnitas — na versão rápida da p. 107 ou na versão de cozimento lento da p. 106 — podem ser usadas tostadas, tacos, cemitas ou até ser servidas com feijão refrito (p. 109) e arroz. ¡Buen provecho!

MASA Y MÁS: TORTILHAS E COMPANHIA

Pedras do nosso molino.

Dicas para fazer *masa* e tortilhas

Fazer tortilhas do zero, com os ingredientes, equipamentos e conhecimentos corretos, é um processo recompensador. Estas dicas vão responder muitas das perguntas que você fará durante o processo.

- Nem todo milho nasce igual. Tentei fazer *masa* com quase todas as variedades — incluindo milho de pipoca (não, não funciona) e milho de pozole (tampouco funciona). Você precisa encontrar a espiga de milho selvagem — aquela mais barata, que normalmente é usada para alimentar animais. Contudo, certifique-se de que tenha sido higienizada para consumo humano. A Hot Bread Kitchen procura usar milho amarelo, branco e azul. O vermelho é lindo, mas muito mais difícil de encontrar nos Estados Unidos.

- A *masa* fresca pode ser armazenada em um pote hermético na geladeira por até 7 dias. A variedade feita com milho azul deve ficar com cor de lavanda, mas continuará saborosa. Você saberá que a massa estragou se sentir um cheiro forte e ácido.

- Recomendo dois métodos para reaquecer as tortilhas:
  - **NO VAPOR:** Coloque um pedaço de papel-manteiga em um recipiente para cozinhar legumes no vapor, adicione uma pilha de 6 tortilhas ou mais, dependendo do espaço disponível, e encaixe-o em uma panela com cerca de 2,5 cm de água fervente. Certifique-se de que a água não encoste nas tortilhas. Tampe a panela e deixe as tortilhas esquentarem por cerca de 2 minutos, até que fiquem macias.
  - **NO FOGÃO:** Aqueça uma frigideira em fogo alto, molhe o dedo na água e umedeça a borda de toda a tortilha. Coloque-a na frigideira e aqueça-a até que fique macia, por no máximo 30 segundos de cada lado.

- Transfira as tortilhas aquecidas para uma tigela ou cesta forrada com um pano de prato limpo. Sirva imediatamente, envolvendo-as em um pano para mantê-las quentes.

MASA NIXTAMALIZADA

RENDE CERCA DE 3 XÍCARAS (CHÁ)/455 G

3 litros de **ÁGUA**

3 colheres (sopa) de **HIDRÓXIDO DE CÁLCIO**

1½ xícara (chá)/455 g de **GRÃOS DE MILHO SECOS**

NOTA: Se você tiver um moedor de milho manual, precisará encontrar um local onde acoplá-lo. Se o fixador for largo o suficiente, a bancada da cozinha é ideal. Moer requer muita torção, e uma mesa instável não vai aguentar — acredite em mim, já tentei.

Tortilhas (p. 94), tamales (pp. 97-9) e tostadas (p. 103) são pratos tão bons quanto a *masa* que fazemos para eles. Por essa razão, vou abrir o capítulo com a melhor: a *masa* nixtamalizada. A parte difícil desta receita é encontrar o milho, o hidróxido de cálcio (cal) e o moedor. Você pode comprá-los na Hot Bread Kitchen, em lojas grandes com uma seção de produtos latino-americanos ou na internet. Quando tiver os ingredientes e o equipamento em mãos, poderá produzir autênticas tortilhas caseiras. Se não conseguir encontrar esses itens, é possível usar *masa* fresca pronta ou utilizar a receita da p. 92.

1. Ferva a água em uma panela grande. Acrescente o hidróxido de cálcio, mexa até dissolver e retire a panela do fogo. Adicione o milho, cubra e deixe descansar por no mínimo 8 horas ou durante a noite toda.

2. Escorra o milho, lave-o com água corrente para remover a maioria dos cabelos soltos (mas não tire tudo — um pouco deles ajuda a manter as tortilhas macias).

3. Ajuste o moedor de acordo com as instruções do fabricante. Moa o milho em uma tigela, passando um fio de água junto com ele pelo moedor. Pode ser que você precise de ajuda nesta etapa. Ela envolve um pouco de tentativa e erro. As peças de metal do moedor devem ficar próximas o suficiente para que o milho saia bem fino, com uma consistência parecida com massinha de modelar — nem muito úmida, nem muito seca. A quantidade de água necessária vai depender do tipo de milho e da qualidade do moedor, mas deve ser suficiente para manter o grão úmido, sem deixar a *masa* muito molhada. Se um milho inteiro ou um pedaço grande cair na massa, não entre em pânico; gosto da aparência rústica e da sensação de encontrar um ou outro grão inteiro na tortilha. Ao fim, faça uma bola com a massa. Se estiver quebradiça e seca, adicione um pouco de água. Use-a imediatamente em receitas como tortilhas ou armazene-a na geladeira em um saco hermético por até 7 dias.

MASA Y MÁS: TORTILHAS E COMPANHIA

MASA FEITA COM MASA HARINA

RENDE CERCA DE 3 XÍCARAS (CHÁ)/455 G

1 xícara (chá)/215 ml de **ÁGUA**, ou mais, se precisar

1½ xícara (chá)/240 g de **MASA HARINA** ou mais, se precisar

Fazemos, com orgulho, nossa própria *masa* fresca na Hot Bread Kitchen, mas usar um atalho em casa com *masa harina* (farinha de milho desidratado e nixtamalizado) é aceitável. Se isso der a você a chance de fazer tortilhas frescas, por mim, tudo bem. Como sempre, os ingredientes são importantes aqui. Use a *masa harina* com o mínimo de componentes possível, idealmente somente milho e hidróxido de cálcio. A receita abaixo é um bom guia, mas leia as instruções do pacote, já que cada marca absorve a água de maneira diferente.

Coloque a água em uma panela grande. Adicione a *masa harina* e mexa até misturar. Sove a massa por 30 segundos, até que fique firme e elástica. Ela não deve grudar nas mãos e não deve esfarelar quando você a modelar como uma bola, mantendo a textura de massinha de modelar. Adicione mais água ou farinha para atingir a consistência correta, se necessário. Cubra a massa e deixe descansar por 30 minutos antes de usá-la. Pode ser armazenada na geladeira por até 3 dias, mas talvez seja preciso adicionar um pouco de água para voltar à consistência desejada.

NANCY MENDEZ, COORDENADORA DE TORTILHAS

Nancy nasceu em Puebla, no México. Quando tinha dez anos, sua avó decidiu que era a hora de aprender a fazer tortilhas. Até então, a senhora fazia tortilhas duas vezes por dia, moendo o milho em um *metate*, uma espécie de pilão de pedra. Nancy não queria fazer aquilo porque, sinceramente, é muito trabalhoso. Quando sua avó perguntou o que comeriam se ela não aprendesse a preparar a base da refeição familiar, a menina respondeu rapidamente: "É só comprar!".

Décadas depois, tudo mudou. Nancy é a mestre da tortilha da Hot Bread Kitchen e acredita que "ninguém esquece a tradição que cria". Ela é a responsável pelo moedor de *masa* e pela máquina de tortilhas. Seu dia é longo — começa às 4h. Se está sem energia, Nancy pensa em sua avó e em "como meu trabalho na Hot Bread Kitchen me ajudou a pagar a cirurgia dela, que ficava muito orgulhosa quando eu ligava para falar das minhas tortilhas".

Sua trajetória na Hot Bread Kitchen começou quando ela saiu de Puebla e foi para o Queens, em 2002. Tendo estudado até o quinto ano e com um inglês limitado, Nancy teve empregos temporários cozinhando e vendendo comida na rua para ajudar a sustentar a família. Ela encontrou seu caminho na Hot Bread Kitchen em 2009, através de uma amiga que trabalhava conosco. Depois que se formou no nosso programa de treinamento, nós contratamos Nancy para comandar a produção de tortilhas. Ela, que aprendeu bem com a avó, trouxe para nós a sabedoria de sua família e décadas de experiência para melhorar nosso produto e aumentar a produção. Desenvolveu as melhores tortilhas da cidade de Nova York. Muito do que Nancy assa parece incrivelmente simples, mas seu toque e sua intuição são essenciais para os milhares de tortilhas que vendemos toda semana para nossos clientes diretos e para restaurantes.

A parte mais difícil do seu trabalho é manter a demanda que ela mesma criou! E talvez o maior elogio tenha vindo de sua filha, Alexa, de oito anos: ela disse que, quando crescer, quer fazer tortilhas como a mãe. A *abuela* de Nancy ficaria *muy orgullosa*. São as tradições sendo levadas adiante.

TORTILHAS

RENDE 10 UNIDADES (DE 15 CM)

Cerca de 3 xícaras (chá)/455 g de *MASA* **NIXTAMALIZADA** (p. 91), *MASA* **FEITA COM** *MASA HARINA* (p. 92) ou *MASA* **FRESCA** comprada

NOTA: Uma tortilha de 15 cm de diâmetro tem um bom tamanho para tostadas, mas para tacos você talvez prefira um formato menor (veja a p. 112). Use o quadro abaixo para descobrir o tamanho ideal.

Diâmetro da tortilha	Unidades por receita	Peso de *masa* por unidade
10 cm	30	15 g
13 cm	12	30 g
18 cm	8	55 g

Acredito piamente que a tortilha faz o taco. É um desperdício cozinhar lentamente a carne e o feijão, procurar queijos deliciosos e cortar folhas frescas para depois colocar tudo por cima de pães amanhecidos e cheios de conservantes. A *masa* não contém glúten porque precisa ser firme, então talvez você precise de um pouco de prática para manuseá-la. A boa notícia é que não há problema algum em desfazer uma tortilha que não deu certo. Com prensa de tortilhas, você será capaz de fazer essa receita para um batalhão — basta nomear um ajudante forte para pressioná-las! Mas o item é opcional, claro.

1. Faça uma bola grande com a *masa*. Se estiver quebradiça ou parecer seca, polvilhe um pouco de água e sove por 30 segundos. Deve ficar firme e elástica — como massinha de modelar.

2. Faça um cilindro de cerca de 4 cm de espessura e fatie-o na vertical em 10 pedaços iguais (com cerca de 45 g cada um). Transforme cada fatia em uma bola. Cubra com filme ou com um pano de prato úmido para evitar que ressseque na hora de prensar e cozinhar as tortilhas.

3. Coloque a prensa em uma altura confortável para que você use o peso do seu corpo. Uma mesa pode ser melhor do que a bancada. Se não tiver o aparelho, você pode usar uma tábua pesada embaixo e uma panela pesada de metal com fundo liso por cima.

4. Aqueça em fogo alto uma frigideira grande de inox ou de ferro fundido. Forre uma cesta ou uma travessa baixa com um papel-toalha. Corte um saco próprio para embalar alimentos nas pontas, para ter 2 pedaços finos de plástico.

5. Coloque um pedaço de plástico na prensa e uma bola de massa por cima, pressione levemente com a palma da mão para que vire um disco fino de massa e cubra com o outro pedaço de plástico. Com a prensa (ou uma panela de metal), achate a tortilha. Abra a máquina, vire a tortilha ao contrário e repita o processo, de forma a obter um círculo bem fino, com 15 cm de diâmetro.

6. Coloque a tortilha pronta na palma das mãos. Retire o plástico da parte de cima. Delicadamente transfira-a para a outra mão com o plástico virado para cima e retire-o também. A tortilha vai cobrir a palma da sua mão e sobrar. Comece pela sobra e a coloque com cuidado na frigideira quente puxando-a da mão aos poucos. A tortilha deve ficar lisa na frigideira, sem dobras.

7. Cozinhe por aproximadamente 1 minuto, até as bordas começarem a secar. Vire a tortilha e cozinhe até começar a ver vapor saindo e pontinhos dourados surgindo na parte de baixo, cerca de mais 2 minutos depois. Para aumentar o vapor, você pode pressionar

94   PÃO QUENTE

levemente a tortilha com a ponta dos dedos ou com uma espátula. Vire mais uma vez e cozinhe por 30 segundos para deixá-la com pontos dourados. A velocidade de cozimento depende do calor da superfície da frigideira. Quanto mais quente melhor. Uma tortilha excelente terá duas camadas separadas, que se desenvolvem quando está quente o suficiente para criar um vapor que infla a massa e ajuda a separá-la. (Se a tortilha inchar enquanto estiver assando, dizem que é porque você está pronto para casar!)

8. Transfira a tortilha para uma cesta forrada com papel-toalha e cubra-a. Repita o processo até usar toda a massa, certificando-se de manter as tortilhas prontas cobertas. Sirva quente.

MEDINDO NOSSO CRESCIMENTO COM MOEDORES

Quando a Hot Bread Kitchen foi inaugurada, fazíamos somente algumas dúzias de tortilhas por turno, tudo manualmente. Usávamos um moedor manual para o milho da *masa* nixtamalizada (p. 91) e pressionávamos cada tortilha com uma peça de madeira que Elidia, a primeira padeira da Hot Bread Kitchen, havia trazido consigo quando atravessara o rio Grande. Conforme nossa produção crescia, o mesmo ocorria com os músculos de nossos braços direitos. Moer 4,5 kg de milho manualmente toma muito tempo — e pressionar a tortilha uma por uma, mais ainda.

Naquela época, eu pagava as contas fazendo consultoria para a Anistia Internacional. Lá, conheci um jovem e, durante uma conversa, revelei detalhes sobre minha produção noturna de tortilhas e sobre a necessidade urgente de adquirir um moedor melhor. Ele mencionou que seu pai, Peter Brock, arquiteto e inventor que vivia em Berkeley, Califórnia, se dedicava naquele momento a construir bicicletas. Fui apresentada a Peter e conversamos uma única vez sobre como seria um moedor de milho movido a bicicleta. Dois meses depois, *voilà*! Uma caixa enorme chegou à minha porta. Peter havia desenvolvido e construído para nós uma maravilhosa bicicleta moedora de milho, batizada de Jessa-Molino 2000.

Logo, logo, apesar de ter sido um grande avanço em relação ao moedor manual, sentimos necessidade de uma máquina que lidasse com uma quantidade ainda maior de milho. Quando Elidia foi ao México visitar a família, recebeu a tarefa de encontrar um *molino* elétrico. Então recebi uma ligação dela, pedindo-me para transferir quatrocentos dólares. Fiz isso com prazer e esperei ansiosamente a chegada do nosso *molino* — algo que imaginei ser do tamanho de um processador de alimentos.

Algumas semanas depois, um trailer apareceu na porta do meu apartamento no Brooklyn. Dentro dele estava nosso novo *molino* — do tamanho de um fusquinha. Tive que pagar algumas cervejas para os vizinhos me ajudarem a levá-lo para cima e enrolar o síndico, que apareceu enquanto o colocávamos para dentro. Nem preciso dizer que turbinamos nossa produção de tortilhas. Usamos aquele moedor até mudarmos para La Marqueta, quando, de repente, tínhamos um novo obstáculo: embora moêssemos centenas de quilos de milho, ainda sovávamos e prensávamos manualmente.

Portanto, em 2011, visitei todas as fábricas de tortilha que faziam *masa* nixtamalizada no leste de Los Angeles em busca de uma solução. Com a ajuda de um visionário investidor filantrópico, compramos uma máquina que combinava as funções de moedor/ prensa/ forno. Temos um tanque para preparar o milho para nixtamalização e um moedor de pedra pelo qual os grãos voam. A *masa* passa primeiramente por um funil, então é amassada. Depois, a máquina a corta em rodelas e ela passa por um forno que mais parece uma máquina de desenho animado. Daí, tortilhas fofinhas totalmente assadas surgem, prontas para esfriar em uma grade antes de ser embaladas a vácuo, etiquetadas e entregues por todo canto de Nova York. Foram muitas centenas de quilos de tentativas e erros, mas Nancy Mendez, nossa coordenadora de tortilhas, definitivamente dominou o processo. Agora fazemos milhares de tortilhas frescas toda semana. Algo como o equivalente a ir de Nova York ao leste de Los Angeles com nossa bicicleta moedora.

TAMALES DE FRANGO

RENDE 12 UNIDADES; SERVE 6 PESSOAS

15 **PALHAS DE MILHO** (veja a nota na p. 99)

1 **PEITO DE FRANGO** com osso e pele cortado ao meio

½ **CEBOLA**

4 **DENTES DE ALHO**

SAL KASHER

225 g de **TOMATILLOS VERDES MEXICANOS**, sem casca, lavados e picados grosseiramente

2 a 3 **JALAPEÑOS** picados grosseiramente (sem semente, se quiser que fique menos picante)

1 colher (chá) de **ORÉGANO MEXICANO SECO** (veja a nota)

½ colher (chá) de **SEMENTES DE COMINHO**

3 **CRAVOS-DA-ÍNDIA**

3 **GRÃOS DE PIMENTA-DA-JAMAICA**

¼ de xícara (chá)/55 ml de **ÁGUA** fria

1 colher (sopa) de **ÓLEO DE CANOLA**

Cerca de 3 xícaras (chá)/455 g de *MASA* NIXTAMALIZADA (p. 91), *MASA DE MASA HARINA* (p. 92) ou *MASA* FRESCA comprada

½ xícara (chá)/115 g de **BANHA DE PORCO DERRETIDA** ou um pouco mais de **ÓLEO DE CANOLA**

Olga Luna, uma estagiária da padaria, ensinou-me a fazer tamales com um molho picante de tomate verde mexicano. Idealmente, devem ser preparados com *masa* fresca nixtamalizada, mas também dão certo com *masa* feita com *masa harina*. Quando perguntei a Olga o que faz com as sobras, ela me olhou como se eu fosse de outro planeta, então contou que seu filho é capaz de comer nove tamales no jantar! Assim, não costuma haver sobras, mas elas podem ser reaquecidas num instante.

1. Mergulhe as palhas na água fria por no mínimo 30 minutos, ou durante a noite toda.

2. Em uma panela grande, misture o frango, a cebola e 2 dentes de alho e cubra com água fria. Acrescente uma boa pitada de sal e leve para ferver. Retire e descarte qualquer espuma que se formar na superfície da água. Diminua o fogo e cozinhe em fervura branda por cerca de 30 minutos, até que o frango esteja firme ao toque. Transfira o frango cozido para um prato e reserve o caldo. Quando o frango estiver frio o suficiente, desfie-o (descartando a pele e os ossos).

3. Enquanto isso, coloque no liquidificador os 2 dentes de alho restantes, os tomatillos, os jalapeños, o orégano, as sementes de cominho, o cravo e a pimenta-da-jamaica. Adicione a água e uma boa pitada de sal e bata até virar um purê.

4. Aqueça o óleo de canola em uma frigideira grande em fogo alto até começar a borbulhar. Adicione a mistura de tomates e ½ xícara (chá)/120 ml do caldo de galinha

reservado. Deixe ferver, reduza o fogo e cozinhe em fervura branda por cerca de 10 minutos, mexendo de vez em quando até o molho engrossar e perder a cor viva (você vai obter mais sabor em troca!). Tempere com sal a gosto.

5. Coloque a *masa* em uma tigela grande e adicione ½ colher (chá) de sal e a banha. Misture bem com as mãos. Deve ficar úmida, mas seca o suficiente para manter o formato de uma pequena bola. Acrescente um pouco do caldo de galinha reservado se estiver muito seca. Outro teste para se certificar de que obteve a textura correta é formar uma bola do tamanho da mão e inspecionar a superfície: ela deve ficar lisa e brilhante, sem rachaduras. Adicione mais caldo de galinha se não estiver no ponto.

6. Escorra as palhas. Coloque uma aberta sobre a palma da mão e acrescente uma porção de *masa* (cerca de ⅓ de xícara/65 g) na parte superior da palha — deve sobrar, pelo menos, 7,5 cm de espaço vazio. Pressione a *masa* para achatá-la e cubra com algumas colheradas do

A receita continua...

MASA Y MÁS: TORTILHAS E COMPANHIA

NOTA: O recheio deve ser distribuído de maneira uniforme pelas 12 unidades, mas a receita pede 15 palhas, caso alguma venha muito fina e você precise juntar duas ou alguma rasgue. Se sobrar, você pode fazer tiras finas e amarrar os tamales com elas. Fica mais bonito, mas eles não precisam ser amarrados para cozinhar da maneira correta.

Olga sugere usarmos o orégano mexicano, que possui um sabor mais forte e é um pouco menos doce. Você pode também simplesmente substituí-lo por 1 colher (sopa) do tradicional, que normalmente vem do Mediterrâneo.

molho de tomate e um punhado de frango desfiado (cerca de ¼ de xícara/25 g). Forme um cilindro enrolando a palha ao redor do recheio e então dobre uma das extremidades para que o recheio não saia (deixe a outra aberta). Empilhe os tamales recheados e fechados.

7. Acomode os tamales em uma panela para cozinhar no vapor. Há algumas específicas para tamales, mas qualquer uma funciona, assim como um escorredor grande de inox apoiado numa panela grande com água. Só se certifique de que a água não encoste nos tamales. Tampe e deixe a água ferver em fogo alto.

8. Cozinhe os tamales no vapor, verificando de vez em quando se a água não evaporou toda e adicionando mais, se necessário,

até que estejam completamente cozidos, o que leva cerca de 1 hora. Para confirmar, desenrole um tamale e verifique a *masa*: precisa estar firme e úmida. Você deve conseguir quebrar um pedaço de *masa* com as mãos ou com um garfo facilmente, sem despedaçar. Se estiver muito mole, continue cozinhando por mais tempo. Repare que a mistura ficará um pouco mais firme conforme os tamales esfriam.

9. Sirva imediatamente, deixando que as pessoas os desembrulhem para comer. As sobras podem ser reaquecidas em uma frigideira seca em fogo alto até ficarem douradas dos dois lados (o que confere um sabor amendoado extra ao prato).

Tamales vegetarianos

Olga sugere fazer tamales picantes de tomate com queijo como uma excelente opção vegetariana. Aqueça 2 colheres (sopa) de óleo de canola em uma frigideira grande em fogo médio-alto. Adicione 5 tomates picados grosseiramente, 1 ½ dente de alho cortado em fatias bem finas e 2 jalapeños sem semente, cortados em fatias grossas. Refogue por cerca de 10 minutos, até que esteja tudo macio, então acrescente ½ xícara (chá)/115 ml de caldo de legumes e deixe cozinhar na fervura branda até que pareça um ensopado, o que leva cerca de 10 minutos mais. Tempere com sal a gosto e deixe esfriar. Recheie cada tamale com ⅓ de xícara (chá)/65 g de *masa* (use óleo de canola em vez de banha de porco nesta versão vegetariana), 1 colher do molho de tomate (certifique-se de colocar um pedaço de jalapeño em cada tamale) e 1 fatia de queijo (de preferência *queso de freir*; veja a nota da p. 100). Enrole os tamales e cozinhe no vapor, conforme a receita original.

MASA Y MÁS: TORTILHAS E COMPANHIA

FLAUTAS DE QUEIJO

RENDE 24 UNIDADES; SERVE 8 PESSOAS

455 g de *QUESO DE FREIR*
(veja a nota)

24 **TORTILHAS DE MILHO**
(de 15 cm) caseiras (p. 94)
ou compradas

ÓLEO DE CANOLA

SAL KASHER

2 xícaras (chá)/475 g de **FEIJÃO REFRITO** (p. 109) quente

1 xícara (chá)/75 g de **ALFACE-AMERICANA** picada

½ xícara (chá)/120 ml de **CREMA MEXICANA** caseira (p. 108) ou industrializada

½ xícara (chá)/50 g de **QUEIJO COTIJA** ou **FETA** em pedaços pequenos

SALSA VERDE (p. 108)

> **NOTA:** *O queso de freir* é um queijo branco mexicano macio, feito para ser frito; você pode substituí-lo por queijo coalho ou halloumi.

A flauta, também conhecida como "taquito", é um taco enrolado e frito até ficar crocante. É um ótimo aperitivo e pode servir de prato principal acompanhado de feijão refrito, arroz e salada de abacate avocado. Queijo é o recheio mais simples, mas você também pode experimentar com purê de batata ou o frango desfiado da receita de tostadas de tinga (p. 103). A salsa verde (p. 108) é imprescindível.

1. Corte o queijo em 24 tiras.

2. Coloque cada tira dentro de uma tortilha (deixe o restante coberto com filme) e enrole-a, usando um palito para segurar a dobra. Você pode fazer isso com algumas horas de antecedência. Cubra as flautas com filme ou com um pano de prato para que não ressequem.

3. Preencha 5 cm de uma frigideira funda ou de uma panela grande com óleo de canola. Aqueça em fogo médio-alto até atingir 180°C (ou até que o óleo borbulhe vigorosamente quando você colocar uma flauta na panela). Adicione quantas flautas couberem na panela em uma só camada, com o lado da dobra virado para baixo. Frite-as por cerca de 2 minutos, mantendo-as submersas com uma escumadeira ou espátula. Vire uma ou duas vezes, até que estejam douradas e crocantes. Transfira-as para uma assadeira forrada com papel-toalha e polvilhe com sal. Frite as restantes, acrescentando mais óleo, se necessário, e aguardando que chegue à temperatura certa para fritura novamente.

4. Retire e descarte os palitos. Sirva as flautas imediatamente com feijão refrito, alface, crema mexicana, queijo e salsa verde.

TACOS DE ABÓBORA

RENDE 12 UNIDADES; SERVE 4 PESSOAS

1,4 kg de **ABÓBORA** sem semente e cortada ao meio no sentido do comprimento

1 colher (sopa) de **AZEITE**

Sumo de 1 **LIMÃO**

½ colher (chá) de **PIMENTA DEDO-DE-MOÇA** em pó

½ colher (chá) de **COMINHO** em pó

½ colher (chá) de **COENTRO** em pó

SAL KASHER

12 **TORTILHAS DE MILHO** (de 13 cm) caseiras (p. 94) ou compradas

2 xícaras (chá)/475 g de **FEIJÃO REFRITO** (p. 109) quente

¼ de **CEBOLA ROXA** cortada em fatias finas

½ xícara (chá)/50 g de **QUEIJO COTIJA** ou **FETA** em pedaços

Um punhado de **COENTRO FRESCO** bem picadinho

Vender nossos pães no mercado de produtores em Nova York nos mantém próximos a uma enormidade de produtos locais maravilhosos. Para colaborar com nossos colegas, sempre buscamos novas maneiras de incorporar todo tipo de frutas e legumes em nossas receitas. Estes tacos, ideais para os vegetarianos (e veganos, retirando o queijo), são uma forma divertida de usar seu legume preferido da estação.

1. Preaqueça o forno a 205°C.

2. Esfregue o azeite nas duas metades da abóbora, coloque-as com o lado cortado virado para cima em uma assadeira baixa e leve ao forno até que fiquem macias, o que leva cerca de 45 minutos.

3. Use um garfo para desfiar o miolo da abóbora e coloque-o em uma tigela grande (descarte a casca). Adicione o sumo de limão, a pimenta, o cominho e o coentro em pó. Tempere com sal a gosto.

4. Aqueça as tortilhas em uma frigideira seca em fogo médio-alto ou diretamente na chama do fogão. Divida o feijão, a abóbora, a cebola, o queijo e o coentro fresco entre as tortilhas e sirva imediatamente.

TOSTADAS DE TINGA

RENDE 12 UNIDADES; SERVE 4 PESSOAS

TINGA

1 **PEITO DE FRANGO** com osso
e pele cortado ao meio

1 **CEBOLA** cortada ao meio

4 **DENTES DE ALHO** descascados
e amassados

SAL KASHER

3 **TOMATES**

1 a 2 latas de **PIMENTA CHIPOTLE**
(a gosto)

3 colheres (sopa) de **AZEITE**

4 ramos de **TOMILHO FRESCO**

> **NOTA:** Como mencionado, o tinga (frango desfiado) é versátil. Nos tacos, em que o recheio deve ser mais seco, você pode fazê-lo no estilo das carnitas: escalde o frango com os sabores do molho (cebola, alho, tomates e pimenta chipotle), depois desfie-o e frite-o até que os pedaços fiquem dourados e crocantes.

Tostadas de tinga são uma comida de rua mexicana clássica, feita com frango apimentado. Como a tostada (tortilha frita) crocante inevitavelmente quebra quando você morde, em toda a Cidade do México vemos pessoas ao lado de barraquinhas curvando-se para evitar sujar a roupa com os pedaços de frango deliciosos que caem. As tostadas são um excelente aperitivo, lanche ou almoço leve, e uma das melhores maneiras de usar sobras de tortilhas de *masa* nixtamalizada. Vale a pena fazer o tinga — frango braseado em um molho picante de tomate e pimenta chipotle — antes, já que os sabores se acentuam se ele descansar de um dia para o outro e depois for levemente aquecido. É muito versátil — você pode usá-lo para tacos (veja a nota), carnitas cemitas (p. 135). Se preferir carne de porco, pode usar a receita de carnitas (pp. 106-7) com as tostadas.

1. Para fazer o tinga, coloque as metades do peito de frango em uma panela grande e cubra com água fria. Adicione ½ cebola, 2 dentes de alho e 1 colher (chá) de sal. Deixe ferver em fogo alto, descartando qualquer espuma que surgir por cima da água com uma escumadeira. Diminua o fogo e cozinhe em fervura branda por cerca de 30 minutos, até o frango ficar firme ao toque. Transfira-o para uma tigela e deixe descansar até esfriar o suficiente para ser manuseado. Reserve o caldo (descartando a cebola e o alho). Quando o frango estiver frio, desfie-o com as mãos (descartando pele e ossos).

2. Enquanto isso, ferva água em uma panela grande. Faça um X na parte de baixo de cada tomate e coloque na água fervente. Cozinhe por cerca de 1 minuto, até que a pele comece a soltar. Com uma escumadeira, transfira os tomates para uma tigela. Quando estiverem frios o suficiente, retire a pele e

bata-os no liquidificador com os 2 dentes de alho restantes, a pimenta chipotle e ½ colher (chá) de sal, até virar uma pasta lisa.

3. Fatie em meia-lua a metade restante da cebola. Aqueça o azeite em uma panela grande em fogo médio-alto e acrescente a cebola, o tomilho e uma boa pitada de sal. Refogue por cerca de 10 minutos, mexendo de vez em quando, até que a cebola comece a amolecer, depois.

4. Adicione à panela o frango desfiado, o molho de tomate e 1 xícara (chá)/240 ml do caldo de galinha reservado (guarde o restante para usar em outra receita ou congele). Leve para ferver, diminua a temperatura e cozinhe em fervura branda por aproximadamente 20 minutos, até o frango ficar bem macio e todos os sabores estarem incorporados. Tempere com sal a gosto. Mantenha aquecido.

A receita continua…

MASA Y MÁS: TORTILHAS E COMPANHIA

TOSTADAS

ÓLEO DE CANOLA

12 **TORTILHAS DE MILHO** caseiras
(p. 94) ou compradas

1½ xícara (chá)/360 g de **FEIJÃO
REFRITO** (p. 109) quente

½ **ALFACE-AMERICANA** picada

1 **TOMATE** cortado em fatias
finas

½ xícara (chá)/120 g de **CREMA
MEXICANA** caseira (p. 108)
ou industrializada

½ xícara (chá)/50 g de **QUEIJO
COTIJA** ou **FETA** em pedaços

5. Enquanto isso, faça as tostadas. Em uma panela grande ou frigideira funda, despeje óleo de canola suficiente até 2,5 cm de altura e aqueça em fogo médio-alto. Quando o óleo estiver quente (ele deve borbulhar vigorosamente quando você colocar uma tortilha na panela), adicione quantas couberem na panela em uma só camada e frite-as, pressionando-as com uma escumadeira ou espátula para mantê-las imersa até ficarem douradas e crocantes, cerca de 1 minuto de cada lado. Transfira-as para uma assadeira forrada com papel-toalha para esfriarem. Frite o restante, acrescentando mais óleo à panela, se necessário, e aguardando que chegue à temperatura de fritura.

6. Para montar as tostadas, espalhe 2 colheres (sopa) de feijão refrito em cada uma, coloque por cima uma colherada generosa de tinga, um punhado de alface, cubinhos de tomate, crema mexicana e uma colherada generosa de queijo.

CARNITAS DE COZIMENTO LENTO

RENDE RECHEIO SUFICIENTE PARA 24 TACOS OU 8 A 10 CEMITAS; SERVE DE 8 A 10 PESSOAS

1,8 kg de **PALETA SUÍNA DESOSSADA**, sem pele e excesso de gordura, cortada em pedaços de 5 cm

SAL KASHER

5 colheres (sopa)/70 ml de **ÓLEO DE CANOLA**

1 colher (sopa) de **TOMILHO FRESCO** picado

6 **DENTES DE ALHO** picados

1 colher (chá) de **PIMENTA DEDO-DE-MOÇA** em pó

1 colher (chá) de **COMINHO** em pó

Raspas e sumo de 1 **LARANJA**

1 **LATA DE CERVEJA**/355 ml, de preferência preta

1 xícara (chá)/225 ml de **ÁGUA**

Carnitas são, na minha opinião, o melhor recheio para tacos. Esta versão leva cerca de 4 horas para cozinhar, mas a maior parte do trabalho se dá sozinho, e o resultado é delicioso. Você pode brasear o porco com antecedência — na verdade, fica até mais gostoso assim. Este recheio é ideal não só para tacos (veja a p. 110), mas para carnitas cemitas (p. 135), tostadas. Independentemente de como escolher fazer, não se esqueça de colocar salsa verde (p. 108) por cima.

1. Preaqueça o forno a 150°C.

2. Tempere generosamente a carne de porco com 1 ½ colher (chá) de sal e deixe descansar em temperatura ambiente por cerca de 1 hora.

Aqueça em fogo médio-alto 2 colheres (sopa) de óleo em uma panela grande e pesada, que possa ser levada ao forno. Cozinhando em levas, se necessário, adicione a carne em uma só camada. Cozinhe por cerca de 15 minutos, virando a carne de vez em quando até que os dois lados fiquem bem dourados. Transfira tudo para um prato grande.

3. Adicione à panela o tomilho, o alho, a pimenta dedo-de-moça e o cominho e cozinhe por cerca de 1 minuto, mexendo um pouco, até sentir os aromas mais fortes. Acrescente as raspas e o sumo da laranja, a cerveja e a água e leve para ferver. Diminua o fogo e cozinhe em fervura branda por 2 minutos, raspando o fundo da panela com uma colher de pau até soltar os pedacinhos dourados de

carne. Volte a carne e qualquer líquido que tenha se acumulado no prato para a panela.

4. Transfira a panela destampada para o forno e braseie a carne por cerca de 4 horas, mexendo a cada 30 minutos, até que quase todo o líquido tenha evaporado e o porco esteja se despedaçando de tão macio. Transfira a carne para uma travessa ou assadeira e deixe descansar até atingir uma temperatura em que possa ser manuseada. Reserve o líquido de cozimento.

5. Use as mãos para desfiar a carne, descartando toda gordura que encontrar.

6. Aqueça 3 colheres (sopa) de óleo em uma frigideira grande de fundo triplo, em fogo médio-alto. Em levas, se necessário, coloque uma camada de carne desfiada no fundo da panela, junto com um pouquinho do líquido de cozimento. Mexa de vez em quando, até que os pedaços estejam dourados e crocantes, cerca de 10 minutos depois. Sirva quente.

106 PÃO QUENTE

CARNITAS DE COZIMENTO RÁPIDO

RENDE RECHEIO SUFICIENTE PARA 24 TACOS OU 8 A 10 CEMITAS; SERVE DE 8 A 10 PESSOAS

1,8 kg de **PALETA SUÍNA DESOSSADA**, sem pele e excesso de gordura, cortada em pedaços de 5 cm

SAL KASHER

½ xícara (chá)/110 ml de **ÓLEO DE CANOLA**

Folhas de 8 ramos de **ORÉGANO FRESCO**

Nancy recentemente me ensinou a fazer carnitas de cozimento rápido, um recheio de carne de porco ótimo para usar em tacos, tostadas e até carnitas cemitas (p. 135). Há dois detalhes importantes neste método: o primeiro é deixar a carne atingir a temperatura ambiente antes de iniciar a receita, para que cozinhe de forma rápida e uniforme; o segundo é ser paciente enquanto sela a carne — deixe passar do ponto dourado para o muito-super-hiperdourado. Nancy o descreve como da cor de couro de sapato; eu prefiro chamar de mogno.

1. Tempere generosamente a carne de porco com 1 ½ colher (chá) de sal e deixe descansar em temperatura ambiente por cerca de 1 hora.

Aqueça o óleo em uma frigideira grande e pesada em fogo médio-alto. Cozinhando em levas, se necessário, adicione a carne e o orégano em uma só camada. Cozinhe por cerca de 15 minutos, virando de vez em quando, até que a carne esteja bem dourada dos dois lados.

2. Quando toda a carne estiver cozida e bem dourada, devolva-a para a panela e reduza o fogo para médio-baixo. Deixe a tampa entreaberta enquanto a carne cozinha por mais 15 minutos, mexendo de vez em quando, até que fique mais dourada e macia.

3. Use uma pinça para retirar a carne da frigideira e deixe descansar em um prato até atingir uma temperatura em que possa ser manuseada. Reserve o óleo e o orégano que ficaram na panela.

Corte a carne de em cubos de 1,5 cm. Leve-a de volta ao fogo médio-alto na frigideira. Deixe cozinhar por cerca de 10 minutos, até que os cubos estejam crocantes. Tempere com sal a gosto e sirva quente, decorado com o orégano frito.

MASA Y MÁS: TORTILHAS E COMPANHIA

SALSA VERDE

RENDE 2 XÍCARAS (CHÁ)/480 G

680 g de **TOMATILLOS VERDES MEXICANOS** descascados e lavados

1 a 2 **JALAPEÑOS** ou **PIMENTAS SERRANO** (a gosto)

3 **DENTES DE ALHO** inteiros descascados

½ xícara (chá)/20 g de **FOLHAS DE COENTRO FRESCAS**

1 colher (sopa) de **SAL KASHER** ou a gosto

Este molho simples e delicioso é usado em quase todas as receitas deste capítulo. Elidia, minha primeira funcionária, ensinou-me a fazer esta versão. Gosto tanto dela que poderia consumir como uma sopa. O segredo é o frescor dos tomatillos mexicanos e ter coragem de salgá-los o suficiente para equilibrar a acidez. Sal o bastante é a diferença entre uma salsa verde boa e uma maravilhosa. Não economize!

1. Ferva uma panela com água. Acrescente os tomatillos e a pimenta e cozinhe até que fiquem macios (a pele dos tomatillos deve começar a soltar e sua cor deve passar de verde brilhante a verde-azeitona, o que leva cerca de 10 minutos). Use uma escumadeira para transferir tudo para uma tábua. Corte os tomatillos e as pimentas, descartando o miolo. Reserve ½ xícara (chá)/120 ml do líquido de cozimento.

2. Ligue o processador e jogue o alho, os tomates, as pimentas, o líquido de cozimento reservado e o coentro. Bata até ficar em ponto de purê cremoso e tempere com bastante sal. Sirva em temperatura ambiente. Armazene em um pote hermético na geladeira por até 5 dias.

CREMA MEXICANA

RENDE ¾ DE XÍCARA (CHÁ)/180 G

½ xícara (chá)/120 g de **IOGURTE GREGO**

¼ de xícara (chá)/60 ml de **LEITE INTEGRAL**

½ colher (chá) de **SAL KASHER**

Sour cream pode ser encontrado em praticamente todos os pratos de restaurantes Tex-Mex, mas a verdadeira crema mexicana não é a mesma coisa; é um pouco mais salgada e mais fina também, e é muito fácil de jogar por cima dos pratos. Se você não conseguir encontrá-la a venda nem em supermercados grandes, substitua por esta mistura.

Com um batedor de arame, bata o iogurte grego, o leite e o sal em uma tigela pequena. Cubra e leve à geladeira até a hora de utilizar. Dura 1 semana.

FEIJÃO REFRITO

RENDE 8½ XÍCARAS (CHÁ)/2 KG; SERVE 8 PESSOAS

455 g de **FEIJÃO-PRETO**

3 colheres (sopa) de **ÓLEO DE CANOLA**

1 **CEBOLA** grande picada

3 **DENTES DE ALHO** picados

1 colher (sopa) de **FOLHAS DE ORÉGANO FRESCO** picadas

SAL KASHER

Este feijão está em muitas das receitas favoritas da Hot Bread Kitchen, incluindo as carnitas cemitas (p. 135) e as tostadas (p. 103), além de funcionar como uma refeição se servidos com arroz. Eles não são "refritos" de fato — estão mais para "bem reduzidos", de modo a intensificar o sabor. Sirva-os acompanhados de crema mexicana (p. 108), coentro picado e queijo cotija por cima.

1. Coloque os feijões em uma tigela e adicione água fria o suficiente para cobri-los em 5 cm. Deixe-os hidratar durante a noite.

2. Escorra, transfira os grãos para uma panela grande e cubra-os com 5 xícaras (chá)/1,1 litro de água fria. Leve para ferver, diminua o fogo, tampe a panela parcialmente e cozinhe em fervura branda até que os feijões estejam macios, de 1 a 2 horas depois, dependendo do quão frescos estão.

3. Separe 2 xícaras (chá)/475 ml do líquido de cozimento. Escorra o feijão e retorne-o para a panela com o líquido reservado. Bata no liquidificador até que esteja bem cremoso, em ponto de purê.

Enquanto isso, aqueça o óleo em uma panela grande em fogo médio-alto. Acrescente a cebola, o alho, o orégano e uma boa pitada de sal e refogue por cerca de 10 minutos, mexendo de vez em quando, até os temperos ficarem macios. Adicione o purê de feijão e deixe ferver. Diminua o fogo, tempere com sal a gosto e cozinhe em fervura branda por aproximadamente 10 minutos, até que a mistura fique espessa e todos os sabores estejam bem misturados. A mistura deve estar grossa, mas não tanto quanto tutu. Se passar do ponto, adicione um pouco do líquido do cozimento ou água. Sirva quente. Você pode fazer essa receita com antecedência e armazenar em um pote hermético na geladeira por até 1 semana. Reaqueça em fogo baixo, acrescentando um pouco de água se necessário.

MASA Y MÁS: TORTILHAS E COMPANHIA

COMO FAZER OS VERDADEIROS TACOS

Tacos não devem ter excesso de recheio, ser complicados ou difíceis de comer. Seu propósito é celebrar a beleza da tortilha.

- Comece com tortilhas de milho frescas e quentes. Se estiverem frias, reaqueça-as (veja na p. 89). Tradicionalmente, tacos são feitos com duas tortilhas de 10 cm empilhadas. Isso garante que as pessoas não acabem com pedaços de tortilha industrializada de baixa qualidade e carnitas na roupa, e também que não sobre carne sem acompanhamento no prato.

Se você for usar tortilhas caseiras, elas serão mais grossas, saborosas e mais rígidas, então não precisará de duas. Recomendamos uma tortilha de 13 cm por taco para estas receitas.

- Tacos devem ser limitados a uma única proteína, como as carnitas (pp. 106-7), o frango das tostadas de tinga (p. 103) ou a opção vegetariana dos tacos de abóbora (p. 102). Seja qual for o recheio, adicione uma pequena quantidade (¼ de xícara (chá)/60 g) para que o taco possa ser facilmente manuseado — e para que você possa comer mais de um.

- Eles devem ter acompanhamentos simples. Normalmente, um pouquinho de cebola e coentro bem picados. Só isso. Rabanetes em fatias ou inteiros também são uma opção, com jalapeño em conserva, limão cortado em quartos e salsa verde (p. 108). Um pouco de queijo cotija por cima de tudo não faz mal a ninguém, claro... Se não conseguir encontrá-lo, feta em pedaços é um ótimo substituto.

Taco de abóbora (p. 102), tortilha de milho azul com tinga (p. 105), tortilha de milho amarelo com carnitas de cozimento lento (p. 106), com guacamole (p. 113), feijão refrito (p. 109), crema mexicana (p. 108) e salsa verde (p. 108)

CHIPS DE TORTILHA COM PIMENTA DEDO-DE-MOÇA, COMINHO E LIMÃO

RENDE 6 XÍCARAS (CHÁ)

12 **TORTILHAS DE MILHO** (de 15 cm) azuis, brancas ou amarelas, caseiras (p. 94) ou compradas

3 colheres (sopa) de **ÓLEO DE COCO** derretido, **AZEITE** ou **ÓLEO DE CANOLA**

¼ de xícara (chá)/55 ml de **SUMO DE LIMÃO** fresco

1 colher (chá) de **PIMENTA DEDO-DE-MOÇA** em pó

1 colher (chá) de **COMINHO** em pó

1 colher (chá) de **SAL KASHER**

Chips de tortilha fritos

Frite pedaços de tortilha em uma quantidade generosa de óleo de canola a 190°C por 4 minutos, até que fiquem dourados e crocantes, virando-os uma vez. Transfira-os para um papel-toalha e depois regue com sumo de limão e polvilhe pimenta dedo-de-moça em pó, cominho e sal.

Não costumamos vender chips de tortilhas porque é trabalhoso fazer em grande quantidade, mas abrimos uma exceção no domingo do Super Bowl. Quando faço esses chips em casa, gosto de assá-los — ficam um pouco mais saudáveis e é mais fácil de limpar a cozinha depois. Embora fiquem ótimos apenas com sal, essa combinação com pimenta, cominho e limão é realmente deliciosa. Para um visual bonito, misture tortilhas de milho azuis, brancas e amarelas. (*Veja a foto na p. 111.*)

1. Preaqueça o forno a 190°C.

2. Empilhe as tortilhas e corte-as ao meio, depois em quartos e em oitavos. Distribua-as em uma camada única em 2 assadeiras.

3. Com um batedor de arame, misture o óleo, o sumo de limão, a pimenta dedo-de-moça em pó, o cominho e o sal em uma tigela pequena. Use um pincel para passar delicadamente a mistura em um dos lados dos pedaços de tortilha.

4. Leve as assadeiras ao forno e asse por cerca de 7 minutos, até que as tortilhas comecem a ficar crocantes e douradas. Retire as assadeiras, vire as tortilhas e pincele o outro lado. Retorne as assadeiras para o forno, trocando-as de lugar (a que estava embaixo vai para cima e vice-versa). Asse por mais uns 5 a 7 minutos, até que os chips estejam crocantes e levemente dourados.

5. Deixe os chips atingirem a temperatura ambiente (eles ficarão ainda mais crocantes ao esfriar) antes de servir.

GUACAMOLE

SERVE DE 8 A 10 PESSOAS

4 **ABACATES AVOCADOS** sem casca e sem caroço (reserve os caroços)

8 **TOMATES ITALIANOS** cortados em cubos pequenos

1 ramo pequeno de **COENTRO** com folhas e talos cortado em fatias finas (cerca de 1½ xícara (chá)/60 g)

1 **CEBOLA** pequena cortada em cubinhos

1 a 3 **PIMENTAS SERRANO** (a gosto) sem sementes e cortadas em pedaços bem pequenos

Sumo de 1 ½ **LIMÃO**

SAL KASHER e **PIMENTA-DO-REINO** moída na hora

Há muitas linhas diferentes quando se trata de guacamole, mas esta versão — com muito coentro, cebola, tomate, pimenta serrano e temperada com limão — é a especialidade de Nancy. Às vezes, quando seu turno na Hot Bread Kitchen termina, ela frita um monte de chips de tortilha e faz uma porção desse guacamole, e todo mundo vai à loucura. O segredo de um guacamole gostoso é a escolha do abacate: prefira do tipo avocado com a casca toda preta e ainda firme ao toque. Eu também confiro se o cabo está intacto, o que é uma boa maneira de garantir que não estejam maduros demais.

1. Coloque em uma tigela grande os avocados, os tomates, o coentro, a cebola, a pimenta e o sumo de limão. Use um garfo para misturar os ingredientes. O guacamole precisa ficar suficientemente cremoso para ser facilmente "pescado" com um chip de tortilha, mas não tão liso que todos as colheradas pareçam iguais; deve haver pedaços intactos para dar textura. Tempere com sal e pimenta-do-reino a gosto.

2. Se você não for servir imediatamente, inclua o caroço do avocado e cubra a tigela com filme, pressionando-o diretamente na superfície do guacamole, para impedir que escureça. Armazene dessa maneira em temperatura ambiente por não mais do que 1 hora. Após esse tempo, leve à geladeira por até 1 dia.

MASA Y MÁS: TORTILHAS E COMPANHIA

TAMALES DOCES
COM CANELA E ABACAXI

RENDE 24 UNIDADES

30 **PALHAS DE MILHO** (veja a nota da p. 99)

2 ramas de **CANELA**

½ xícara (chá)/100 g de **AÇÚCAR**

3 xícaras (chá)/680 ml de **ÁGUA**

3 xícaras (chá)/390 g de *MASA HARINA*, ou mais, se precisar

16 colheres (sopa)/225 g de **MANTEIGA** derretida e resfriada

2 gotas de **CORANTE ALIMENTÍCIO VERMELHO** ou **SUCO DE BETERRABA** (opcional)

1 lata (565 g) de **ABACAXI** em conserva

½ xícara (chá)/65 g de **UVAS-PASSAS**

Estes tamales doces são um belo lanche ou a sobremesa ideal ao final de um jantar mexicano. Regue com um pouco de leite condensado ao servi-los, se quiser uma dose extra de açúcar. Os tamales doces normalmente são cor-de-rosa, de modo que fica fácil identificá-los (isso também os faz parecer apetitosos para as crianças), mas, uma vez que não afeta o sabor, o tingimento é opcional.

1. Embeba as palhas de milho na água fria por no mínimo 30 minutos, ou durante a noite toda.

2. Coloque as ramas de canela, o açúcar e a água em uma panela e leve para ferver, mexendo até que o açúcar dissolva. Retire a panela do fogo e deixe esfriar.

3. Coloque a *masa harina* em uma tigela grande e adicione a manteiga derretida e o corante. Coe a calda de canela na tigela (descarte as ramas) e misture tudo vigorosamente com uma colher de pau. Deve ficar úmida, mas seca o suficiente para formar uma bola. Você pode fazer o teste com um pedaço pequeno de massa. Outra opção para garantir a textura correta é formar uma pequena bola do tamanho da mão e inspecionar a superfície: ela deve ficar lisa e brilhante, sem

rachaduras. Adicione um pouco de água quente se não estiver nesse ponto. Se houver líquido demais, coloque mais *masa harina* até obter a consistência desejada.

4. Hora de montar! Escorra as palhas. Coloque uma aberta sobre a palma da mão e acrescente uma porção de *masa* (cerca de ⅓ de xícara/65 g) na parte superior da palha — deve sobrar, pelo menos, 7,5 cm de espaço vazio. Pressione a *masa* para achatá-la e coloque por cima meia fatia de abacaxi e algumas uvas-passas. Forme um cilindro enrolando a palha ao redor do recheio e então dobre uma das extremidades para que o recheio não saia. Empilhe os tamales recheados e fechados.

5. Cozinhe no vapor, conforme instruções da p. 99.

ESCUROS E CROCANTES

PÃES BÁSICOS

Os pães deste capítulo levam os mesmos ingredientes básicos já utilizados ao longo de todo o livro: grãos, água, sal e vapor. Mas aqui vamos aprofundar nossa relação com um ingrediente crítico de um bom pão: tempo. Pães artesanais deixam que a água, a farinha e o sal descansem, cresçam, sejam ativados e se transformem em uma forma de arte crocante, ácida e comestível. É um processo antigo que otimiza a fermentação (a chave das comidas e bebidas mais deliciosas, como pão, vinho e queijo) para transformar os grãos. Enquanto a farinha e a água descansam por tempo suficiente para que o fermento biológico se multiplique naturalmente, o gás produzido pelos micro-organismos presentes expande a massa, transformando uma pequena bola em uma bisnaga cheia de ar. Esse processo adiciona uma grande quantidade de sabor. Pense na diferença entre queijo fresco e gorgonzola — algo parecido acontece com o pão.

Como diz o ditado, tempo é dinheiro, por isso os cientistas da cozinha desenvolveram formas de produzir pães com mais rapidez. Adicionando grandes quantidades de fermento industrializado ou químico, retirando pré-fermentos naturais, acrescentando açúcar e gordura e utilizando farinhas com alto nível de proteína, padarias comerciais conseguem fazer produtos mais baratos, padronizados e em menor tempo — mas seus pães não são tão saudáveis nem tão deliciosos quanto os artesanais.

"Use o fermento com responsabilidade" é o mantra de Karen Bornath, nossa diretora de treinamento, e é isso que

procuramos fazer na Hot Bread Kitchen. Colocamos a menor quantidade possível dele nos pães, para que o sabor de cada grão tenha tempo de se desenvolver e brilhar. Na padaria, usamos leveduras e massas pré-fermentadas para incentivar uma fermentação longa e lenta. Temos mais de seis pré-fermentos diferentes e cumprimos mais de dezoito horas por dia de produção para nossa linha de setenta produtos artesanais. Manter múltiplas leveduras é possível para uma padaria artesanal de produção em grande escala, mas não é muito prático para padeiros ocasionais. Este livro apresenta uma massa pré-fermentada versátil, o pâte fermentée, uma maneira simples de usar menos fermento e dar mais tempo à fermentação, atingindo resultados consistentes e deliciosos. O pâte fermentée usa uma pitada de fermento industrializado e deve ser misturado pelo menos oito horas antes de assar. Ele se torna um ingrediente na sua massa final e contribui para os benefícios da fermentação lenta. Mesmo sendo muito a favor de usar levedura ou massa lêveda para fazer pão em casa, tomei a decisão de omiti-las deste livro porque são difíceis de controlar. Elas adicionam uma série de variáveis que podem aumentar a distância entre você e os lindos pães caseiros. Mas, se tiver acesso a levedura ou massa lêveda, você pode substituir o pâte fermentée por uma levedura branca de mesma hidratação. (Ficamos felizes em dividir um pouco da nossa na Hot Bread Kitchen; veja Estados Unidos do Pão, na p. 139).

Os pães que resultam dessas massas vão impressionar a todos que os provarem. Eles requerem certo planejamento, mas valem a pena. E pense nos sanduíches deliciosos que poderá fazer com eles!

Ciabatta (p. 141),
focaccia (p. 82),
pão multigrãos com sementes
de abóbora (p. 155)

ESCUROS E CROCANTES: PÃES BÁSICOS   119

Dicas para modelar

Além de buscar pelos ingredientes ideais (veja a p. 12), misturá-los corretamente (veja a p. 15) e deixar a massa descansar (veja a p. 16), aprender a modelar de diversas formas é essencial para fazer pães deliciosos em casa. Ensinamos aqui algumas técnicas que você precisa saber, além de dicas gerais. Muitos dos pães que aparecem neste livro foram feitos segundo estes conceitos, então talvez seja uma boa ideia marcar esta página — é provável que você precise voltar bastante a ela.

- É fundamental criar uma estrutura ao redor do pão, permitindo que ele cresça para cima, e não para os lados (ou então acabará achatado). A emenda ou o vinco da maioria dos pães fica escondida na parte de baixo (a ciabatta, na p. 141, é uma bela exceção), permitindo que você estique a parte de cima, deixando-a bem lisa. Quando for modelar pães redondos ou filões, pense em puxar a massa com força para baixo. Você saberá que obteve a tensão superficial certa quando cutucar a massa e ela resistir. É a mesma textura de uma bexiga cheia de gás hélio. Note que, após ter sido modelado, haver crescido e estar repleto de dióxido de carbono, o pão ficará mais resistente.

- Modelar requer um toque firme porém delicado. Se a massa grudar nas suas mãos ou na mesa, é porque você está usando muita força. Não é bom tirar todo o ar da massa, e batê-la na mesa é coisa dos anos 1990. Por outro lado, se a emenda estiver abrindo, será necessário colocar um pouco mais de força na sova.

- Algumas receitas pedem que você **pré-modele** a massa em formato redondo (a explicação vem abaixo). Fazemos uma pré-modelagem para obter um pão mais bonito, com uma boa estrutura interna. Isso permite que você comece a modelagem final de um ponto conhecido — uma massa bonita, lisa e brilhante. Tente usar a menor quantidade de farinha que conseguir durante esta etapa. Deixe a massa descansar por no mínimo 10 minutos antes de terminar de modelá-la.

- O **formato** da página ao lado é o mais comum ao longo do livro, aparecendo tanto na pré-modelagem quanto ao final (veja o pão multigrãos, p. 153). Sovar a massa (dobrá-la sobre ela mesma) algumas vezes cria uma superfície firme e desenvolve a estrutura e uma emenda bem definida. Também ajuda a garantir pães com uma densidade mais uniforme, para que cresçam e assem igual. Um pedaço por vez, achate a massa delicadamente com as mãos até formar um retângulo. De cima para baixo (com a massa na vertical), dobre a parte de cima em direção ao meio. Pressione com a ponta dos dedos para formar um cilindro. Aplique mais força, deixando a superfície esticada e a primeira parte do cilindro firme. Dobre esse pedaço novamente, de forma que se alinhe com o restante da massa, então pressione, procurando criar uma superfície retesada. Agora deve haver apenas uma emenda na massa. Role-a um pouco na superfície enfarinhada para obter um formato cilíndrico. O comprimento e a altura vão depender da quantidade de massa.

- Para um **pão de fôrma** (como o pão de centeio multigrãos, p. 150), faça primeiro o formato cilíndrico, depois role a massa mais um pouco na superfície enfarinhada para formar uma massa que caiba na fôrma retangular, normalmente de 20 × 25 cm. Coloque a massa dentro da fôrma com a emenda virada para baixo.

ESCUROS E CROCANTES: PÃES BÁSICOS

- Para formar um **filão** (mais largo no centro e levemente estreito nas pontas, como o pão de centeio nova-iorquino, p. 142), faça primeiro a pré-modelagem em formato de bola (veja na página ao lado). Deixe descansar por 10 minutos. Vire a emenda da massa para cima, achate-a delicadamente, então modele em formato cilíndrico. Enrole até deixar a massa com o comprimento desejado. Com a parte de baixo das mãos, pressione as pontas da massa para estreitá-la.

- Para formar um **pão redondo**, como o pão de hambúrguer (p. 182) ou o pão de centeio com fubá (p. 147), divida a massa e delicadamente modele os pedaços em retângulos. Junte as pontas no centro da massa, obtendo uma trouxinha. Segure onde as quatro pontas se encontram, então junte as pontas no centro novamente, para criar uma superfície mais firme. Segure de novo a massa como uma trouxinha e levante-a, formando uma bola lisa. Vire a massa de modo que a junção das pontas descanse na bancada enfarinhada, então use a palma das mãos para terminar de definir o formato. Use a lateral do dedo mindinho para o acabamento perfeito.

ESCUROS E CROCANTES: PÃES BÁSICOS 123

Dicas para assar

Alguns toques para ajudar a lidar com a fermentação e chegar a lindos pães:

- **Pâte fermentée** (p. 126) é uma massa simples e completa que os padeiros usam para dar início ao processo de fermentação. Sua preparação é fácil, mas requer planejamento. Você pode guardar um pouquinho de massa (que não tenha nenhuma gordura ou ingredientes adicionais, como uvas-passas ou sementes) de outro pão que fez e usá-la em receitas que peçam pâte fermentée. Armazene em uma tigela coberta com filme por até 24 horas na geladeira ou congele por até 2 semanas em um saco hermético. Corte o pâte fermentée em pedaços do tamanho de uma noz e use assim que tirar da geladeira.

- Você encontrará instruções neste e nos próximos capítulos para fazer **cortes** na massa antes de assá-la. Isso permite que o vapor saia durante o cozimento e ajuda a controlar a direção para onde o pão vai crescer. Esses cortes são feitos logo antes do forno. Pode parecer intimidador pegar uma faca e passar no seu pão imaculado, mas os melhores resultados são obtidos com um corte rápido, confiante e preciso. Não faça cortes muito vagarosa ou delicadamente, ou a massa rasgará. A faca deverá cortar a uma profundidade de cerca de 3 a 6 mm.

- O melhor utensílio para fazer esses cortes é um estilete ou bisturi específico para massas, fino e muito afiado. Facas comuns simplesmente não cortam

com a mesma eficiência. É um utensílio barato e útil se você for começar a fazer pães em casa. Note que alguns pães, como a ciabatta (p. 141), não requerem cortes. Em massas desse tipo, os gases encontram uma abertura e escapam, deixando uma aparência mais rústica e irregular na parte de cima.

- Nos primeiros 5 minutos em que o pão fica no forno, ocorre um crescimento rápido criado pela evaporação da água da massa. É uma espécie de último suspiro do fermento antes de "morrer" com o aumento da temperatura. Se o corte foi feito da maneira correta, nessa hora você verá o seu pão se abrir lindamente.

- No caso do pão multigrãos (p. 153) e do pão de centeio multigrãos (p. 150), você terá de deixar os grãos e as sementes de molho em água. Comece, no mínimo, 8 horas antes, para que amoleçam e não ressequem ao assar. Esse processo inicia a fermentação, o que contribui para o sabor e a atividade enzimática do pão. Certifique-se de escorrer os grãos antes de acrescentá-los à massa, caso contrário haverá umidade demais no pão.

PÂTE FERMENTÉE

RENDE CERCA DE 1¼ DE XÍCARA (CHÁ) (APÓS DESCANSAR E ELIMINAR O AR)/300 G

½ xícara (chá) e mais 1 colher (chá)/120 ml de **ÁGUA** morna

⅔ de colher (chá) de **FERMENTO BIOLÓGICO SECO**

1⅓ de xícara (chá) e mais 1 colher (sopa)/180 g de **FARINHA DE TRIGO PARA PÃO**

1 colher (chá) de **SAL KASHER**

O pâte fermentée é um ingrediente de muitas receitas neste e no próximo capítulo. Ele precisa ser preparado entre 8 e 24 horas antes de assar o pão. O passo extra estende o tempo de fermentação e permite fazer uma massa leve e saborosa usando menos fermento. O pâte fermentée contém os ingredientes de uma massa simples de pão francês — farinha, água, fermento e sal —, portanto não é difícil de preparar. Diferente de outros tipos de pré-fermentação, como a levedura, não dá um gosto azedo ao pão. Pelo contrário, ele apura ainda mais o sabor e aumenta a vida útil do pão. Se você fizer pão em casa com frequência, pode guardar os restos de massa para seu pâte fermentée. Se fizer o filão rústico (p. 128), o chalá tradicional (p. 175) ou inúmeros outros pães deste livro, deve preparar o pâte fermentée no dia anterior e levá-lo à geladeira até a hora de usá-lo.

1. Coloque a água e o fermento na batedeira com o gancho acoplado, então adicione a farinha e o sal. Bata em velocidade baixa por 2 minutos, até combinar os ingredientes em uma massa mole. Cubra a tigela com filme e deixe descansar em temperatura ambiente por 30 minutos.

2. Leve a massa à geladeira por no mínimo 8 e no máximo 24 horas. (Não há necessidade de deixar que volte à temperatura ambiente antes de usá-la.)

3. Se for medir o pâte fermentée em vez de pesar, certifique-se de tirar o ar com uma colher de pau ou com os dedos enfarinhados antes.

FILÃO RÚSTICO

RENDE 1 UNIDADE (DE 30 CM)

1¼ de xícara (chá)/285 ml de **ÁGUA**

2¾ de xícaras (chá)/340 g de **FARINHA DE TRIGO PARA PÃO**, e mais um pouco para modelar

⅔ de xícara (chá)/80 g de **FARINHA DE TRIGO INTEGRAL**

½ xícara (chá)/105 g de **PÂTE FERMENTÉE** (p. 126) cortado em pedaços do tamanho de uma noz

2½ colheres (chá) de **SAL KASHER**

⅛ de colher (chá) de **FERMENTO BIOLÓGICO SECO**

ÓLEO DE CANOLA

NOTA: Esta massa de fermentação longa é usada em muitos outros pães deste livro. Quando conseguir dominá-la, terá inúmeras variações entre as quais escolher.

Esta é a massa perfeita para começar sua aventura na fermentação lenta. O filão rústico de farinha integral é versátil, bonito e crocante. A melhor maneira de obter todo o sabor da farinha é planejar com antecedência e fazê-lo em 3 dias. Por exemplo, na sexta de manhã você pode misturar o pâte fermentée, o que leva cerca de 45 minutos do início ao fim; no sábado de manhã pode misturar a massa, em cerca de 1 hora, incluindo o tempo de descanso dela; no domingo de manhã pode tirar a massa da geladeira, pré-modelar, deixar descansar, modelar novamente, deixe descansar bastante e depois assar. Na hora do almoço, terá um filão dourado e glorioso para servir com queijos, carnes ou com uma deliciosa sopa. Esse pão é perfeito para a ribollita (p. 284) ou a salada de pão (pp. 279-80).

1. Junte a água, a farinha de trigo para pão e a farinha de trigo integral na batedeira com o gancho acoplado. Bata em velocidade baixa por cerca de 2 minutos, até que todos os ingredientes estejam combinados. Deixe descansar por 20 minutos para hidratar a farinha.

2. Adicione o pâte fermentée, o sal e o fermento. Bata em velocidade baixa por 2 minutos, até que todos os ingredientes estejam misturados. Aumente a velocidade para média e depois para média-alta e bata até que a massa esteja lisa, macia e brilhante, soltando das laterais da tigela (que devem ficar limpas), o que leva cerca de 4 minutos. Faça o teste da transparência (p. 16) para garantir que o glúten tenha se desenvolvido.

3. Unte uma tigela com óleo e transfira a massa para ela. Cubra a tigela com filme e deixe a massa descansar até que esteja inflada, flexível e tenha aumentado de volume, o que deve levar de 1h30 a 2 horas em temperatura ambiente. Como alternativa (para uma fermentação mais lenta e mais sabor), deixe a massa descansar em temperatura ambiente por 45 minutos até que comece a ficar macia e tenha crescido levemente. Dobre a massa sobre ela mesma dentro da tigela, cubra com filme e leve à geladeira por no mínimo 4 e no máximo 12 horas.

4. Coloque a massa em uma superfície levemente enfarinhada. Pré-modele em formato de bola (veja a p. 123). Deixe descansar por 10 minutos — se a massa estiver gelada, deixe repousar por 45 minutos. Modele-a em filão (veja a p. 122) com cerca de 30 cm de comprimento, 10 cm de largura e 7,5 cm de altura. Deve haver uma emenda comprida embaixo dele. Estreite as pontas delicadamente com a lateral dos dedos mindinhos e certifique-se de que estejam bem fechadas.

A receita continua...

5. Forre o verso de uma assadeira baixa com papel-manteiga e coloque o filão em cima, com a emenda virada para baixo. Cubra a assadeira com filme e deixe descansar até que a massa esteja macia e roliça, cerca de 1 hora depois (ao pressioná-la levemente, seus dedos devem deixar uma marca).

6. Enquanto isso, coloque uma pedra para pizza na grade do meio do forno e preaqueça-o a 260°C. Coloque uma assadeira na parte de baixo.

7. Use um estilete específico para massa ou uma faca bem afiada para fazer um corte longo de ponta a ponta no filão. Deixe um espaço de 2,5 cm entre o final do corte e a ponta do pão. Deslize o filão com o papel-manteiga para a pedra. Coloque 10 cubos de gelo na assadeira que já está no forno (isso criará o vapor) e diminua a temperatura para 235°C.

8. Asse por cerca de 45 minutos, até que o pão esteja dourado em cima (o local onde o corte se abre deve estar mais escuro). Transfira para uma grade até esfriar completamente.

9. Armazene o pão em um saco de papel ou de pano caso acredite que será consumido em até 24 horas. Após esse tempo, guarde em um saco plástico em temperatura ambiente.

PAN BAGNAT

SERVE 4 PESSOAS

¼ de uma **CEBOLA ROXA** média cortada em cubos pequenos

SAL KASHER

1½ colher (sopa) de **VINAGRE DE XEREZ**

115 g de **VAGEM** aparada e cortada em pedaços de 2,5 cm de largura

4 **BATATAS** pequenas (cerca de 150 g) cortadas em cubos de 1,5 cm (opcional)

2 colheres (chá) de **MOSTARDA DE DIJON**

¼ de xícara (chá) de **AZEITE**, e mais um pouco para regar

PIMENTA-DO-REINO moída na hora

200 g de **ATUM** conservado em óleo e escorrido

½ **PEPINO** cortado em cubos pequenos

½ bulbo pequeno de **FUNCHO** cortado em fatias finas

½ **PIMENTÃO VERMELHO** cortado em cubos pequenos

2 colheres (sopa) de **SALSINHA** picada

Um punhado de **AZEITONAS VERDES E PRETAS** sem caroço e picadas grosseiramente

1 **PÃO COM CROSTA** (de 30 cm), como ciabatta (p. 141) ou filão rústico (p. 128)

4 **OVOS** cozidos fatiados

2 **TOMATES** fatiados

6 **FILÉS DE ANCHOVA**

Este sanduíche clássico do sul da França é basicamente uma salada niçoise servida dentro de um pão. Para um pan bagnat excepcional, procure ingredientes diferenciados, como vagem fresca e crocante e atum em conserva de excelente qualidade. Tradicionalmente, este sanduíche não leva batata, mas, se você gosta de carboidrato com carboidrato (como eu), vá em frente. O pan bagnat fica mais gostoso depois de um tempo, o que o torna perfeito para piqueniques. Toda primavera, no piquenique da família Hot Bread Kitchen, eles simplesmente desaparecem.

1. Coloque a cebola em uma tigela pequena com uma pitada de sal e o vinagre. Misture e deixe descansar enquanto prepara a vagem e a batata (se for incluí-la).

2. Ferva água em uma panela grande com bastante sal. Adicione a vagem e cozinhe por cerca de 2 minutos, até que esteja macia e com uma cor vibrante. Use uma escumadeira ou uma peneira de metal para transferi-la para outra tigela. Coloque as batatas na água e ferva por cerca de 20 minutos, até amolecerem. Escorra e transfira-as para a tigela da vagem. Deixe esfriar.

3. Para fazer o molho, misture com um batedor de arame a mostarda e a cebola, enquanto despeja lentamente ¼ de xícara (chá) de azeite. Tempere com sal e pimenta a gosto. Jogue o molho por cima da vagem e da batata e adicione o atum, o pepino, o funcho, o pimentão, a salsinha e as azeitonas. Misture e tempere novamente a gosto, adicionando mais sal e pimenta se precisar.

4. Corte o pão ao meio na horizontal e, com as mãos, retire o miolo (use-o para fazer farinha de rosca temperada, p. 281). Regue generosamente cada parte com azeite e coloque as fatias de ovo de um lado e as de tomate do outro, temperando-as com bastante sal e pimenta. Coloque a mistura de atum em um dos lados e os longos pedaços de anchova por cima. Feche o pão e envolva o sanduíche bem apertado com filme. Coloque algo pesado por cima (como uma assadeira ou uma tábua) e deixe descansar por no mínimo 1 hora em temperatura ambiente ou até 6 horas na geladeira.

5. Antes de retirar o filme, deixe o sanduíche atingir a temperatura ambiente novamente. Se necessário, divida-o em 4 pedaços para servir.

ESCUROS E CROCANTES: PÃES BÁSICOS

Cemitas

RENDE 9 UNIDADES

Você pode transformar a massa do filão rústico em cemitas — pães mexicanos para sanduíche com gergelim, usados nas carnitas cemitas (p. 135) e em outros sanduíches, como de peru com tomate e bastante maionese.

Forre 2 assadeiras baixas com papel-manteiga. Após o primeiro descanso da massa, coloque-a em uma superfície levemente enfarinhada. Divida em 9 pedaços iguais (cada um pesando cerca de 80 g). Modele um pedaço de cada vez em formato redondo (veja a p. 123). Transfira os pães, com a emenda virada para baixo, para as assadeiras, deixando espaços iguais entre eles. Cubra com filme e deixe descansar em temperatura ambiente por cerca de 1h30, até que estejam macios e inflados.

Enquanto isso, preaqueça o forno a 205°C.

Retire o filme e delicadamente umedeça os pãezinhos com água usando um borrifador. Polvilhe gergelim e asse por cerca de 20 minutos, quando as cemitas devem estar bonitas e douradas, girando as assadeiras na metade do tempo. Transfira-os para uma grade até que esfriem completamente.

Pãezinhos rústicos

RENDE 12 UNIDADES

Para provar a versatilidade da massa do filão rústico, você pode usá-la para fazer minipães crocantes.

Forre 2 assadeiras baixas com papel-manteiga. Após o primeiro descanso da massa, coloque-a em uma superfície levemente enfarinhada. Achate de maneira uniforme até ficar com 4 cm de espessura, então use um cortador de massa para dividi-la em 12 pedaços iguais (cada um pesando cerca de 60 g). Eles não precisam ter o mesmo formato: alguns podem ser quadrados, outros triangulares, outros ainda em formato de trapézio. Coloque-os nas assadeiras, deixando cerca de 1,5 cm de espaço entre eles. Cubra com filme e deixe descansar em temperatura ambiente por cerca de 1h30, até que estejam macios e inflados.

Enquanto isso, preaqueça o forno a 235°C.

Retire o filme e faça um corte preciso em cada pão. Leve ao forno por cerca de 15 minutos, até que estejam bem dourados, girando as assadeiras na metade do tempo. Transfira-os para uma grade até que esfriem completamente.

Cemitas, bolillos (p. 193)

132

Inci preparando os pãezinhos rústicos.

CARNITAS CEMITAS

RENDE 4 SANDUÍCHES

½ xícara (chá)/110 g de **MAIONESE** caseira (p. 167) ou industrializada

1 lata de **PIMENTA CHIPOTLE EM MOLHO ADOBO,** ou a gosto

1 colher (chá) de **VINAGRE DE VINHO BRANCO**

¼ de colher (chá) de **SAL KASHER**

4 **CEMITAS** (p. 132) ou outro pão com gergelim cortado ao meio na horizontal

½ xícara (chá)/120 g de **FEIJÃO REFRITO** (p. 109) quente

2 xícaras (chá)/500 g de **CARNITAS DE COZIMENTO RÁPIDO** (p. 107)

½ **CEBOLA** média cortada em fatias finas

1 **TOMATE ITALIANO** cortado em fatias finas

½ xícara (chá)/60 g de **QUEIJO OAXACA** ou **MUÇARELA** ralado

NOTA: Você pode substituir as carnitas pelo tinga (p. 103) ou até por cogumelos salteados com abacate avocado.

O nome "cemita" refere-se tanto ao delicioso sanduíche quanto ao pão usado para fazê-lo. Esta receita leva minha combinação preferida de ingredientes, mas sinta-se livre para criar outras. Para um sanduíche como o do lado direito da foto, substitua o pão cemita pelo bolillo (p. 193), use maionese comum em vez de misturada com chipotle e acrescente pimenta em conserva. Independentemente de como escolher recheá-los, monte os sanduíches enquanto a carne e o feijão estiverem quentes, para que o queijo derreta e o pão absorva o molho. Sirva com cerveja mexicana gelada.

1. Junte a maionese, a pimenta chipotle, o vinagre e o sal em um processador e bata até ficar em ponto de purê. (Você também pode misturar a pimenta chipotle bem picadinha com os outros ingredientes.)

2. Espalhe a maionese temperada pelas fatias de pão. Divida o feijão refrito igualmente e espalhe também. Coloque as carnitas ou o frango na parte de baixo dos pães, depois a cebola, o tomate e o queijo. Feche o sanduíche, aperte um pouco para firmar, corte ao meio e sirva.

ESCUROS E CROCANTES: PÃES BÁSICOS

BOULES DE AZEITONA

RENDE 2 UNIDADES (DE 15 CM)

MASSA DO FILÃO RÚSTICO (p. 128) preparada até o passo 2

1 xícara (chá)/65 g de **AZEITONAS KALAMATA** sem caroço e cortadas ao meio

1 colher (chá) de **ERVAS FINAS**

ÓLEO DE CANOLA

FARINHA DE TRIGO

Quando eu estava aprendendo a fazer pães no restaurante Daniel, passei pelo menos uns seis meses cortando azeitonas kalamata para uma das receitas de lá. Eu sonhava com elas. Mark, o chef padeiro, me contou que eles cortavam a azeitona já sem caroço para garantir que nenhum pedaço fosse parar dentro do pão. Isso é atenção aos detalhes — do tipo que sempre tento manter na Hot Bread Kitchen. Esta receita é irresistível. As azeitonas salgadas e as ervas finas transformam nossa massa rústica em um pão mediterrâneo que vale servir em qualquer ocasião especial. Experimente servir fatias torradas com ricota e tomate assado como acompanhamento dos drinques antes do jantar.

1. Quando a massa estiver lisa e o glúten já tiver se desenvolvido, adicione as azeitonas e as ervas finas, misturando para distribuí-las o mais rápido que puder, em menos de 1 minuto.

2. Unte uma tigela grande com óleo e transfira a massa para ela. Cubra bem a tigela com filme e deixe a massa descansar em temperatura ambiente por 1h30 a 2 horas, até que esteja inflada e elástica e tenha aumentado de tamanho. Para uma fermentação mais lenta, você pode deixar a massa descansar em temperatura ambiente por 45 minutos até que comece a ficar macia e tenha crescido levemente. Dobre-a sobre si mesma dentro da tigela, cubra bem com filme e leve à geladeira por no mínimo 4 e no máximo 12 horas. Espere que a massa retorne à temperatura ambiente antes de prosseguir.

3. Coloque a massa em uma superfície levemente enfarinhada e divida-a em 2 partes iguais (cada uma pesando cerca de 420 g). Pré-modele cada metade em formato de bola (veja na p. 123). Deixe descansar por 10 minutos. Achate levemente um pedaço de cada vez (deixando o outro no filme) e remodele-o em formato de bola (veja na p. 123). Repita o processo com a outra metade da massa.

4. Forre o verso de 2 assadeiras com papel-manteiga e acomode os pães, com a emenda virada para baixo. Cubra as assadeiras com filme e deixe que a massa descanse em temperatura ambiente por cerca de 1 hora, até que esteja macia (ao pressioná-la levemente, seus dedos devem deixar uma marca).

5. Enquanto isso, coloque uma pedra para pizza na grade do meio do forno e preaqueça-o a 260°C por no mínimo 30 minutos. Ponha uma assadeira na parte de baixo.

6. Use um estilete para massa ou uma faca bem afiada para fazer quatro cortes ao redor de uma das metades. (*Veja a foto na p. 125.*) Com a ajuda do papel-manteiga, deslize o pão para a pedra em um movimento rápido. Ponha 10 cubos de gelo na assadeira que já está no forno (isso criará vapor) e diminua a temperatura para 235°C. Deixe a outra massa bem coberta com filme em um local arejado.

7. Asse até que o pão esteja dourado por cima, o que deve levar cerca de 30 minutos. Transfira para uma grade até esfriar completamente. Enquanto isso, faça os cortes no segundo pão e o coloque no forno.

8. Armazene o pão em um saco de papel ou de pano caso acredite que será consumido em até 24 horas. Após esse tempo, guarde em um saco plástico em temperatura ambiente.

FILÃO DE PIMENTA-DO-REINO E CHEDDAR

RENDE 2 UNIDADES (DE 25 CM)

MASSA DO FILÃO RÚSTICO
(p. 128) preparada até
o passo 2

2 colheres (chá) de
PIMENTA-DO-REINO moída
grosseiramente

2 xícaras (chá)/190 g
de **CHEDDAR** ralado
grosseiramente

ÓLEO DE CANOLA

FARINHA DE TRIGO

Este pão foi um dos maiores sucesso no mercado de produtores durante muitos anos. Usamos um cheddar forte comprado de um fazendeiro amish de um estande vizinho. A outra camada de sabor vem da pimenta-do-reino. O segredo é não moer muito fino — manter pedaços maiores permite sentir o real sabor da pimenta. Este pão não precisa de nada além de manteiga depois que sair do forno. Mesmo sem ela, você vai querer comer tudo.

1. Continue misturando a massa e, quando estiver lisa, adicione a pimenta-do-reino e o cheddar. Mexa por menos de 1 minuto, até que os ingredientes estejam incorporados.

2. Unte uma tigela grande com óleo e transfira a massa para ela. Cubra-a bem com filme e deixe descansar em temperatura ambiente até ficar inflada e elástica e aumentar de volume, o que deve levar de 2 a 2h30. Para uma fermentação mais lenta, você pode deixar a massa descansar em temperatura ambiente por 45 minutos, até que comece a ficar macia e tenha crescido um pouco. Dobre a massa sobre ela mesma dentro da tigela, cubra bem com filme e leve à geladeira por no mínimo 4 e no máximo 12 horas. Deixe que a massa retorne à temperatura ambiente antes de prosseguir.

3. Coloque a massa em uma superfície levemente enfarinhada e divida-a em 2 partes iguais (cada uma pesando cerca de 500 g). Pré-modele cada metade em formato de bola (veja na p. 123). Deixe descansar por 10 minutos.

4. Achate levemente um pedaço de cada vez (deixando o outro sob o filme) e remodele no formato básico (veja na p. 122), com 25 cm de comprimento, 10 cm de largura e 7,5 cm de altura. Repita o processo com a outra metade da massa.

Forre o verso de 2 assadeiras com papel-manteiga e acomode os pães, com a emenda virada para baixo. Cubra com filme e deixe que a massa descanse por cerca de 1 hora em temperatura ambiente, até que esteja macia, (ao pressioná-la levemente, seus dedos devem deixar uma marca).

5. Enquanto isso, coloque uma pedra para pizza na grade do meio do forno e preaqueça-o a 235°C por no mínimo 30 minutos. Ponha uma assadeira na parte de baixo.

6. Use um estilete para massa ou uma faca bem afiada para fazer um corte longo por todo o comprimento de uma das massas. Deixe cerca de 1,5 cm de distância entre a ponta do pão e o final do corte. Com a ajuda do papel-manteiga, deslize o pão para a pedra em um movimento rápido. Ponha 10 cubos de gelo na assadeira que já está no forno (isso criará vapor) e diminua a temperatura para 220°C após 10 minutos. Deixe a outra massa bem coberta com filme em um local arejado.

7. Asse por cerca de 30 minutos, até que o pão esteja dourado por cima e o queijo exposto tenha tostado. Transfira para uma grade (descartando o papel-manteiga) até esfriar completamente. Enquanto isso, faça o corte no segundo pão e leve ao forno.

8. Armazene o pão em um saco de papel ou de pano caso acredite que será consumido em até 24 horas. Após esse tempo, guarde em um saco plástico em temperatura ambiente.

ESTADOS UNIDOS DO PÃO

Na primavera passada, a Hot Bread Kitchen fez um jantar para o Conselho de Curadores da Fundação Rockefeller. Foi uma honra e uma oportunidade maravilhosa de ser hospitaleiros com aqueles que nos apoiam. Foi também uma delícia ver La Marqueta toda enfeitada com plantas e iluminação planejada.

Após um drinque, um tour e uma demonstração de como fazer m'smen, sentamos para um jantar elegante. Meu lugar era entre a presidenta da Fundação, Judith Rodin, e Ashvin Dayal, o sócio administrativo do braço asiático. Falamos sobre tudo, desde energia eólica na Índia rural à construção de cidades globais resilientes. Em certo momento, Ashvin, que mora em Cingapura, mencionou que fazia pães e que tinha algumas dúvidas técnicas. Descobri que ele próprio é um padeiro habilidoso e que a família de sua mulher é dona de uma padaria no norte da Índia.

Enquanto nossos companheiros discutiam sobre o mundo em geral, falamos sobre farinha, fermentação e todo o processo. Ele lamentou a morte recente de sua levedura, porque andava viajando demais e não conseguia alimentá-la. Aileen, nossa chef padeira, colocou um pouco da nossa em uma embalagem para viagem e deu a ele. Desde então, nossa levedura também está fazendo pães crescerem na Ásia.

CIABATTA

RENDE 2 UNIDADES (DE 23 CM)

MASSA DO FILÃO RÚSTICO (p. 128)
preparada até o passo 3

FARINHA DE TRIGO

NOTA: Para obter uma massa aerada por dentro, não a refrigere antes de modelar e assar.

Miniciabattas

Para fazer pãezinhos como os da foto da p. 119, misture a massa da ciabatta conforme explicado e siga as instruções de modelagem dos minipães multigrãos (p. 155). Deixe a massa descansar por cerca de 2 horas, até ficar inflada e elástica. Asse e deixe esfriar conforme as instruções.

Uma ciabatta fresca, aerada e macia é perfeita para sanduíches e também para a salada de pão (veja as pp. 279-80). É o pão mais fácil de modelar, pois seu formato é irregular. O sabor delicioso vem da farinha de trigo integral e do pâte fermentée.

1. Enfarinhe generosamente uma assadeira baixa.

2. Coloque a massa em uma superfície levemente enfarinhada. Sem sovar, faça um quadrado de cerca de 25 cm. Este pão é diferente dos outros, pois a emenda fica para cima.

3. Divida a massa em 2 retângulos iguais. Trabalhe com um pedaço de cada vez (e deixe o outro coberto com filme). O formato deve ser rústico, portanto dobre a massa em três: com o pedaço menor do retângulo virado para você, dobre a ponta de cima até o centro e pressione levemente para grudar. Em seguida faça o mesmo com a parte de baixo. Coloque a massa dobrada com a emenda virada para baixo (quando for assar, a parte da emenda ficará em cima) na assadeira enfarinhada. Repita o processo com o segundo retângulo. Cubra tudo com filme e deixe descansar em temperatura ambiente por cerca de 1h30, até a massa estar elástica (ao pressioná-la levemente, seus dedos devem deixar uma marca).

4. Enquanto isso, coloque uma pedra para pizza na grade do meio do forno e preaqueça-o a 260°C.

Ponha uma assadeira na parte de baixo.

5. Coloque uma folha de papel-manteiga no verso de uma assadeira baixa. Use as duas mãos para segurar delicadamente uma das massas e virá-la de modo a deixar a emenda para cima ao transferi-la para o papel-manteiga (a não ser que você tenha uma pedra para pizza enorme em que caibam as duas massas, com pelo menos 7,5 cm de espaço entre elas). Com a ajuda do papel-manteiga, deslize a massa para a pedra em um movimento rápido. Ponha 10 cubos de gelo na assadeira que já está no forno (isso criará vapor) e diminua a temperatura para 235°C. Coloque a outra massa, bem coberta com filme, em um local arejado.

6. Asse até que o pão esteja dourado por cima, o que deve levar de 20 a 25 minutos. Transfira para uma grade até esfriar completamente. Enquanto isso, asse o segundo pão.

7. Armazene o pão em um saco de papel ou de pano caso acredite que será consumido em até 24 horas. Após esse tempo, guarde em um saco plástico em temperatura ambiente.

PÃO DE CENTEIO NOVA-IORQUINO

RENDE 2 UNIDADES (DE 25 CM)

2¾ de xícaras (chá)/345 g de **FARINHA DE TRIGO PARA PÃO**, e mais um pouco para modelar

2¾ de xícaras (chá)/360 g de **FARINHA DE CENTEIO**

2 xícaras rasas (chá)/440 ml de **ÁGUA**

1⅔ de xícara (chá)/400 g de **PÂTE FERMENTÉE** (p. 126) cortado em pedaços do tamanho de uma noz (você precisará da receita dobrada)

1 colher (sopa) e mais 1 colher (chá) de **SAL KASHER**

¼ de colher (chá) de **FERMENTO BIOLÓGICO SECO**

2 colheres (sopa) de **SEMENTE DE ALCARAVIA**

ÓLEO DE CANOLA

Este é o pão de centeio que você encontra nas delicatessens de Nova York recheado com pastrami e mostarda picante. Nossa versão se diferencia devido ao sabor evidenciado do pâte fermentée e à alta porcentagem de farinha flocada de centeio local. Desenvolvemos um sanduíche reuben delicioso (p. 148) para este pão tão gostoso, que também pode ser comido simplesmente com queijo derretido. Os cortes na parte de cima do pão são importantes tanto para a estrutura como para a estética. Faça cinco marcas firmes para obter a aparência típica das padarias nova-iorquinas.

1. Junte a farinha de trigo para pão, a farinha de centeio e a água na batedeira com o gancho acoplado. Bata em velocidade baixa por cerca de 2 minutos, até que todos os ingredientes estejam combinados. Deixe descansar por 20 minutos para hidratar as farinhas.

2. Adicione o pâte fermentée, o sal e o fermento. Bata em velocidade baixa por cerca de 2 minutos, até que todos os ingredientes estejam misturados. Aumente a velocidade para média e depois para média-alta e bata por 5 ou 6 minutos, até que a massa esteja lisa, macia e brilhante, soltando das laterais da tigela (que devem ficar limpas). O glúten deve ter se desenvolvido completamente. Você saberá que está pronta quando puxar um pedaço de massa e ela não sair na sua mão, mas voltar. Adicione as sementes de alcaravia e misture por mais 1 minuto.

3. Unte uma tigela grande com óleo e transfira a massa para ela. Cubra bem a tigela com filme e deixe a massa descansar em temperatura ambiente por cerca de 1 hora, até

que esteja inflada, elástica e bem macia ao toque. (Note que, uma vez que esta massa tem muita pré-fermentação, não é ideal deixar crescendo na geladeira durante a noite.)

4. Coloque uma folha de papel-manteiga no verso de uma assadeira baixa.

5. Ponha a massa em uma superfície levemente enfarinhada e divida em 2 partes iguais (cada uma pesando cerca de 770 g). Pré-modele cada metade em formato de bola (veja a p. 123). Deixe descansar por 15 minutos.

6. Achate delicadamente uma metade com a emenda virada para baixo (deixando a outra sob o filme) e modele no formato básico. Depois transforme em algo parecido com o filão (veja na p. 122), com 25 cm de comprimento, 10 cm de largura e 7,5 cm de altura. Deve haver uma emenda comprida por baixo de todo o pão. Pressione delicadamente com a lateral

A receita continua...

142   PÃO QUENTE

do dedo mindinho para acertar as pontas. Repita o processo com a outra metade da massa.

Coloque os filões, com a emenda virada para baixo, em uma assadeira forrada com papel-manteiga. Cubra com filme e deixe descansar por cerca de 1 hora, até que a massa esteja macia (ao pressioná-la levemente, seus dedos devem deixar uma marca).

7. Enquanto isso, coloque uma pedra para pizza na grade do meio do forno e preaqueça-o a 260°C. Ponha uma assadeira na parte de baixo.

8. Use um estilete para massa ou uma faca bem afiada para fazer 5 cortes longos paralelos no topo do filão. Com a ajuda do papel-manteiga, deslize o pão para a pedra no forno em um movimento rápido. Ponha 10 cubos de gelo na assadeira que já está no forno (isso criará vapor) e diminua a temperatura para 235°C. Deixe a outra massa coberta com filme em local arejado.

9. Asse por cerca de 25 minutos, até que o pão esteja dourado em cima e mais escuro nos cortes. Transfira para uma grade até esfriar completamente. Enquanto isso, faça os cortes na segunda massa e asse-a.

10. Armazene o pão em um saco de papel ou de pano caso acredite que será consumido em até 24 horas. Após esse tempo, guarde em um saco plástico em temperatura ambiente.

Gloria com um pão de centeio (p. 147).

144 PÃO QUENTE

PÃO DE CENTEIO E MINHA FAMÍLIA

Nesta fotografia, meu bisavô está orgulhosamente tirando de um então moderno forno a gás um pão de centeio com cúmel, o termo em iídiche para as sementes de alcaravia. O formato do pão de centeio da Hot Bread Kitchen é inspirado nos que ele fazia. Infelizmente, Laibish "Louis" Perlmutter fechou sua padaria no centro de Toronto muito tempo antes de eu nascer, mas o estilo do seu pão de centeio permaneceu na minha família. Quando pequena, sempre preferi a versão sem cúmel, mas meus pais não a compravam, não importava quantas vezes eu pedisse. Quando fiquei mais velha, percebi que podia impedir a compra do pão com cúmel se fosse à padaria com eles — então deixavam que eu pedisse o que quisesse. Hoje, comando minha própria padaria e posso fazer — e comer — os pães que desejar!

PÃO DE CENTEIO COM FUBÁ

RENDE 3 UNIDADES (DE 18 CM)

MASSA DO PÃO DE CENTEIO NOVA-IORQUINO (p. 142) preparada até o passo 3

FARINHA DE TRIGO

¼ de xícara (chá)/40 g de **FUBÁ**

Este pão se diferencia por sua textura macia, seu sabor rico e seu tradicional formato redondo. Começamos a produzi-lo porque sabíamos que era delicioso, apesar de arriscado. O fubá cria uma camada crocante muito atraente do lado de fora.

1. Transfira a massa para uma superfície enfarinhada e divida-a em 3 partes iguais (cada uma pesando cerca de 500 g). Pré-modele cada pedaço de massa em um formato de bola (veja a p. 123) mais solto. Deixe descansar por 15 minutos.

2. Achate uma parte da massa (mantendo as outras sob o filme) levemente e remodele-a mais uma vez em um formato de bola mais firme. O diâmetro de cada bola deve ser de aproximadamente 13 cm.

3. Agora vem o diferencial deste pão. Coloque o fubá em um prato. Umedeça a superfície da massa usando um borrifador e delicadamente vire-a dentro do prato de fubá, rolando-a de modo a cobrir o topo por completo.

4. Forre o verso de 2 assadeiras baixas com papel-manteiga. Coloque duas massas em uma assadeira e a terceira na outra. Cubra com filme e deixe descansar em local arejado até que as massas estejam macias (ao pressioná-las levemente, seus dedos devem deixar uma marca, o que acontece cerca de 1 hora depois).

5. Enquanto isso, coloque uma pedra para pizza na grade do meio do forno e preaqueça-o a 260°C por no mínimo 30 minutos. Ponha uma assadeira na parte de baixo.

6. Use um estilete para massa ou uma faca bem afiada para fazer 3 cortes longos paralelos, de cerca de 5 cm, no topo dos 2 pães que estão na mesma assadeira. Abra o forno com cuidado e, com a ajuda do papel-manteiga, deslize as massas para a pedra em um movimento rápido. Ponha 10 cubos de gelo na assadeira que já está no forno (isso criará vapor) e diminua a temperatura para 235°C. Deixe a terceira massa coberta com filme em local arejado.

7. Asse por cerca de 30 minutos, até que o pão esteja bem dourado em cima. Transfira para uma grade até esfriar completamente. Enquanto isso, faça os cortes na terceira massa e asse-a.

8. Armazene o pão em um saco de papel ou de pano caso acredite que será consumido em até 24 horas. Após esse tempo, guarde em um saco plástico em temperatura ambiente.

ESCUROS E CROCANTES: PÃES BÁSICOS

SANDUÍCHE REUBEN COM MOLHO ESPECIAL

SERVE 4 PESSOAS

½ xícara (chá)/110 g de **MAIONESE** caseira (p. 167) ou industrializada

2 colheres (sopa) de **KETCHUP**

1 colher (sopa) **MOLHO DE PIMENTA SRIRACHA**

1 colher (sopa) de **SALSINHA FRESCA** picada

1 colher (sopa) de **CEBOLA ROXA** picada

1 **PICLES EM CONSERVA** cortado em fatias finas

Gotas de **MOLHO INGLÊS**

SAL KASHER e **PIMENTA-DO-REINO** moída na hora

8 fatias finas de **PÃO DE CENTEIO NOVA-IORQUINO** (p. 142) ou **PÃO DE CENTEIO** comprado

8 fatias de **QUEIJO SUÍÇO**

455 g de **PASTRAMI** em fatias finas

¾ de xícara (chá)/255 g de **CHUCRUTE** escorrido

2 colheres (sopa)/30 g de **MANTEIGA**

Meu primo Dave Ward sempre foi um grande incentivador da Hot Bread Kitchen e um consumidor ávido de bons pães. Também entende de sanduíches. Há muito tempo, ele me mostrou sua versão para este clássico, e minha relação com o pão de centeio nunca mais foi a mesma. Dave diz que não é tradicional fazer pão de centeio com semente, mas concorda que a diferença no sabor faz valer a pena. Compre um pastrami de boa procedência. Usar um embutido de boa qualidade fará muita diferença neste sanduíche.

1. Misture a maionese, o ketchup, o molho de pimenta sriracha, a salsinha, a cebola, o picles e o molho inglês em uma tigela pequena. Tempere com sal e pimenta-do-reino a gosto.

2. Coloque em fogo alto uma frigideira média que acomode 2 sanduíches e deixe que fique bem quente enquanto prepara o pão.

3. Coloque as fatias de pão em uma superfície ou bancada. Espalhe o molho (certifique-se de usar tudo) e coloque uma fatia de queijo por cima de cada pedaço de pão.

4. Passe o pastrami em uma frigideira quente por cerca de 2 minutos, mexendo de vez em quando, até que as pontas estejam crocantes. Retire e divida imediatamente em 4 fatias de pão. Jogue o chucrute por cima e feche os sanduíches com as outras 4 fatias com molho e queijo.

5. Diminua a temperatura da frigideira para média e derreta metade da manteiga. Acomode 2 sanduíches nela e toste-os, pressionando com uma espátula, até que a parte de baixo esteja dourada e crocante, o que leva de 4 a 5 minutos. Vire cuidadosamente os sanduíches na frigideira e mantenha-os ali até que estejam dourados, crocantes e o queijo tenha derretido completamente, cerca de 4 minutos depois. Repita o processo com os outros 2 sanduíches e sirva-os imediatamente.

PÃO DE CENTEIO MULTIGRÃOS

RENDE 2 UNIDADES (DE 23 × 13 CM)

PARA HIDRATAR

¼ de xícara (chá)/35 g de **CEVADINHA**

¼ de xícara (chá)/35 g de **GRÃOS DE CENTEIO** ou mais **CEVADINHA**

2 colheres (sopa) de **FUBÁ**

¼ de xícara (chá)/40 g de **AVEIA EM FLOCOS**

¼ de xícara (chá)/40 g de **SEMENTE DE GIRASSOL**

¼ de xícara (chá)/40 g de **GERGELIM**

⅔ de colher (chá) de **SAL**

½ xícara (chá) mais 2 colheres (sopa)/140 ml de **ÁGUA**

PARA A MASSA

1½ xícara (chá) mais 2 colheres (sopa)/360 ml de **ÁGUA** bem quente

2½ xícaras (chá)/325 g de **FARINHA DE CENTEIO**

1 xícara (chá) mais 3 colheres (sopa)/150 g de **FARINHA DE TRIGO PARA PÃO** e mais um pouco para modelar

½ xícara (chá)/55 g de **FARINHA DE TRIGO INTEGRAL**

¾ de xícara (chá) mais 2 colheres (sopa)/210 g de **PÂTE FERMENTÉE** (p. 126) cortado em pedaços do tamanho de uma noz

1 colher (sopa) mais ¼ de colher (chá) de **SAL KASHER**

1 colher (chá) de **AÇÚCAR MASCAVO**

1½ colher (chá) de **FERMENTO BIOLÓGICO SECO**

1 colher (sopa) mais 2 colheres (chá) de **SUMO DE LIMÃO**

3 colheres (sopa) de **ÓLEO DE CANOLA**

3⅓ de xícaras (chá)/145 g de **FLOCOS DE AVEIA**

Este é um pão de centeio denso no estilo alemão, repleto de sementes, grãos e uma pequena quantidade de farinha de trigo. Foi o primeiro que desenvolvemos, e agora tem uma série de admiradores. Eu mesma devo ser a maior fã dele. É ótimo para fazer as torradas de centeio multigrãos com abacate e cebolinha (p. 152) ou para comer com salmão defumado e manteiga. Há uma grande variedade de sementes e grãos a ser hidratados; sinta-se livre para substituí-los e simplificar a receita. Por exemplo, se você é louco por semente de girassol, pode usar mais no lugar do gergelim. Note que a hidratação precisa ser feita no dia anterior, para que as sementes cruas amoleçam.

1. Para hidratar os grãos e as sementes: lave a cevadinha e o centeio com água fria. Coloque em uma panela bem grande e adicione água o suficiente para cobrir tudo em 5 cm. Ferva em fogo alto, então reduza a chama, tampe e cozinhe em fervura branda, mexendo de vez em quando, por 1 hora. Acrescente mais água para manter os grãos sempre cobertos. Eles deverão continuar com as cascas, mas ficar macios por dentro.

2. Escorra os grãos e misture com o fubá, os flocos de aveia, a semente de girassol, o gergelim, o sal e a água em uma tigela grande. Cubra com filme e deixe descansar em temperatura ambiente por 8 horas ou na geladeira por até 24 horas.

3. Para fazer a massa: na batedeira com o gancho acoplado, misture a água, a farinha de centeio, a farinha de trigo, a farinha integral, o pâte fermentée, o sal, o açúcar, o fermento e o sumo de limão. Bata em velocidade baixa por cerca de 2 minutos. Aumente a velocidade para média-alta e bata por 6 minutos, até que a massa comece a ficar brilhante. Ela é pesada e quase grudenta, portanto não adianta fazer o teste da transparência. Você saberá que está pronta quando puxar levemente um pedaço e ele não sair com facilidade.

4. Escorra toda a água da hidratação e adicione as sementes e os grãos à massa. Bata por cerca de 2 minutos, até que estejam distribuídos. Unte uma tigela grande com 1 colher (sopa) de óleo de canola e transfira a massa para ela. Cubra com filme e deixe descansar por cerca de 1 hora em temperatura ambiente, até que a massa esteja macia e elástica. Ela não vai crescer como outras massas que levam mais farinha de trigo.

5. Unte 2 fôrmas de bolo inglês (23 × 13 cm) com as 2 colheres (sopa) de óleo restantes. Coloque os grãos de aveia em um prato ou assadeira perto da superfície de trabalho enfarinhada. Deposite a massa nela e divida-a delicadamente ao meio.

6. Modele uma metade em formato básico (veja a p. 122), deixando a outra sob o filme. Com as duas mãos, produza 2 pães com 20 cm de comprimento e 10 cm de largura, com a emenda indo de ponta a ponta na parte de baixo.

7. Borrife água no topo de cada massa e passe-as no prato com aveia. Coloque em fôrmas separadas — com a parte coberta de aveia para cima e a emenda para baixo.

8. Cubra com filme e deixe descansar por aproximadamente 2 horas, até que a massa cresça quase até o topo da fôrma.

9. Enquanto isso, preaqueça o forno a 205°C.

10. Asse-os por cerca de 45 minutos, até que estejam dourados e crocantes. Retire as fôrmas do forno e coloque os pães em uma grade para resfriarem completamente, por no mínimo 2 horas (devido à sua densidade).

11. Armazene o pão em um saco de papel ou de pano caso acredite que será consumido em até 24 horas. Após esse tempo, guarde em um saco plástico em temperatura ambiente. Este pão pode ser congelado.

ESCUROS E CROCANTES: PÃES BÁSICOS *151*

TORRADAS DE CENTEIO MULTIGRÃOS COM ABACATE E CEBOLINHA

RENDE 4 UNIDADES; SERVE DE 2 A 4 PESSOAS

2 colheres (sopa) de **AZEITE**

1 ramo de **CEBOLINHA** (cerca de 12 unidades) cortado em fatias finas

SAL KASHER

2 colheres (sopa) de **MANTEIGA COM SAL** em temperatura ambiente

4 fatias grossas de **PÃO DE CENTEIO MULTIGRÃOS** (p. 150) torradas

1 **ABACATE AVOCADO** sem caroço, descascado e cortado em quartos

½ **LIMÃO**

Quando quero um almoço saudável que não seja um queijo quente (que é o que como muitas vezes), faço torrada com abacate avocado. Uso o pão de centeio multigrãos porque é uma opção saudável e porque seu toque azedo equilibra a cremosidade do abacate.

1. Aqueça o azeite em uma frigideira grande em fogo médio-alto. Adicione a cebolinha e refogue por cerca de 5 minutos, mexendo de vez em quando, até ficar chamuscada em alguns pontos e murchar. Tempere com sal a gosto e retire do fogo.

2. Passe manteiga nas fatias de pão. Coloque por cima um quarto do abacate, usando um garfo para amassá-lo de forma que grude no pão. Polvilhe bastante sal. Divida a cebolinha salteada pelas torradas e esprema o limão por cima. Sirva imediatamente.

152 PÃO QUENTE

TORRADAS DE CENTEIO MULTIGRÃOS COM SEMENTES DE ABÓBORA

RENDE 2 UNIDADES (DE 20 CM)

PARA HIDRATAR

2 colheres (sopa) de **TRIGO PARA QUIBE**

2 colheres (sopa) de **FUBÁ**

2 colheres (sopa) de **AVEIA EM FLOCOS**

2 colheres (sopa) de **MILHETE**

2 colheres (sopa) de **SEMENTE DE LINHAÇA**

3 colheres (sopa) de **GERGELIM**

3 colheres (sopa) de **SEMENTE DE GIRASSOL**

2 colheres (sopa) de **SEMENTES DE ABÓBORA**

1 xícara (chá)/225 ml de **ÁGUA** fervente

PARA A MASSA

1⅓ de xícara (chá)/305 ml de **ÁGUA** fria

1 xícara (chá)/125 g de **FARINHA DE TRIGO INTEGRAL**

2 xícaras (chá)/265 g de **FARINHA DE TRIGO PARA PÃO**, e mais um pouco para modelar

⅓ de xícara (chá)/45 g de **FARINHA DE CENTEIO**

½ colher (sopa) de **ÓLEO DE CANOLA**, e mais um pouco para untar as tigelas

1 colher (sopa) de **AÇÚCAR MASCAVO**

1 colher (sopa) de **SAL KASHER**

1¼ de colher (chá) de **FERMENTO BIOLÓGICO SECO**

½ xícara (chá)/50 g de **AVEIA EM FLOCOS**

Este é o pão de sanduíche perfeito. Amo sementes de abóbora, que aparecem muito na comida mexicana do Harlem hispânico, onde fica nossa padaria. Há vários grãos neste pão, mas se você estiver tendo dificuldade para encontrá-los ou não gostar de alguns, podem ser substituídos por outros. Por exemplo, use só milhete, sem semente de linhaça, ou dobre a quantidade de sementes de abóbora para celebrar El Barrio. É importante que saiba que este pão tem seu próprio tempo. Além da hidratação, há também um descanso de 8 a 24 horas na geladeira. Portanto, planeje-se.

1. Para hidratar os grãos e as sementes: junte o trigo para quibe, o fubá, a aveia, o milhete, a semente de linhaça, o gergelim, as sementes de girassol e de abóbora e a água fervente em uma tigela grande e deixe hidratar em temperatura ambiente por no mínimo 8 horas.

2. Para fazer a massa: junte a água, a farinha integral, a farinha de trigo e a farinha de centeio na batedeira com o gancho acoplado. Bata em velocidade baixa por cerca de 2 minutos para integrar os ingredientes. Deixe descansar por 20 minutos para hidratar as farinhas.

3. Adicione o óleo de canola, o açúcar mascavo, o sal e o fermento. Bata em velocidade baixa por 1 a 2 minutos, até que todos os ingredientes estejam misturados. Aumente a velocidade para média-alta e bata até que a massa esteja macia, um pouco brilhante e soltando das laterais. Você saberá que está pronta quando puxar um pedaço e ele não sair com facilidade.

4. Escorra os grãos e as sementes e adicione-os à massa. Bata em velocidade baixa por cerca de 2 minutos, até que estejam distribuídos.

Unte uma tigela grande com óleo e transfira a massa para ela. Cubra com filme e deixe descansar em temperatura ambiente por cerca de 1 hora, até que a massa esteja macia e inflada. Dobre-a sobre si mesma, cubra bem a tigela com filme e leve à geladeira por no mínimo 8 e no máximo 24 horas. Deixe que a massa volte à temperatura ambiente antes de prosseguir.

5. Quando a massa estiver pronta para modelar, unte 2 fôrmas de bolo inglês (20 × 10 cm) com óleo de canola. Espalhe a aveia em um prato ou assadeira perto da superfície de trabalho.

A receita continua...

ESCUROS E CROCANTES: PÃES BÁSICOS

6. Coloque a massa numa superfície levemente enfarinhada. Divida-a em 2 partes iguais. Modele uma por vez em formato cilíndrico (veja a p. 120), deixando a segunda sob o filme enquanto trabalha a primeira. Deixe-as descansar, também cobertas, por 30 minutos.

7. Achate a primeira massa levemente com as mãos e modele um pão de fôrma (veja a p. 120), com 20 cm de comprimento e 10 cm de largura. Deve haver uma emenda indo de ponta a ponta na parte de baixo. Repita o processo com a segunda.

8. Borrife água no topo de cada massa e passe-as no prato com aveia. Coloque-as nas fôrmas preparadas com o lado coberto de aveia para cima e a emenda para baixo. Cubra-as com filme e deixe descansar por cerca de 2 horas, até que a massa cresça quase até o topo da fôrma.

9. Enquanto isso, preaqueça o forno a 190°C.

10. Asse até que os pães estejam dourados e que a aveia comece a escurecer, o que deve levar cerca de 40 a 45 minutos. Transfira as fôrmas para uma grade até esfriarem completamente.

11. Armazene o pão em um saco de papel ou de pano caso acredite que será consumido em até 24 horas. Após esse tempo, guarde em um saco plástico em temperatura ambiente.

Minipão multigrãos com sementes de abóbora

RENDE 16 UNIDADES (DE 10 CM)

Prepare a massa e deixe-a descansar na geladeira conforme indicado. Quando estiver pronta para ser modelada, coloque a massa gelada numa superfície levemente enfarinhada e transforme-a em um quadrado de 40 cm. Use um cortador de massa ou uma faca para fazer quadrados de 10 cm (cada um pesando cerca de 60 g). Transfira-os para 3 assadeiras baixas forradas com papel-manteiga, deixando pelo menos 2,5 cm de espaço entre os 5 ou 6 quadrados por assadeira. Polvilhe farinha, cubra com filme e deixe descansar por 3 a 4 horas, até que a massa esteja elástica e inflada.

Preaqueça o forno a 195°C.

Borrife um pouco de água. (Exclua a aveia da receita principal.) Asse, girando as assadeiras na metade do tempo, até que os pães estejam levemente dourados. Transfira-os para uma grade até esfriar completamente.

FILÃO DE GROSELHA E NOZ-PECÃ

RENDE 2 UNIDADES (DE 20 CM)

¾ de xícara (chá)/85 g de **NOZES-PECÃ** partidas ao meio e torradas

1 xícara (chá)/160 g de **GROSELHA DESIDRATADA**

5 xícaras (chá)/635 g de **FARINHA DE TRIGO PARA PÃO**, e mais um pouco para modelar

1¾ de xícara (chá) mais 2 colheres (sopa)/415 ml de **ÁGUA** morna

1 colher (sopa) mais 2 colheres (chá) de **SAL KASHER**

¼ de colher (chá) de **FERMENTO BIOLÓGICO SECO**

⅔ de xícara (chá)/155 g de **PÂTE FERMENTÉE** (p. 126) cortado em pedaços do tamanho de uma noz

ÓLEO DE CANOLA

Esta receita se destaca entre os pães cheios de passas e frutas cristalizadas encontrados no mercado. Com cinco cortes de cada lado, é um complemento elegante para qualquer tábua de queijos. Se você não estiver muito confiante em fazer estes cortes, os do pão de centeio nova-iorquino (p. 142) funcionam perfeitamente aqui.

1. Coloque a noz-pecã e a groselha em uma tigela grande e cubra com água quente.

2. Junte a farinha de trigo para pão e a água morna na batedeira com o gancho acoplado. Bata em velocidade baixa por cerca de 2 minutos, até que esteja bem misturado. Deixe descansar por 20 minutos.

3. Adicione o sal, o fermento e o pâte fermentée e bata em velocidade baixa por cerca de 2 minutos, até integrar tudo. Aumente a velocidade para média-alta por cerca de 5 minutos, até que a massa esteja macia e brilhante e as laterais da tigela estejam limpas. Você saberá que a massa está pronta quando puxar um pedaço e ele não sair com facilidade.

4. Escorra a noz-pecã e a groselha (descarte o líquido) e acrescente-as à massa. Bata em velocidade baixa até integrá-las.

5. Unte uma tigela grande com óleo e transfira a massa para ela. Cubra a tigela com filme e deixe descansar em temperatura ambiente por cerca de 2 horas, até que a massa esteja elástica e mais macia do que uma bexiga cheia (ao pressioná-la levemente, seus dedos devem deixar uma marca).

6. Coloque a massa numa superfície levemente enfarinhada e divida-a em 2 partes iguais (cada uma pesando cerca de 720 g). Pré-modele cada metade no formato básico (veja a p. 120). Deixe descansar por 10 minutos. Achate levemente com as mãos uma metade de cada vez, deixando a outra sob o filme, e molde no formato básico de novo (veja a p. 120), transformando-a depois em um filão (veja a p. 122). Deve haver uma emenda de ponta a ponta embaixo da massa. Pressione delicadamente com a lateral do dedo mindinho para arredondar as pontas. Repita o processo com a segunda parte da massa.

7. Forre o verso de 2 assadeiras baixas com papel-manteiga e coloque os filões em cima, com a emenda virada para baixo. Cubra as assadeiras com filme e deixe descansar por cerca de 1 hora, até que a massa esteja macia (ao pressioná-la levemente, seus dedos devem deixar uma marca).

8. Enquanto isso, coloque uma pedra para pizza na grade do meio do forno e preaqueça-o a 260°C. Ponha uma assadeira na parte de baixo.

9. Use um estilete para massa ou uma faca bem afiada para fazer 5 cortes (de 4 cm) de cada lado do filão (10 cortes no total). Deslize-o para a pedra em um movimento rápido. Ponha 10 cubos de gelo na assadeira que já está no forno (isso criará vapor) e diminua a temperatura para 220°C após 10 minutos. Deixe o outro pão na assadeira, coberto e em local fresco.

10. Asse por 20 a 25 minutos, até que o pão esteja dourado em cima e as groselhas expostas estejam levemente chamuscadas. Transfira para uma grade (descartando o papel-manteiga) até esfriar completamente. Enquanto isso, faça os cortes no segundo pão e asse-o.

11. Armazene o pão em um saco de papel ou de pano caso acredite que será consumido em até 24 horas. Após esse tempo, guarde em um saco plástico em temperatura ambiente.

ESCUROS E CROCANTES: PÃES BÁSICOS

BIALY TRADICIONAL DE CEBOLA

RENDE 12 UNIDADES (DE 13 CM)

PARA A MASSA

1⅓ de xícara (chá)/320 ml de **ÁGUA** morna

3½ xícaras (chá) mais 2 colheres (sopa)/465 g de **FARINHA DE TRIGO PARA PÃO**, e mais um pouco para modelar

½ xícara (chá) mais 2 colheres (sopa)/150 g de **PÂTE FERMENTÉE** (p. 126) cortado em pedaços do tamanho de uma noz

¾ de colher (chá) de **FERMENTO BIOLÓGICO SECO**

1 colher (sopa) de **SAL KASHER**

PARA O RECHEIO

3 colheres (sopa) de **AZEITE**

4 **CEBOLAS** médias picadas (6 xícaras/900 g)

½ xícara (chá)/60 g de **FARINHA DE ROSCA** fina e seca (p. 281)

1½ colher (sopa) de **SEMENTES DE PAPOULA**

½ colher (chá) de **SAL KASHER**

Não podemos falar em bialy sem falar na minha amiga Mimi Sheraton, ex-crítica gastronômica do *New York Times*. Seu livro *The Bialy Eaters* é um dos mais cativantes que já li. Segui os parâmetros estabelecidos por ela para tentar fazer o melhor bialy de Nova York. Eu me orgulho das críticas positivas e de ele ter se tornado um clássico da nossa padaria, mas o melhor elogio veio um pouco depois, quando Mimi ligou para dizer que gostava dele. Espero que você também goste.

1. Para fazer a massa do bialy: coloque a água e a farinha na batedeira com o gancho acoplado e bata por 2 minutos. Deixe descansar por 20 minutos.

2. Adicione o pâte fermentée, o fermento e o sal e bata em velocidade baixa até que os ingredientes secos estejam completamente integrados. Acrescente um pouco mais de água se isso ainda não tiver acontecido após 3 minutos. Aumente a velocidade para média-alta por cerca de 5 a 7 minutos, até que a massa esteja macia e brilhante e as laterais da tigela estejam limpas. Faça o teste da transparência (p. 16) para checar se o glúten se desenvolveu completamente.

3. Unte uma tigela com farinha e transfira a massa para ela. Cubra com filme e deixe a massa descansar em temperatura ambiente por cerca de 1h30, até que tenha dobrado de tamanho.

4. Enquanto isso, prepare o recheio. Aqueça o azeite em uma frigideira grande, em fogo médio-baixo.

Adicione a cebola e refogue, mexendo de vez em quando, até que esteja começando a dourar e seu volume tenha se reduzido a cerca de ⅓ do original, o que deve levar cerca de 20 minutos. Transfira a cebola para uma tigela e misture a farinha de rosca, as sementes de papoula e o sal. Deixe esfriar.

5. Transfira a massa para uma superfície levemente enfarinhada. Divida-a em 12 pedaços iguais (cada um pesando cerca de 80 g). Modele as partes em formato de bola (veja na p. 123), cubra com filme e deixe descansar por 5 minutos. Na mesma ordem em que começou, achate cada pedaço com a palma das mãos, formando discos de cerca de 10 cm de diâmetro.

6. Forre o verso de 2 assadeiras baixas com papel-manteiga. Coloque os discos a 2,5 cm de distância uns dos outros. Cubra as assadeiras com filme. Deixe descansar até que estejam macios (ao pressioná-los levemente, seus dedos devem deixar uma marca, o que deve levar de 1 hora a 1h30).

A receita continua...

ESCUROS E CROCANTES: PÃES BÁSICOS

7. Leve ao forno uma pedra para pizza e preaqueça-o a 260°C por no mínimo 30 minutos.

8. Descubra os bialys e, com as pontas dos dedos indicador e médio, faça uma depressão no centro de cada um. Coloque cerca de 2 colheres (sopa) de recheio ali.

9. Com a ajuda do papel-manteiga, deslize os bialys para a pedra em um movimento rápido. Asse por 12 a 15 minutos, até que fiquem bem dourados. Transfira-os para uma grade para esfriar por alguns minutos (descartando o papel-manteiga).

10. Sirva imediatamente. Os bialys que sobrarem podem ser armazenados em um saco hermético, em temperatura ambiente, por até 2 dias.

Minibialys de queijo

RENDE 24 UNIDADES (DE 8 CM); SERVE 12 PESSOAS

Os bialys de queijo da Hot Bread Kitchen surgiram por necessidade. Na época em que eu era a chef padeira e sentia fome à noite, quando não havia mais nada aberto, pegava um bialy — a última coisa a sair do forno — e enchia de queijo enquanto ainda estava quente. Estes são menores do que nosso bialy tradicional; assim você não se sente culpado de comer vários! Use o cheddar mais forte que encontrar.

Massa e recheio do bialy tradicional de cebola (p. 159)
2 xícaras (chá)/95 g de cheddar ralado grosseiramente

Prepare a massa até o primeiro descanso e o recheio conforme instruções.

Coloque a massa em uma superfície levemente enfarinhada. Divida-a em 24 pedaços iguais (cada um pesando cerca de 40 g). Modele as partes em formato de discos com 5 cm de diâmetro, conforme descrito na receita do bialy tradicional de cebola.

Siga a outra receita até o momento de rechear. Coloque em cada bialy 1 colher (sopa) generosa da mistura de cebola e um punhado de queijo. Asse conforme as instruções.

BIALY AL BARRIO

SERVE 1 PESSOA

1 colher (sopa) de **MANTEIGA**

1 **OVO** grande

SAL KASHER e **PIMENTA-DO-REINO** moída na hora

3 colheres (sopa) de **CHEDDAR** ralado grosseiramente

1 **BIALY TRADICIONAL DE CEBOLA** (p. 159) cortado na horizontal

Algumas gotas de **MOLHO DE PIMENTA VALENTINA** ou outro de sua preferência

Criamos esta opção de sanduíche para café da manhã quando abrimos o Hot Bread Almacen, nossa lojinha na La Marqueta. Nossa localização, o East Harlem — também conhecido como El Barrio —, inspirou o nome, assim como nossa escolha do molho de pimenta mexicano Valentina, que acrescenta um toque picante avinagrado à clássica combinação de ovos e queijo. Quando você perceber que a abertura no meio do bialy é o tamanho perfeito para um ovo grande, seu café da manhã nunca mais será igual. Só um aviso antes de se esbaldar: este sanduíche faz sujeira. Sirva-o com uma faca e um garfo para aqueles que se preocupam com isso.

Derreta a manteiga em uma frigideira antiaderente pequena em fogo médio-alto. Quebre o ovo e tempere com sal e pimenta. Tampe a frigideira e cozinhe o ovo por cerca de 2 minutos, até que a clara esteja firme, mas a gema se mantenha mole.

1. Enquanto isso, polvilhe metade do cheddar na parte de baixo do bialy e coloque-o, junto com a parte de cima, no forninho elétrico.

2. Coloque o ovo por cima do cheddar derretido e polvilhe o restante do queijo. Devolva o bialy ao forninho até que o queijo esteja derretido. Regue com molho de pimenta, feche o bialy e sirva imediatamente.

ESCUROS E CROCANTES: PÃES BÁSICOS

BIALY COM SALADA DE CARAPAU DEFUMADO

SERVE 6 PESSOAS

½ **CEBOLA ROXA** pequena picada

SAL KASHER

200 g de **CARAPAU DEFUMADO** sem pele

1 **TALO DE AIPO** grande picado

½ xícara (chá)/110 g de **MAIONESE** caseira (p. 167) ou industrializada

2 colheres (sopa) de **SUMO DE LIMÃO** fresco

1 colher (sopa) de **RAIZ-FORTE**

PIMENTA-DO-REINO moída na hora

6 **BIALYS TRADICIONAIS DE CEBOLA** (p. 159) cortados na horizontal

6 **FOLHAS DE ALFACE LISA** grandes e rasgadas em pedaços pequenos

Um dos meus sanduíches preferidos é o bialy com salada de carapau defumado, alface e um toque de limão. Você pode usar um peixe defumado inteiro desde que se certifique de tirar as espinhas, mas é melhor usar filés, que são mais fáceis de manusear. Também pode usar truta ou qualquer outro peixe defumado. Se um pouco da cebola cair na tábua quando cortar o bialy, simplesmente pegue de volta e misture à salada.

1. Coloque a cebola em uma peneira bem fina e polvilhe uma boa pitada de sal, então deixe descansar enquanto você prepara a salada. Isso vai ajudar a tirar um pouco da acidez da cebola.

2. Coloque o peixe em uma tigela grande e use as mãos e um garfo para desfiá-lo. Certifique-se de retirar as espinhas (é inevitável que algumas delas permaneçam, mesmo que a embalagem diga que não há nenhuma). Adicione a cebola salgada, o aipo, a maionese, o sumo de limão e a raiz-forte e mexa. Tempere com pimenta a gosto.

3. Divida a salada de carapau nas partes de baixo dos bialys e coloque alface por cima. Feche o sanduíche, corte no meio e sirva imediatamente.

PÃO QUENTE

MAIONESE DE AZEITE

RENDE 1 XÍCARA (CHÁ) BEM CHEIA/300 G

Esta maionese enriquece qualquer comida. Amo o sabor picante que o azeite proporciona, mas, se você não for muito fã, simplesmente substitua um pouco dele — ou tudo — por óleo de canola.

1 **OVO** grande

½ colher (chá) de **MOSTARDA** em pó ou 1 colher (chá) de **MOSTARDA DE DIJON**

2 colheres (sopa) de **SUMO DE LIMÃO** fresco, ou a gosto

1 xícara (chá)/225 g de **AZEITE**

SAL KASHER e **PIMENTA-DO-REINO** moída na hora

Junte o ovo, a mostarda e o sumo de limão em uma tigela grande ou no liquidificador. Bata vigorosamente com um batedor de arame regando com um fio de azeite. Comece com pouco e vá aumentando a quantidade quando a maionese começar a dar liga. Assim que engrossar, prove e adicione um pouco mais de sumo de limão se quiser, além de bastante sal e pimenta. Armazene na geladeira por até 3 dias.

MAIONESE DE VINAGRE DE ARROZ

RENDE CERCA DE 1 XÍCARA (CHÁ)/225 G

Esta maionese é ótima para os bahn mi (p. 194). Para obter um sabor extra, adicione 1 colher (chá) de shoyu e/ou 1 colher (chá) de óleo de gergelim torrado à maionese já pronta. Para algo mais picante, bata e misture 1 colher (chá) de pasta de wasabi, raiz-forte ou molho de pimenta (como o sriracha). As possibilidades são infinitas.

2 **GEMAS** grandes

2 colheres (sopa) de **VINAGRE DE ARROZ**

¾ de xícara (chá)/170 g de **ÓLEO DE CANOLA**

Uma pitada de **SAL KASHER**

Siga o mesmo procedimento da maionese de azeite, usando os ingredientes acima.

ESCUROS E CROCANTES: PÃES BÁSICOS

CHALÁ E ALÉM
TRANÇAS E PÃES ENRIQUECIDOS

As massas fermentadas do capítulo anterior dão origem a pães com crosta crocante e miolo aerado. Já as receitas deste capítulo unem o sabor e o volume advindos da fermentação lenta com a riqueza da gordura de ovos, manteiga e leite. Adicionar gordura à massa não só deixa o pão delicioso como também inibe o desenvolvimento da crosta, resultando em pãezinhos macios.

A primeira receita deste capítulo, o chalá tradicional, é um pão rico e versátil com o qual possuo uma conexão pessoal. Os produtos da Hot Bread Kitchen são inspirados em nossos padeiros, e o chalá é uma das minhas contribuições. Quando eu tinha três anos, minha família morava em uma fazenda na parte rural de Ontário, em uma pequena cidade chamada Gananoque, a milhares de quilômetros de distância da padaria judaica mais próxima. Celebrávamos o Shabat, e minha mãe, que naquela época estava terminando seu ph.D., fazia chalá toda semana.

Não tenho muitas lembranças daqueles anos, mas recordo perfeitamente o cheiro da massa após descansar e a sensação de fazer as tranças com minhas mãos pequeninas. Meu amor por pão começou com aqueles chalás densos e saborosos. A versão caseira é diferente da industrializada, cheia de fermento e feita às pressas. Na Hot Bread Kitchen, usamos uma quantidade mínima de fermento, deixando que o sabor se desenvolva no tempo certo para fazer um pão bonito e muito macio.

O chalá carrega um grande significado histórico. As nuances que distinguem seus diferentes tipos indicam o local de onde vem e quem o fez. Os asquenazes, provenientes das Europas Central e Oriental, fazem um chalá (p. 175) com abundância de ovos. Os sefarditas da África do Norte e do Oriente Médio, por outro lado, não usam ovos e incorporam especiarias como alcaravia e cominho (p. 190). O chalá com bastante mel ou com uvas-passas (p. 178) é feito em dias de festa para simbolizar alegria e felicidade.

Além disso, o formato desse pão é simbólico. Diz-se que o entrelaçamento representa o amor. Uma trança de três pontas representa a união entre verdade, paz e justiça, e uma com doze pontas representa as doze tribos de Israel. Em formato redondo, de rosca, representa continuidade. Aprender esses formatos pode ser um pouco difícil no início, mas depois o processo se torna quase meditativo. Você pode treinar primeiro com uma corda, até ficar confortável o bastante para trançar a massa — é isso que fazemos na padaria.

Além da importância cultural e histórica desse pão, amamos fazê-lo na Hot Bread Kitchen porque sua massa versátil serve de base para diversos outros pães, assim como a do filão rústico: pode ser usada para as conchas mexicanas (p. 185) e para pães de hambúrguer e cachorro-quente (p. 182). Nossa versão é substanciosa e uma ótima substituta para brioches, pois é mais rápida e mais fácil de manusear, uma vez que não leva manteiga (laticínios não podem ser consumidos no jantar do Shabat). Não é preciso dizer que as sobras de chalá podem ser usadas em pratos deliciosos como o pudim de pão *tres leches* (p. 272) e a rabanada com queijo e pêssego caramelizado (p. 271).

Este capítulo inclui receitas de muitas variações da massa de chalá, além de outros pães enriquecidos com gorduras, como leite integral, manteiga e ovos, incluindo a baguete vietnamita bahn mi (p. 194) e o pão de fôrma de leite (p. 192).

Dicas para fazer as tranças

Lindos chalá podem ser feitos simplesmente enroscando um único cordão de massa ou intercalando três, como em uma trança de cabelo mesmo. Aqui demonstramos como fazer algumas das mais vistosas da Hot Bread Kitchen, criando diferentes estilos de chalá para cada receita. Para alcançar melhores resultados, pese os cordões de massa para se certificar de que tenham o mesmo peso e, assim, comprimentos iguais. Também recomendo fazer uma rápida pré-modelagem no formato básico para que os cordões adquiram consistência.

- A partir do formato básico (veja a p. 120), você pode enrolar a massa e transformá-la em um **cilindro fino** para fazer os cordões do chalá. Firme mas delicadamente, encoste a palma das mãos no centro da massa e role-a gentilmente para cima e para baixo. Para chegar ao comprimento desejado, você pode repetir o rolamento diversas vezes, deixando a massa descansar por 5 minutos nos intervalos, para assentar o glúten. É preciso preservar a superfície macia, então não puxe a massa.

- Para uma **trança de três pontas**, divida a massa em 3 pedaços iguais, faça o formato básico com cada um e então molde cilindros com 38 cm de comprimento.

Junte uma das extremidades de cada cilindro, de forma que os 3 fiquem conectados. Entrelace-os da mesma maneira que faria com seu cabelo. Una as outras três extremidades e deixe a emenda na parte de baixo da massa.

- Para fazer uma **trança de ponta única**, você basicamente fará um formato de número oito com as pontas escondidas. Comece pegando uma extremidade e grudando-a embaixo de um ponto da massa a cerca de 15 cm da outra extremidade. Agora pegue a ponta solta e passe por baixo do círculo. Torça o círculo uma vez, formando um oito. Insira a ponta que sobrou no círculo recém-formado.

- Para fazer a **rosca** no chalá com passas (p. 178) ou no sefardita (p. 190), forme um cilindro com a massa (p. 120) e depois o trabalhe até que fique com 80 cm de comprimento, conforme instruções da página anterior. Enrole a massa, iniciando pelo centro em direção à ponta. Coloque a ponta que sobrar por baixo e pressione um pouquinho para se certificar de que grudou.

CHALÁ E ALÉM: TRANÇAS E PÃES ENRIQUECIDOS

CHALÁ TRADICIONAL

RENDE 2 UNIDADES (DE 30 CM)

- 2½ xícaras (chá)/315 g de **FARINHA DE TRIGO PARA PÃO**, e mais um pouco para modelar

- 1 colher (sopa) e mais 2 colheres (chá) de **AÇÚCAR**

- 3¼ de colheres (chá) de **SAL KASHER**

- 1¼ de colher (chá) de **FERMENTO BIOLÓGICO SECO**

- 1¼ de xícara (chá)/300 g de **PÂTE FERMENTÉE** (p. 126) cortado em pedaços do tamanho de uma noz

- 3 **GEMAS** de ovos grandes batidas

- 2½ colheres (sopa) de **MEL**

- 3 colheres (sopa) de **ÁGUA**, ou mais, se necessário

- 3 colheres (sopa) de **ÓLEO DE CANOLA**, e mais um pouco para untar a tigela

- 2 **OVOS** grandes batidos

O chalá industrializado pode ser repleto de fermento industrial. Embora fique lindo e o preparo seja rápido, o sabor é prejudicado. Nossa versão é diferente — usamos uma proporção alta de pâte fermentée e deixamos a massa descansar por muito tempo, criando um pão lindo e muito saboroso. Nas páginas a seguir há instruções e fotos do passo a passo para fazer uma trança de ponta dupla. Se você for fã do chalá de três pontas, mais comum, simplesmente divida a massa em três cilindros em vez de dois e entrelace-os. Esta receita serve de base para muitas outras, então talvez seja interessante dobrá-la, se sua batedeira for grande o suficiente.

1. Misture a farinha, o açúcar, o sal e o fermento na batedeira com o gancho acoplado. Adicione o pâte fermentée, as gemas, o mel, a água e o óleo e bata em velocidade baixa até que os ingredientes secos estejam totalmente incorporados e que o fermento e a farinha tenham desaparecido. Acrescente um pouco mais de água se isso não tiver ocorrido após 3 minutos. Aumente a velocidade para média-alta por cerca de 5 minutos, até que a massa esteja macia e brilhante e as laterais da tigela estejam limpas. Faça o teste da transparência (p. 16) para checar se o glúten se desenvolveu completamente. A massa deverá estar lisa e um pouco pegajosa.

2. Unte uma tigela grande com óleo e transfira a massa para ela. Polvilhe levemente um pouco de farinha e cubra a tigela com filme. Deixe a massa descansar em temperatura ambiente por cerca de 1h30, até que esteja inflada e elástica.

3. Coloque a massa em uma superfície levemente enfarinhada. Achate-a delicadamente e divida-a em 4 partes iguais (cada uma pesando cerca de 215 g). Trabalhe um pedaço de massa de cada vez (mantendo os outros sob o filme), moldando-o em um cilindro firme (veja a p. 120). Depois, com as duas mãos, role a massa para cima e para baixo na superfície enfarinhada, até atingir 45 cm de comprimento (veja a p. 172). Repita o processo com as outras partes.

4. Deixe 2 cordas cobertas com filme, sem pressioná-las. Pegue as outras 2 e faça uma trança de duas pontas (veja as fotos das pp. 176-7). Coloque uma em cima da outra formando um X (a da esquerda deve ficar por cima). Dobre a ponta superior direita do X para baixo, passando por cima do centro, e faça o mesmo com a ponta inferior esquerda do X, só que para cima. Repita o processo com as outras pontas. Siga entrelaçando dessa maneira até o fim da massa. Vire a trança de forma que a base agora seja um dos lados, junte as pontas

A receita continua...

CHALÁ E ALÉM: TRANÇAS E PÃES ENRIQUECIDOS   *175*

e esconda embaixo da trança. Coloque o pão em uma assadeira forrada com papel-manteiga e repita o processo com as outras 2 cordas. Deixe os pães espaçados na assadeira.

5. Pincele delicadamente o ovo batido e reserve o que sobrar para a segunda demão. Cubra a assadeira com filme e deixe as massas descansarem em temperatura ambiente até que tenham crescido e estejam elásticas (ao pressioná-las levemente, seus dedos devem deixar uma marca, o que deve levar cerca de 1 hora).

6. Enquanto isso, preaqueça o forno a 180°C.

7. Descubra as massas e pincele com ovo novamente. Asse por cerca de 45 minutos a 1 hora, até que estejam escuras. Insira uma faca fina na trança para se certificar de que a massa esteja firme — ela deve ter a densidade de um bolo depois de assado.

8. Transfira os pães para uma grade por pelo menos 1 hora, até que esfriem completamente. Armazene as sobras em um saco plástico em temperatura ambiente ou congele.

PÃO QUENTE

CHALÁ E ALÉM: TRANÇAS E PÃES ENRIQUECIDOS

CHALÁ COM PASSAS

RENDE 2 UNIDADES REDONDAS (DE 18 CM)

MASSA DE CHALÁ TRADICIONAL (p. 175) preparada até o passo 1

1 xícara (chá)/150 g de **UVAS-PASSAS**

ÓLEO DE CANOLA

FARINHA DE TRIGO PARA PÃO

2 **OVOS** grandes batidos

Nosso chalá com passas é feito com a massa tradicional em formato de rosca. Vendemos a maioria desses pães deliciosos durante o Rosh Hashaná e o Yom Kippur (os feriados judaicos mais importantes), quando é tradicional comer os chalás redondos. Mas, por ser muito popular, fazemos esta receita o ano inteiro. Depois das duas da tarde, nossos pães são vendidos na Hot Bread Almacen, nossa lojinha na La Marqueta, no esquema "pague quanto puder". Vendedores de outros estandes correm para o nosso para ver se sobrou chalá com passas, que também é o pão preferido dos nossos funcionários. No Dia de Ação de Graças, eles podem fazer seus pedidos, e o chalá com passas é de longe o preferido.

1. Quando a massa estiver macia, adicione as uvas-passas e bata bem rápido na batedeira, somente até distribui-las, o que deve levar cerca de 1 minuto.

2. Unte uma tigela grande com óleo e transfira a massa para ela. Cubra com filme e deixe descansar cerca de 1 hora em temperatura ambiente, até que a massa esteja macia e inflada.

3. Vire-a em uma superfície levemente enfarinhada. Divida-a em 2 partes iguais (cada uma pesando cerca de 430 g). Deixe uma sob o filme enquanto modela a primeira em formato de rosca (veja a p. 173). Repita o processo com a outra. Coloque as duas massas espaçadas em uma assadeira forrada com papel-manteiga.

4. Pincele delicadamente o ovo batido e reserve o que sobrar para a segunda demão. Cubra a assadeira com filme e deixe as massas descansarem em temperatura ambiente por cerca de 1 hora, até que estejam macias e elásticas (ao pressioná-las levemente, seus dedos devem deixar uma marca).

5. Enquanto isso, preaqueça o forno a 180°C.

6. Descubra as massas e pincele o ovo novamente. Asse até que estejam escuras, o que deve levar de 30 a 40 minutos. Insira uma faca fina na massa para se certificar de que esteja firme — deve ter a densidade de um bolo depois de assado.

7. Transfira os pães para uma grade por pelo menos 1 hora, até que esfriem completamente. Armazene as sobras em um saco plástico em temperatura ambiente ou congele.

178 PÃO QUENTE

PÃEZINHOS AMERICANOS

RENDE 30 UNIDADES (DE 5 CM)

MASSA DE CHALÁ TRADICIONAL
(p. 175) preparada até
o passo 2

FARINHA DE TRIGO PARA PÃO

2 **OVOS** grandes batidos

GERGELIM (opcional)

Essas bisnagas são um clássico americano, servido principalmente no Dia de Ação de Graças. A combinação de um exterior deliciosamente dourado e um interior macio o torna perfeito para mergulhar no molho do peru. Note que a técnica para modelá-lo e assá-lo — dividir a massa, formar cada unidade e assar de forma que cresçam juntos e se unam — funciona com qualquer massa, sendo essencialmente igual à do pão de chocolate com cereja (p. 257). Você pode usar esse mesmo processo com as outras massas de chalá (pp. 175-190) ou até com a massa do filão de groselha e noz-pecã (p. 156).

1. Unte uma assadeira baixa com papel-manteiga.

2. Vire a massa em uma superfície levemente enfarinhada. Divida-a em 30 pedaços iguais (cada um pesando cerca de 30 g). Trabalhando uma parte de cada vez (mantenha as outras sob filme), modele em formato de bola (veja a p. 123). Coloque os pães na assadeira com a emenda virada para baixo e cerca de 1,5 cm de espaçamento. Eles ficam mais bonitos quando são organizados em linhas retas. Pincele o ovo batido (reservando o que sobrar) e cubra a assadeira com filme. Deixe descansar em temperatura ambiente até a massa ter crescido e preenchido a assadeira, o que leva de 45 minutos a 1 hora.

3. Enquanto isso, preaqueça o forno a 180°C.

4. Descubra as massas e pincele o ovo novamente. Polvilhe uma pitada de gergelim por cima de cada bolinha, se desejar. Asse-as por cerca de 18 minutos, até que estejam bem douradas, escuras e brilhosas. Para verificar se os pães estão prontos, separe-os delicadamente e confira se a massa está totalmente assada. Ela não pode ter consistência de chiclete.

5. Transfira as bisnagas para uma grade até que esfriem por completo. Armazene o que sobrar em temperatura ambiente dentro de um saco plástico por até 4 dias.

CHALÁ E ALÉM: TRANÇAS E PÃES ENRIQUECIDOS

PÃO DE CACHORRO-QUENTE E DE HAMBÚRGUER

RENDE 12 UNIDADES (DE 15 CM) DE CACHORRO-QUENTE OU 10 UNIDADES (DE 10 CM) DE HAMBÚRGUER

MASSA DE CHALÁ TRADICIONAL (p. 175) preparada até o passo 2 (veja a nota abaixo)

FARINHA DE TRIGO PARA PÃO para modelar

2 **OVOS** grandes batidos

GERGELIM (opcional)

> **NOTA:** Você pode usar a massa de chalá integral (p. 188), se preferir.

Muitos dos produtos da Hot Bread Kitchen são inspirados nos países de onde vêm nossas padeiras. Mas logo percebi que ter uma padaria em Nova York significava que também precisaríamos ter pães básicos. É por isso fazemos os pães de hambúrguer e cachorro-quente, por exemplo. E os nova-iorquinos os comem em bastante quantidade, principalmente durante o verão.

1. Cubra uma assadeira baixa com papel-manteiga.

2. Coloque a massa em uma superfície levemente enfarinhada. Para pães de cachorro-quente, divida-a em 12 pedaços iguais (cada um pesando cerca de 70 g). Modele cada pedaço no formato básico (veja a p. 120), então role-os para formar cilindros de cerca de 15 cm de comprimento. Para pães de hambúrguer, divida a massa em 10 pedaços iguais (cada um pesando cerca de 90 g). Faça uma bola com cada pedaço de massa (veja a p. 123) com diâmetro de 10 cm.

3. Transfira os pães para a assadeira, com a emenda virada para baixo. Organize os pães de cachorro-quente um ao lado do outro, de forma que as laterais se encostem; os de hambúrguer devem ficar a 5 cm de distância uns dos outros. Pincele o ovo batido e reserve o que sobrar. Cubra a assadeira com filme e deixe que a massa descanse em temperatura ambiente até que esteja elástica e mais macia do que uma bexiga cheia (ao pressioná-la levemente, seus dedos devem deixar uma marca, cerca de 1 hora depois).

4. Enquanto isso, preaqueça o forno a 180°C.

5. Descubra a massa e pincele o ovo novamente. Polvilhe uma pitada de gergelim em cada pãozinho, se desejar. Asse até que os pães estejam bem dourados, escuros e brilhantes, o que leva cerca de 18 minutos. Para verificar se os pães de cachorro-quente estão prontos, separe-os delicadamente e confira se a massa está totalmente assada. Ela não pode parecer um chiclete.

6. Transfira os pãezinhos para uma grade até que esfriem por completo. Armazene o que sobrar em temperatura ambiente dentro de um saco plástico por até 4 dias.

CONCHAS DE BAUNILHA OU CHOCOLATE

RENDE 12 UNIDADES (DE 7,5 CM); SERVE 12 PESSOAS

MASSA DE CHALÁ TRADICIONAL (p. 175) preparada até o passo 2

COBERTURA DE CHOCOLATE OU BAUNILHA

3½ xícaras (chá)/445 g de **FARINHA DE TRIGO PARA PÃO**

½ colher (chá) de **FERMENTO EM PÓ**

½ colher (chá) de **SAL KASHER**

¼ de xícara (chá)/20 g de **CACAU EM PÓ SEM AÇÚCAR** (para a versão de chocolate)

310 g de **MANTEIGA** em temperatura ambiente

2½ xícaras (chá)/300 g de **AÇÚCAR DE CONFEITEIRO**

2 colheres (chá) de **EXTRATO DE BAUNILHA** para a versão de baunilha, ou ½ colher (chá) de **EXTRATO DE AMÊNDOA** para a de chocolate

Este pãozinho doce pequeno, coberto com uma crosta açucarada, lembra uma conchinha do mar. Ele é muito popular no México, em uma versão maior, vendida em diversas cores, inclusive verde e vermelho fluorescentes. Desenvolvemos as nossas de maneira bem fiel, mas não queríamos que fossem tão grandes ou parecessem coloridas artificialmente. Usamos nossa massa de chalá como base, o que não é tradicional, mas funciona perfeitamente e é muito semelhante à massa rica em ovos adotada no México.

1. Enquanto a massa cresce, faça a cobertura da concha. Em uma tigela, misture a farinha, o fermento e o sal com um batedor de arame. Se estiver fazendo a versão de chocolate, inclua o cacau em pó. Com o batedor comum acoplado à batedeira, bata a manteiga e o açúcar de confeiteiro em velocidade média por cerca de 4 minutos, até a mistura ficar cremosa. Adicione o extrato e bata mais. Acrescente a mistura seca de farinha e continue batendo até incorporar.

2. Coloque um retângulo grande de papel-manteiga sobre a superfície de trabalho e vire a cobertura em cima. Cubra com um segundo retângulo de papel-manteiga e, com o rolo, abra a cobertura até que tenha cerca de 1,5 cm de espessura. Retire o papel-manteiga de cima e faça 12 rodelas com um copo. (Se for fazer mais conchas em menos de 1 semana, guarde as sobras para a nova fornada; você também pode colocá-las no forno a 180°C por 10 minutos para obter biscoitinhos deliciosos.) Com uma faca afiada, faça um desenho de jogo da velha por cima de cada rodela, sem atravessar a massa. Deixe descansar em temperatura ambiente, de preferência em local arejado.

3. Unte uma assadeira baixa com papel-manteiga.

4. Vire a massa de chalá em uma superfície levemente enfarinhada e divida-a em 12 pedaços iguais (cada um pesando cerca de 70 g). Modele as partes em formato de bola (veja a p. 123). Transfira-as para a assadeira, deixando espaço entre elas. Delicadamente, coloque por cima de cada uma a rodela de cobertura e cubra com filme. Deixe-as descansarem em temperatura ambiente por cerca de 1 hora, até que estejam elásticas (ao pressioná-las levemente, seus dedos devem deixar uma marca). Conforme a massa cresce, a cobertura cede e acompanha sua forma.

5. Preaqueça o forno a 180°C. Asse por cerca de 15 minutos, até que a base esteja bem dourada e a cobertura esteja firme.

6. Transfira as conchas para uma grade até esfriarem. Armazene-as em um saco plástico por até 4 dias.

CHALÁ E ALÉM: TRANÇAS E PÃES ENRIQUECIDOS

MONKEY BREAD

RENDE 2 UNIDADES (DE 23 CM); SERVE 8 PESSOAS

1 xícara (chá)/200 g de **AÇÚCAR CRISTAL**

1 xícara (chá) bem cheia/220 g de **AÇÚCAR MASCAVO**

1 colher (chá) de **CANELA** em pó

½ colher (chá) de **NOZ-MOSCADA** em pó

MASSA DE CHALÁ TRADICIONAL (p. 175) preparada até o passo 2

FARINHA DE TRIGO

Fazemos este pão doce de canela para aproveitar os restos de massa de chalá. Prepare-se para ficar rodeado de crianças e vizinhos.

1. Em uma tigela pequena, misture com um batedor de arame o açúcar cristal, o açúcar mascavo, a canela e a noz-moscada.

2. Divida a massa pela metade. Em uma superfície enfarinhada, use as mãos para formar dois cilindros de 45 cm e depois cortar cada um em 18 pedaços (de 2,5 cm cada um). Transfira tudo para uma assadeira baixa e polvilhe metade da mistura de açúcar. Chacoalhe para cobrir todos os pedaços.

3. Unte bem 2 fôrmas de bolo inglês (de 23 × 13 cm). Divida os pedaços de massa entre elas, polvilhando a outra metade da mistura de açúcar. Cubra as fôrmas com filme, sem pressionar, e deixe a massa descansar por cerca de 1 hora, até ficar elástica e mais macia do que uma bexiga cheia, preenchendo toda a fôrma.

4. Enquanto isso, preaqueça o forno a 180°C.

5. Asse os pãezinhos por cerca de 25 minutos, até ficarem dourados e o açúcar borbulhar. Deixe que os pães esfriem nas fôrmas sobre uma grade por 20 minutos antes de retirá-los. Sirva quente ou em temperatura ambiente. Armazene o que sobrar em um saco hermético por uns 2 dias em temperatura ambiente.

CHALÁ INTEGRAL

RENDE 2 UNIDADES (DE 30 CM)

¼ de xícara (chá) mais 1 colher (sopa)/65 ml de **ÁGUA**

1¾ de xícara (chá)/220 g de **FARINHA DE TRIGO INTEGRAL**, de preferência grossa

⅔ de xícara (chá)/85 g de **FARINHA DE TRIGO PARA PÃO**, e mais um pouco para modelar

3 **OVOS** grandes

⅓ de xícara (chá)/75 ml de **ÓLEO DE CANOLA**, e mais um pouco para untar a tigela

2½ colheres (sopa) de **MEL**

1 colher (sopa) mais 2 colheres (chá) de **AÇÚCAR**

2 colheres (chá) de **SAL KASHER**

1¼ de xícara (chá)/300 g de **PÂTE FERMENTÉE** (p. 126) cortado em pedaços do tamanho de uma noz

1¼ de colher (chá) de **FERMENTO BIOLÓGICO SECO**

1 colher (sopa) de **GERGELIM**

Cresci comendo chalá tradicional (p. 175), mas agora esta versão integral é o que como em praticamente todas as noites de sexta-feira com minha família. A porcentagem alta de farinha integral — comprada de um produtor local — me faz sentir menos culpada por comer o pão quase inteiro sozinha. Este chalá é trançado com uma corda única, o que requer um pouco de prática. Se preferir seguir a tradição, faça com três pontas.

1. Junte a água, a farinha integral e a farinha de trigo para pão na batedeira com o gancho acoplado. Bata em velocidade baixa por cerca de 2 minutos, até integrá-los, e então deixe descansar por 20 minutos para hidratar as farinhas.

2. Com um batedor de arame, bata levemente dois ovos em uma tigela média e misture o óleo, o mel, o açúcar e o sal. Adicione à tigela da batedeira junto com o pâte fermentée e o fermento e bata em velocidade baixa por cerca de 2 minutos, então aumente para velocidade média-alta até que a massa esteja macia e brilhante e as laterais da tigela estejam limpas, o que deve levar de 4 a 5 minutos. Faça o teste da transparência (p. 16) para garantir que o glúten tenha se desenvolvido.

3. Unte uma tigela grande com óleo e transfira a massa para ela. Cubra com filme e deixe a massa descansar em temperatura ambiente até que esteja mais macia e elástica (ao pressioná-la levemente, seus dedos devem deixar uma marca, o que deve levar de 1h30 a 2 horas).

4. Divida a massa em 2 partes iguais (cada uma pesando cerca de 475 g). Um pedaço de cada vez (mantendo o outro coberto com filme), molde o formato básico (veja a p. 120). Role em uma superfície enfarinhada para cima e para baixo, de maneira a formar um cilindro de cerca de 45 cm de comprimento (veja a p. 172). Modele em uma trança de ponta única (veja a p. 172). Coloque os pães em uma assadeira baixa forrada com papel-manteiga.

5. Bata levemente o último ovo. Pincele os chalás e reserve o que sobrar para uma segunda demão. Cubra a assadeira com filme e deixe descansar em temperatura ambiente por cerca de 1 hora, até que os pães estejam mais macios e elásticos (ao pressioná-los levemente, seus dedos devem deixar uma marca).

6. Enquanto isso, preaqueça o forno a 180°C.

7. Descubra as massas e pincele com ovo novamente. Polvilhe o gergelim e deixe secar, descobertas, por 10 minutos.

8. Asse-as até que estejam escuras, o que deve levar de 20 a 25 minutos. Insira uma faca fina no espaço entre a massa para se certificar de que esteja firme — deve ter a densidade de um bolo depois de assado.

9. Transfira os pães para uma grade por pelo menos 1 hora, até esfriarem completamente. Armazene o que sobrar em um saco plástico em temperatura ambiente ou congele.

CHALÁ SEFARDITA

RENDE 2 UNIDADES REDONDAS (DE 30 CM)

1 colher (sopa) de **GERGELIM**

2 colheres (chá) de **SEMENTES DE ALCARAVIA**

2 colheres (chá) de **SEMENTES DE COMINHO**

2 xícaras (chá)/455 ml de **ÁGUA** morna

5 xícaras (chá)/635 g de **FARINHA DE TRIGO PARA PÃO**, e mais um pouco para modelar

2¼ de colheres (chá) de **FERMENTO BIOLÓGICO SECO**

2½ colheres (sopa) de **AZEITE**, e mais um pouco, se necessário

1 colher (sopa) de **SAL KASHER**

2 colheres (sopa) de **MEL**

Na África do Norte e no Oriente Médio, de onde os judeus sefarditas vêm, o pão do Shabat é cheio de especiarias e sementes. A única reclamação que já recebemos envolvendo nossa versão é que não a vendemos o ano inteiro. Este pão é denso, repleto de sementes e, portanto, crocante. Vira uma torrada deliciosa ou croûtons exóticos que ficam especialmente gostosos com a salada de rúcula da p. 276.

1. Coloque o gergelim e as sementes de alcaravia e cominho em uma frigideira seca e leve ao fogo médio. Mexa por cerca de 2 minutos, até que as sementes soltem sua fragrância e fiquem levemente tostadas. Transfira tudo para um prato, até que esfrie.

2. Misture a água e a farinha na batedeira com o gancho acoplado. Bata por 2 minutos, até que esteja tudo integrado, e deixe descansar por 20 minutos para que a farinha hidrate.

3. Adicione o fermento, o azeite, o sal e o mel e bata em velocidade baixa por cerca de 2 minutos, até que todos os ingredientes estejam misturados. Bata em velocidade média-alta até que a massa esteja macia e brilhante e as laterais da tigela fiquem limpas, o que deve levar cerca de 5 minutos. Faça o teste da transparência (p. 16) para garantir que o glúten tenha se desenvolvido. Acrescente as sementes tostadas e misture em velocidade baixa para integrá-las, por cerca de 1 minuto.

4. Unte uma tigela grande com azeite (não esqueça de untar também suas mãos) e transfira a massa para ela. Cubra a tigela com filme e deixe a massa descansar em temperatura ambiente por cerca de 1 hora, até que esteja inflada e macia.

5. Vire a massa em uma superfície levemente enfarinhada. Divida-a em 2 partes iguais (cada uma pesando cerca de 650 g). Deixe uma metade sob o filme enquanto modela a outra em formato de rosca (veja a p. 173). Repita o processo com a segunda parte. Coloque os dois pães em uma assadeira forrada com papel-manteiga, espaçados de maneira uniforme. Cubra com filme e deixe a massa descansar até que esteja mais macia e elástica (ao pressioná-la levemente, seus dedos devem deixar uma marca, o que deve levar cerca de 1 hora).

6. Enquanto isso, preaqueça o forno a 205°C.

PÃO QUENTE

7. Asse até que os pães estejam escuros, cerca de 30 minutos depois. Insira uma faca fina para se certificar de que esteja firme — a massa deve ter a densidade de um bolo depois de assado.

8. Transfira os pães para uma grade até esfriarem completamente. Armazene as sobras em um saco hermético em temperatura ambiente por alguns dias.

PÃO DE FÔRMA DE LEITE

RENDE 2 UNIDADES (DE 23 CM)

- 2¼ de colheres (chá) de **FERMENTO BIOLÓGICO SECO**
- 2 xícaras (chá)/550 ml de **LEITE INTEGRAL** em temperatura ambiente
- 5½ xícaras (chá)/710 g de **FARINHA DE TRIGO PARA PÃO**, e mais um pouco para modelar
- 2 colheres (sopa) de **AÇÚCAR**
- 1 colher (sopa) mais 2 colheres (chá) de **SAL KASHER**
- 3½ colheres (sopa) de **MANTEIGA** derretida e resfriada
- **ÓLEO DE CANOLA**

O pão de leite branco anda com uma péssima reputação, de um alimento insípido e industrializado. Esta versão clássica tem muita alma e sabor, e vai fazê-lo cair de novo nas suas graças. A massa pode ser moldada em diversos formatos, mas normalmente optamos pelo pão de fôrma, tradicional para sanduíches. A foto é do pão que fazemos na padaria para servir, mas a versão que você vai fazer em casa terá uma superfície arredondada. O leite deixa a massa mais macia e estende sua vida útil, enquanto a manteiga mantém a umidade.

1. Junte o fermento e o leite na batedeira com o gancho acoplado. Adicione a farinha, o açúcar, o sal e a manteiga derretida e bata em velocidade baixa por 1 a 2 minutos, até que os ingredientes estejam misturados. Aumente a velocidade para média-alta e bata por cerca de 6 minutos, até que a massa esteja macia e brilhante e as laterais da tigela fiquem limpas. Faça o teste da transparência (p. 16) para garantir que o glúten tenha se desenvolvido completamente.

2. Coloque a massa em uma tigela grande e cubra com filme. Deixe descansar em temperatura ambiente por cerca de 1h30, até triplicar de tamanho.

3. Unte 2 fôrmas de bolo inglês (de 23 × 13 cm) com óleo.

4. Vire a massa em uma superfície levemente enfarinhada. Divida-a em 2 partes iguais (cada uma pesando cerca de 650 g). Trabalhando um pedaço de cada vez (e mantendo o outro sob o filme), molde-o como um pão de fôrma com 23 cm de comprimento (veja a p. 120). Repita o processo com a outra metade. Coloque os pães, com a emenda virada para baixo, nas fôrmas preparadas. Cubra com filme, sem pressionar, e deixe descansarem por cerca de 1 hora, até que tenham preenchido ¾ da fôrma.

5. Enquanto isso, preaqueça o forno a 205°C.

6. Pincele água nos pães ou use um borrifador. Asse por 30 a 40 minutos, até que estejam bem dourados. Deixe esfriarem nas fôrmas por 5 minutos. Depois, desenforme-os e mantenha na grade até esfriarem completamente.

7. Armazene o pão em um saco de papel ou de pano caso acredite que será consumido em até 24 horas. Após esse tempo, guarde em um saco plástico em temperatura ambiente.

Bolillos

RENDE 8 PÃES

Este é um pão mexicano usado para fazer sanduíches. O miolo absorve maravilhosamente o molho das carnitas (pp. 106-7).

Massa de pão de fôrma de leite (ao lado) preparada até o passo 2
¼ de xícara (chá)/60 ml de água
1 colher (chá) de amido de milho

Forre uma assadeira baixa com papel-manteiga. Coloque a massa em uma superfície levemente enfarinhada e divida-a em 8 pedaços iguais (cada um pesando cerca de 150 g). Transforme cada parte em uma bola (veja a p. 123). Delicadamente, role as duas pontas para formar um pão oval. Transfira as massas para a assadeira, espaçadas de maneira uniforme. Cubra com filme, sem pressionar, e deixe que descanse em temperatura ambiente por 1 hora.

Enquanto isso, preaqueça o forno a 180°C.

Misture a água e o amido de milho em uma panela pequena. Cozinhe, sempre mexendo, em fogo médio até que engrosse, cerca de 2 minutos depois. Deixe esfriar.

Descubra a massa, pincele o amido de milho e, usando um estilete para massa ou uma faca bem afiada, faça um corte ao longo de cada pão, parando a 1,5 cm das pontas. Leve ao forno por cerca de 25 minutos e gire a assadeira na metade do tempo, até que os bolillos estejam lindamente dourados. Transfira-os para uma grade até esfriarem completamente.

BAHN MI

RENDE 5 UNIDADES (DE APROXIMADAMENTE 25 CM)

- 3 xícaras (chá)/380 g de **FARINHA DE TRIGO PARA PÃO**
- 1 xícara (chá) menos 1 colher (sopa)/210 ml de **ÁGUA**
- ¾ de xícara (chá) mais 2 colheres (sopa)/205 g de **PÂTE FERMENTÉE** (p. 126) cortado em pedaços do tamanho de uma noz
- 1 colher (sopa) de **SAL KASHER**
- ½ colher (chá) de **FERMENTO BIOLÓGICO SECO**
- 1½ colher (sopa) de **MANTEIGA** em temperatura ambiente
- **ÓLEO DE CANOLA**

Adicionar manteiga à massa da baguete clássica proporciona uma crosta crocante, que dá a este querido pão de sanduíche o mesmo sabor agradável, mas sem machucar o céu da sua boca.

1. Junte a farinha e a água na batedeira com o gancho acoplado. Bata em velocidade baixa por cerca de 1 a 2 minutos, até integrá-las. Deixe descansar por 20 minutos para hidratar a farinha.

2. Adicione o pâte fermentée, o sal, o fermento e a manteiga. Bata em velocidade baixa por somente 1 ou 2 minutos, até misturar todos os ingredientes. Aumente a velocidade para média-alta e bata por 4 a 6 minutos, até que a massa esteja macia e brilhante e as laterais da tigela fiquem limpas. Faça o teste da transparência (p. 16) para garantir que o glúten tenha se desenvolvido completamente.

3. Unte uma tigela grande com óleo e transfira a massa para ela. Cubra com filme e deixe a massa descansar em temperatura ambiente por cerca de 2 horas, até ficar inflada e macia.

4. Forre o verso de 2 assadeiras baixas com papel-manteiga. Vire a massa em uma superfície levemente enfarinhada. Divida-a em 5 partes iguais (cada uma pesando cerca de 165 g). Deixe as massas em formato cilíndrico (veja a p. 120). Role então cada pedaço em uma superfície enfarinhada para cima e para baixo, de maneira que fique com cerca de 17,5 cm de comprimento. Disponha as massas nas assadeiras com no mínimo 5 cm de espaço entre elas. Cubra-as com filme e deixe descansarem até que estejam macias e elásticas (ao pressioná-las levemente, seus dedos devem deixar uma marca, o que leva cerca de 2 horas).

5. Enquanto isso, coloque uma pedra para pizza na grade do meio do forno e preaqueça-o a 260°C. Ponha uma assadeira na parte de baixo.

6. Use um estilete para massa ou uma faca bem afiada para fazer três cortes diagonais em cada baguete. Deslize-as para a pedra no forno em um movimento rápido, junto com o papel-manteiga. Coloque 10 cubos de gelo na assadeira que já está no forno (isso criará vapor) e diminua a temperatura para 235°C.

7. Asse por 12 a 16 minutos, até que os pães estejam dourados por cima. Transfira para uma grade para esfriar completamente e descarte o papel-manteiga. Enquanto isso, asse o resto da mesma maneira.

8. Armazene as baguetes que serão consumidas em até 24 horas em um saco de papel ou de pano. Após esse tempo, guarde em um saco plástico em temperatura ambiente.

BAHN MI COM BARRIGA DE PORCO ASSADA

RENDE 4 SANDUÍCHES GRANDES; SERVE DE 6 A 8 PESSOAS

SAL KASHER

1 colher (chá) de **AÇÚCAR MASCAVO**

¼ de colher (chá) de tempero chinês **FIVE SPICE**

¼ de colher (chá) de **PIMENTA-BRANCA** moída

1 pedaço (455 g) de **BARRIGA DE PORCO** com osso e pele

4 **BAHN MI** (p. 194) ou outro pão crocante

400 g de **PATÊ DE FÍGADO DE PORCO** caseiro (p. 197) ou industrializado

¾ de xícara (chá)/170 g de **MAIONESE** caseira (como a **MAIONESE DE VINAGRE DE ARROZ** da p. 167) ou industrializada

1½ xícara (chá)/150 g de **PICLES RÁPIDO DE CENOURA E RABANETE BRANCO** (p. 198)

1 **PEPINO** cortado em tiras finas de 7,5 cm de comprimento

1 a 2 **JALAPEÑOS** (a gosto) sem sementes e cortados em fatias finas

Um punhado generoso de **FOLHAS DE COENTRO FRESCAS**

MOLHO DE PIMENTA SRIRACHA

Thuy Nguyen, nossa antiga gerente no mercado de produtores, é vietnamita e fazia esses sanduíches deliciosos para nossos funcionários — independente da origem de cada um, todo mundo ama esta receita! O método para temperar e assar a barriga de porco é um pouco demorado, mas vale a pena ter no repertório. O resultado é uma carne excelente por si só, ou acompanhada de arroz e legumes cozidos. Se não comer carne de porco, dispense o patê e use o tempero na sobrecoxa de frango, no bife ou até no tofu e leve à chapa ou à panela.

1. Em uma tigela pequena, misture 1 colher (chá) de sal, o açúcar mascavo, o tempero chinês e a pimenta-branca.

2. Encha uma frigideira grande com 2,5 cm de água e deixe ferver. Reduza o fogo e, com uma pinça, escalde a parte da pele da barriga de porco por cerca de 30 segundos. Tente manter a carne fora da água durante esse tempo. Transfira-a para uma tábua, com a pele virada para cima. Perfure a pele 12 vezes com a ponta da faca, tendo cuidado para não chegar à carne. Enxague a carne em água fria e seque bem com papel-toalha.

3. Esfregue o tempero sobre toda a carne, evitando a camada de pele. Esfregue ¼ de colher (chá) de sal na pele. Cubra a carne de porco com filme, mas deixe a pele exposta (para que seque); coloque em um prato e leve à geladeira durante a noite ou por até 3 dias.

4. No dia em que for assar a carne, retire-a da geladeira e deixe descansar na bancada por 1 hora, para voltar à temperatura ambiente.

5. Enquanto isso, preaqueça o forno a 220°C. Coloque uma grade dentro de uma assadeira.

6. Coloque a barriga de porco na grade, com a pele virada para cima. Asse até que o exterior esteja dourado, cerca de 30 minutos depois.

7. Reduza a temperatura do forno para 180°C até que a carne esteja macia, o que deve levar cerca de mais 30 minutos. (O pai de Thuy a ensinou a cutucar a carne com algo sem ponta, como um hashi; se parecer macia, está pronta.) Retire do forno e escorra a gordura da assadeira (descarte ou reserve para fazer outra coisa, como saltear cebolas.)

A receita continua...

8. Aqueça uma chapa ou panela e frite a carne de porco com a pele para baixo por poucos minutos, até que esteja crocante e borbulhando. Transfira a carne para uma tábua e deixe esfriar por pelo menos 15 minutos. Retire o osso e corte a barriga de porco em fatias finas.

9. Reaqueça o forno a 205°C.

10. Coloque o pão em uma assadeira baixa e leve-o ao forno por cerca de 4 minutos, até que esteja quente e a crosta pareça seca e crocante.

11. Quando já estiver frio o suficiente para ser manuseado, corte cada baguete ao meio na horizontal, mas não corte inteira. Abra-a como se fosse um livro.

12. Espalhe ¼ de xícara (chá)/ 100 g de patê na parte de baixo do pão. Espalhe 3 colheres (sopa) de maionese na de cima. De maneira uniforme, coloque ¼ da carne de porco fatiada em um dos lados e adicione ¼ de picles, de pepino, de jalapeño e de coentro. Feche os sanduíches, corte-os ao meio e sirva-os imediatamente com o molho de pimenta para acompanhar.

PATÊ DE FÍGADO DE PORCO

RENDE 600 G

Fazer seu próprio patê parece impressionante ou mesmo impossível, mas esta receita não poderia ser mais fácil. Note que rende mais do que o necessário para os sanduíches. Você pode usar uma quantidade maior em cada um para ficar ainda mais saboroso, ou pode espalhar sobre torradas e servir com pepino em conserva como um lanchinho.

455 g de **FÍGADO DE PORCO** limpo e sem gordura, cortado em pedaços de 2,5 cm

1 xícara (chá)/240 g de **LEITE INTEGRAL**

6 colheres (sopa)/85 g de **MANTEIGA** em temperatura ambiente

2 **DENTES DE ALHO** amassados

2 **CEBOLAS PEQUENAS** picadas

SAL KASHER e **PIMENTA-DO-REINO** moída na hora

1 colher (sopa) de **CONHAQUE** ou outra bebida alcoólica

2 colheres (sopa) de **CREME DE LEITE FRESCO** (com no mínimo 35% de gordura)

Coloque o fígado e o leite em uma tigela e cubra bem com filme. Leve à geladeira por pelo menos 1 hora ou até 1 dia. Descarte o leite. Escorra e enxágue o fígado com água fria e seque com papel-toalha. Este passo ajuda a abrandar o gosto forte.

Derreta 2 colheres (sopa)/30 g de manteiga em uma frigideira grande em fogo médio-alto. Adicione o alho e a cebola e refogue por cerca de 1 minuto, mexendo de vez em quando até soltar aroma. Acrescente o fígado e tempere com sal e pimenta. Deixe a carne cozinhar por 3 a 4 minutos, virando os pedaços uma vez para que fiquem dourados dos dois lados. Adicione o conhaque (tenha cuidado: se o fogão for à gás, pode ser que o fígado flambe, mas o fogo vai apagar sozinho, não se preocupe) e cozinhe por cerca de 1 minuto, até que tenha evaporado. Os pedaços de fígado já devem estar firmes ao toque.

Transfira o conteúdo da panela para o processador, certificando-se de raspar bem o fundo. Pulse algumas vezes até que o fígado esteja bem picado. Com o processador funcionando, adicione as 4 colheres (sopa)/60 g de manteiga restantes, uma de cada vez, e junte o creme de leite fresco. Prove a mistura e tempere, adicionando mais sal e pimenta se achar necessário. Nesse momento, se quiser que o patê fique bem cremoso, use uma espátula de silicone para passá-lo por um coador bem fino (não tem problema pular essa etapa).

Transfira o patê para um ramequim e cubra-o bem com filme. Leve à geladeira por no mínimo 2 horas ou até 3 dias. Prove o patê novamente antes de servir — talvez ele precise de mais sal e pimenta, porque o tempero abranda levemente na geladeira.

PICLES RÁPIDO DE CENOURA E RABANETE BRANCO

RENDE CERCA DE 3 XÍCARAS (CHÁ)/300 G

Este picles fácil resulta em um acompanhamento refrescante, crocante e bonito para sanduíches, tacos, sanduíches de queijo quente e carne curada. Thuy gosta dele sobre uma tigela de arroz, coberto por um ovo frito.

1 xícara (chá)/225 g de **VINAGRE BRANCO DESTILADO**

½ xícara (chá)/100 g de **AÇÚCAR**

½ colher (chá) de **SAL KASHER**

2 **CENOURAS** médias descascadas e cortadas em bastonetes (cerca de 2 xícaras de chá/200 g)

½ **RABANETE BRANCO** pequeno descascado e cortado em bastonetes (cerca de 1 xícara de chá/100 g)

2 xícaras (chá)/450 ml de **ÁGUA** fria

Junte o vinagre, o açúcar e o sal em uma tigela grande de cerâmica ou vidro e misture até que o açúcar dissolva. Adicione a cenoura, o rabanete e a água. Misture tudo e cubra bem com filme. Leve à geladeira por no mínimo 30 minutos e no máximo 2 dias antes de servir.

CAFÉ GELADO VIETNAMITA

SERVE 1 PESSOA

1 colher (sopa) generosa de
LEITE CONDENSADO

¾ de xícara (chá)/170 ml de
ÁGUA FERVENTE

2 colheres (chá) de pó de **CAFÉ**
moído

Originalmente, esta receita é feita com café misturado a raízes da chicória, mas também dá certo com o tipo comum. A combinação de café forte, leite condensado e bastante gelo é a melhor amiga do bahn mi. Tradicionalmente, cada dose é feita enchendo um copo com gelo e leite condensado e colocando um pequeno passador de café na boca da xícara, de forma que vá pingando diretamente nela. Esses passadores de café pequenos podem ser encontrados facilmente na internet, mas se você não tiver um, faça um café bem forte, misture ½ xícara (chá)/120 ml dele com o leite condensado e saboreie.

1. Coloque o leite condensado no fundo de um copo medidor ou resistente ao calor. Ponha um passador de café individual na boca dele. Encha o filtro com o pó de café, de acordo com as instruções do pacote. Despeje lentamente a água fervente, de forma que o café pingue diretamente no leite condensado.

2. Quando terminar, retire o passador e misture o café com o leite condensado. Coloque a mistura em um copo cheio de gelo e sirva imediatamente.

CHALÁ E ALÉM: TRANÇAS E PÃES ENRIQUECIDOS

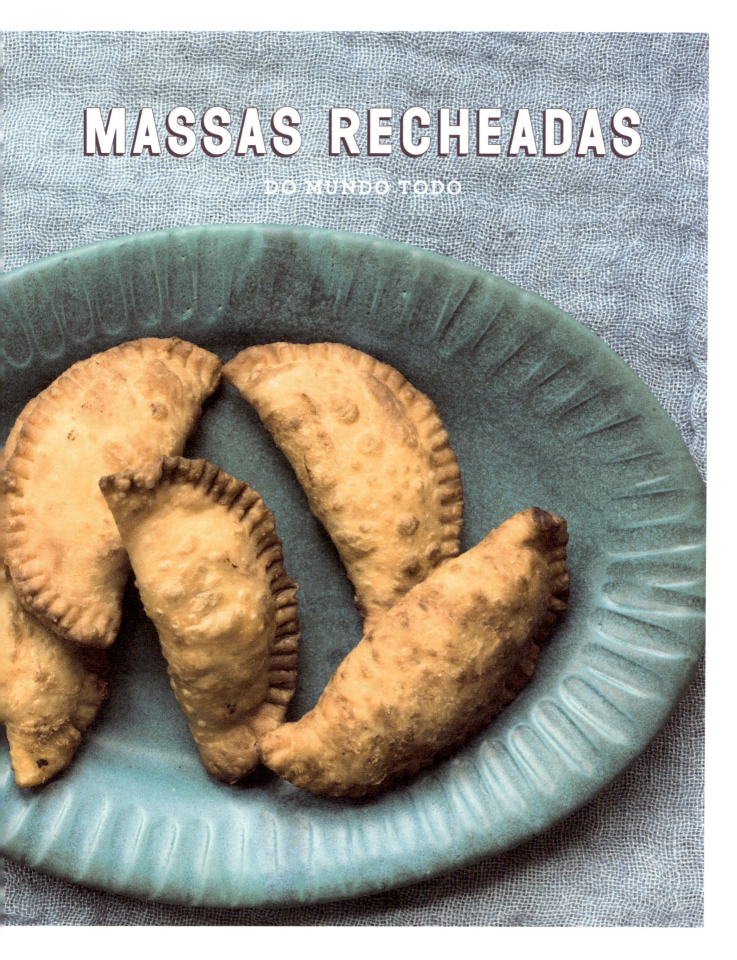

MASSAS RECHEADAS
DO MUNDO TODO

Para o cozinheiro amador, receitas de massa recheada podem ser intimidadoras. Dá bastante trabalho — ou *"patschke"*, como dizem na minha família. De fato, massas recheadas envolvem muitos passos: preparar o recheio; misturar, abrir e fracionar a massa; moldar e cortar; assar, fritar ou cozinhar — sem contar quando temos que fazer um molho também. Mas não se assuste. Esses pratos ficam deliciosos, mesmo que não pareçam lindos à primeira vista. Há três motivos, no mínimo, para você se sentir confortável para se aventurar nessas receitas: (1) quanto mais você as faz, mais fáceis ficam; (2) vão impressionar os convidados, pois parecem muito complicadas; (3) é mais simples fazer uma empanada de carne do que preparar uma refeição completa, já que de uma vez só você tem proteína, carboidrato e legumes.

Este é um capítulo longo, repleto de comidinhas rebuscadas, como pastellitos (p. 222), empanadas chilenas (p. 221) e o kreplach (p. 206) perfeito para comer com uma tigela da canja da minha avó (p. 204). Há também knish de batata (p. 209), byrek de queijo (p. 212) e momos tibetanos (p. 215). Uma autêntica viagem pelo mundo em algumas páginas, essas massas recheadas e seus acompanhamentos garantem satisfação sem muito *patschke*, prometo.

Knish de batata com recheio de cogumelo e brócolis (p. 211)

PÁGINAS ANTERIORES: *Empanadas chilenas (p. 221) e pastellitos (p. 222)*

Dicas para massas recheadas

Além dos truques abaixo, é importante revisar as recomendações para misturar e trabalhar massas (p. 15) e a importância da temperatura no processo de fazer pães (p. 17).

- Uma massa macia e folhada, como a de empanada (p. 220), precisa ter pequenos pedaços de gordura cobertos com farinha. O objetivo é que, ao assar, a água contida na gordura vire vapor, criando camadas folhadas. A maneira mais fácil e certa de fazer isso é trabalhar rápido com a gordura gelada. Corte a manteiga ou a banha em cubos e leve à geladeira por algumas horas antes de incorporá-la à farinha. Algumas pessoas preferem usar um cortador de massa ou duas facas para misturar a farinha à gordura, mas eu uso a ponta dos dedos, amassando a gordura e misturando na farinha. Vale lembrar que o objetivo é deixar pequenos pedaços de gordura, como se fosse uma farofa, e não sovar a massa e formar o glúten. Se você não tiver muito tempo ou se estiver fazendo uma quantidade muito grande de massa, use um processador, mas cuidado para não exagerar — pulse apenas algumas vezes.

- Quando precisar abrir a massa bem fina — seja ela de empanada (pp. 220-3) ou uma mais simples, como a usada nos momos tibetanos (p. 215) ou no kreplach (p. 206), ou até mesmo em uma torta —, cubra-a com um pedaço de filme e deixe descansar por 5 minutos se estiver resistente. É preciso ter paciência nessa etapa. Massas descansadas abrem mais facilmente. A luta está acirrada? É o glúten tentando segurar sua forma. Deixar que descanse vai facilitar o processo.

- Quando for fechar algumas massas recheadas, como a do kreplach (p. 206), certifique-se de usar os dedos para apertar e retirar todo o ar que possa estar retido entre as camadas de massa. Isso vai evitar que o recheio saia durante o cozimento e levará a um resultado mais bonito.

- Pense em duplicar ou triplicar as receitas de massa para poder guardá-las no congelador. No caso de massas recheadas, molde-as, recheie-as e feche-as. Distribua-as em uma assadeira forrada com papel-manteiga e congele-as por cerca de 2 horas, até ficarem duras. Retire-as do congelador e armazene-as em um saco ou pote hermético — assim elas não vão grudar umas nas outras e ficarão mais fáceis de cozinhar. Não há necessidade de descongelar antes de cozinhar; simplesmente cozinhe, frite ou asse diretamente, acrescentando mais alguns minutos ao tempo de cozimento.

CANJA DA MINHA AVÓ

SERVE 8 PESSOAS

1 **FRANGO INTEIRO** (1,8 kg), de preferência kasher, cortado em 8 pedaços

455 g de **COSTAS E PESCOÇO DE FRANGO**, de preferência kasher

1 cabeça de **ALHO**

1 **CEBOLA** grande descascada e inteira

2 **CENOURAS** descascadas e cortadas em 3 pedaços grandes

1 **PASTINACA** descascada e cortada em 3 pedaços grandes

2 colheres (chá) de **PIMENTA-DO-REINO EM GRÃOS**

SAL KASHER

2 **TALOS DE AIPO** grandes cortados em 3 pedaços grandes

½ **COUVE-FLOR** cortada em pedaços grandes

½ **PIMENTÃO VERDE** cortado em 4

4 ramos grandes de **ENDRO FRESCO**

3 ramos de **SALSINHA FRESCA**

16 **KREPLACH** (p. 206) cozidos em água (opcional)

Canja é como pão: cada cultura é apegada à sua própria versão. Na minha adolescência, eu comia esta sopa, que aquece o coração e a alma — e é apelidada afetivamente de "penicilina judaica" — toda semana. Minha avó jamais escreveu a receita, mas me ensinou a fazê-la. A sopa dela é quase um consomê com partículas flutuantes. Ela usa até pimenta-branca para que não haja pedacinhos pretos. Eu uso pimenta-do-reino em grãos porque acho mais saborosa, mas retiro após o cozimento. O segredo é fazer a sopa com frango kasher, que é pré-salgado, e por isso é mais saboroso do que o frango comum. Também é importante desengordurar a sopa deixando-a na geladeira durante a noite e removendo a gordura solidificada.

Jogue kreplach, bolinhas de matsá ou macarrão na sopa. Se for servi-la como minha avó fazia — só o caldo acompanhado de rodelas de cenoura e pastinaca —, terá bastantes sobras de frango para fazer salada ou recheio para o knish de batata (p. 211). Uma panela de sopa alimenta minha família durante uma semana.

1. Coloque todo o frango em uma panela com capacidade para 11 litros. Retire a parte de cima da cabeça de alho, de forma que os dentes fiquem expostos, mas ela se mantenha unida pela raiz, e coloque-a na panela. Adicione a cebola, a cenoura, a pastinaca, os grãos de pimenta-do-reino e 1 colher (sopa) de sal. Cubra tudo com 3,75 litros de água fria.

Deixe ferver vigorosamente por 5 minutos. Passe a escumadeira na superfície e descarte a espuma ou gordura que juntar. Diminua o fogo e deixe em fervura branda até que o frango não esteja mais rosado por fora, o que leva cerca de 20 minutos. Acrescente o aipo e a couve-flor e deixe cozinhar por 5 a 10 minutos, até começarem a amolecer. Junte o pimentão e cozinhe em fervura branda por cerca de 45 minutos, até que os legumes estejam macios.

2. Com um pedaço de barbante, amarre os ramos de endro e salsinha e adicione-os à panela. Cozinhe por mais 10 minutos em fervura branda, até soltarem aroma. Desligue o fogo e deixe que a canja descanse na panela por cerca de 2 horas, até que esteja fria o suficiente para manusear os ingredientes dela.

3. Posicione um coador sobre uma tigela grande e use uma escumadeira para transferir os pedaços de frango e legumes, pressionando-os para se certificar de que todo o líquido seja extraído. Remova as ervas e legumes, exceto a pastinaca, a cenoura e o aipo. Corte a pastinaca e a cenoura em rodelas pequenas, pique o aipo e reserve.

4. Desfie o frango, descartando pele e ossos.

5. Passe o líquido do cozimento por um coador fino e transfira para uma panela limpa, assim como o líquido extraído do frango e dos legumes. Leve o caldo para ferver e prove. Provavelmente precisará de uma quantidade generosa de sal.

6. Retire a gordura da superfície da sopa com uma escumadeira ou deixe que esfrie até atingir a temperatura ambiente e leve-a à geladeira por no mínimo 4 horas, para depois retirar a gordura endurecida da superfície com uma colher. Divida os legumes reservados — cenoura, pastinaca e aipo — em 8 tigelas. Se quiser, adicione um pouco do frango cozido e desfiado em cada uma.

Se os legumes e o frango tiverem esfriado enquanto você reduzia o caldo, aqueça-os em outra panela com um pouquinho do caldo.

7. Com uma concha, sirva o caldo quente nas tigelas e coloque 2 kreplach cozidos em cada uma, se quiser. Sirva quente.

KREPLACH

RENDE 64 UNIDADES, OU 32 PORÇÕES

2 xícaras (chá)/250 g de **FARINHA DE TRIGO**, e mais um pouco para modelar

SAL KASHER

2 colheres (sopa) de **ÁGUA** quente

2 **OVOS** grandes

RECHEIO DE CARNE ou **KASHA** (receitas a seguir)

ÓLEO DE CANOLA

Durante duas décadas, fiz kreplach (o tradicional ravióli judaico que vai dentro da canja; veja a p. 204) com minha avó e minha bisavó no Rosh Hashaná. Minha bisavó contava-os com cuidado enquanto secavam, enfileirados em papel-toalha — 302 em um ano, 365 no seguinte. Minha versão preferida é de carne, mas durante meus anos veganos desenvolvi uma receita de kasha bem gostosa. Note o alto rendimento dessa receita; o kreplach pronto pode tranquilamente ser congelado (veja a p. 203) — uma ótima notícia, já que são bastante trabalhosos.

1. Junte a farinha, ½ colher (chá) de sal, a água e os ovos na batedeira com o gancho acoplado e bata em velocidade baixa por 2 minutos, até que os ingredientes estejam integrados. Aumente a velocidade para média e bata por cerca de 3 minutos, até formar uma massa macia e brilhante. Transfira a massa para uma tábua, cubra com filme e deixe descansar por 15 minutos.

2. Enfarinhe levemente uma superfície de trabalho. Forre uma assadeira baixa com papel-toalha. Descubra a massa e polvilhe farinha em todos os lados. Corte em 4 pedaços iguais (cada um pesando cerca de 100 g). Abra uma parte por vez (mantendo as outras sob o filme) em um quadrado de 30 cm. Se a massa estiver resistente, deixe descansar por alguns minutos antes de prosseguir. Vire-a e enfarinhe a superfície novamente enquanto abre, se necessário. Forme um quadrado perfeito e guarde os pedacinhos para juntar à massa. Faça quatro linhas de corte na horizontal e quatro na vertical, de forma que você tenha 16 quadrados (de 7,5 cm cada um) por parte de massa.

3. Encha uma tigela pequena com água e deixe em sua superfície de trabalho. Coloque uma colher (chá) generosa de recheio no centro de cada quadrado. Use seus dedos para umedecer as bordas deles com água e dobre-os ao meio formando um triângulo, com o recheio no centro. Estique a massa um pouquinho ao dobrá-la. Aperte as bordas para fechá-las, certificando-se de tirar o ar de dentro do recheio. Com os dedos molhados, leve as duas pontas mais distantes do triângulo para a frente do recheio e junte-as. Um pouco de água ajuda a grudar bem as pontas. Coloque o kreplach pronto na assadeira com papel-toalha.

4. Continue abrindo, recheando e moldando até usar toda a massa e todo o recheio. Você pode cozinhar o kreplach imediatamente ou congelá-lo. No segundo caso, deixe que seque no papel-toalha e depois siga as instruções da p. 203. O kreplach pode ser cozido ainda congelado.

5. Para cozinhá-lo, ferva água em uma panela grande com bastante sal. Coloque metade dos kreplach dentro. Quando boiarem, reduza o

fogo para médio e deixe cozinhar por 5 a 7 minutos com a panela descoberta, até ficarem macios. Use uma escumadeira para transferir os kreplach para um escorredor e repita o processo com a segunda leva. Regue com um pouco de óleo de canola para evitar que as massas cozidas grudem. Sirva imediatamente.

RECHEIO DE CARNE

RENDE O SUFICIENTE PARA 64 KREPLACH

Com fígado de frango e carne, também é ótimo como aperitivo.

3 colheres (sopa) de **AZEITE**

1 **CEBOLA** grande picada

SAL KASHER

455 g de **ACÉM** ou **MÚSCULO** cortado em cubos de 2,5 cm

2 colheres (sopa) de **CALDO DE GALINHA**, e mais um pouco, se necessário

115 g de **FÍGADO DE FRANGO** limpo e picado

1 **OVO** grande batido

PIMENTA-DO-REINO moída na hora

Aqueça o azeite em uma frigideira em fogo médio. Adicione a cebola e tempere com sal. Refogue, mexendo de vez em quando por cerca de 10 minutos, até que esteja macia e comece a dourar.

Seque a carne com papel-toalha. Leve à frigideira e mexa de vez em quando, até que a carne esteja cozida, mas ainda sem dourar, o que leva cerca de 10 minutos. Se a cebola ou a carne ameaçarem grudar no fundo da panela, adicione um pouco de caldo de galinha. Acrescente o fígado e cozinhe por cerca de 5 minutos, até ficar opaco (parta um pedaço com a colher para confirmar). Retire a frigideira do fogo e deixe esfriar até atingir a temperatura ambiente.

Transfira a mistura para o processador e adicione as 2 colheres (sopa) de caldo de galinha e o ovo. Pulse cerca de 10 vezes, até formar pedaços bem pequenos, mas pare antes de virar uma pasta. Tempere com ½ colher (chá) de sal e bastante pimenta.

RECHEIO DE KASHA

RENDE O SUFICIENTE PARA 64 KREPLACH

Kreplach de kasha em caldo de cogumelos é uma excelente entrada. Você nem sentirá falta da carne.

1 xícara (chá)/255 ml de **CALDO DE GALINHA** ou de **LEGUMES** ou **ÁGUA**

3 colheres (sopa) de **AZEITE**

½ **CEBOLA** grande picada

1 **CENOURA** pequena descascada e picada

SAL KASHER

½ xícara (chá)/100 g de **KASHA** (cereais cozidos)

¼ de colher (chá) de **PIMENTA-DO-REINO** moída na hora

1 colher (sopa) de **ENDRO FRESCO** picado

Ferva o caldo em uma panela pequena. Reduza o fogo e mantenha-o quente.

Enquanto isso, aqueça o azeite em uma panela em fogo médio. Adicione a cebola e a cenoura e tempere generosamente com sal. Refogue por cerca de 10 minutos, mexendo de vez em quando, até que estejam macias e a cebola fique transparente. Acrescente a kasha e cozinhe por aproximadamente 5 minutos, mexendo, até que solte um aroma de nozes e esteja levemente dourada.

Acrescente o caldo quente, ½ colher (chá) de sal e a pimenta. Reduza o fogo para baixo e deixe cozinhar em fervura branda, com a panela destampada, até que o líquido seja absorvido e a kasha esteja macia, o que leva de 15 a 20 minutos. Certifique-se de mexer de vez em quando para que a kasha não grude no fundo da panela.

Transfira a mistura para o processador, adicione o endro e pulse cerca de 5 vezes, até que esteja bem picada, mas sem virar uma pasta. Tempere com ½ colher (chá) de sal e bastante pimenta. Deixe esfriar antes de usar.

KNISH DE BATATA

RENDE 12 UNIDADES (DE 6 CM); SERVE 12 PESSOAS COMO ACOMPANHAMENTO OU 6 PESSOAS COMO PRATO PRINCIPAL

2 colheres (sopa) de **SCHMALTZ** (gordura clarificada de galinha ou ganso) ou **ÓLEO DE CANOLA**, e mais um pouco para modelar e untar a panela

SAL KASHER

1,1 kg de **BATATA** descascada e cortada em cubos de 5 cm

½ xícara (chá)/50 g de **FARINHA DE MATSÁ** ou **FARINHA DE ROSCA**

PIMENTA-DO-REINO moída na hora

1 **OVO** batido

RECHEIO DE FRANGO DA CANJA ou **COGUMELO E BRÓCOLIS** (receitas a seguir)

O knish existe em diversos formatos e tamanhos, mas essa versão para o Pessach — feita com purê de batata e recheada — é minha preferida. Meu pai costumava comprar e servir como acompanhamento para a carne. Só de pensar já me sinto pesada, então hoje em dia sirvo os knishes como prato principal, acompanhados de salada. Compartilhei dois dos meus recheios favoritos a seguir, mas praticamente qualquer coisa funciona como recheio, por isso é uma ótima maneira de usar as sobras na geladeira. Use legumes cozidos, kasha ou lentilha com cebola caramelizada, sobras de picadinho de fígado (p. 45) ou até de peru das festas de fim de ano, misturado com um pouco de molho. Note que o knish pode ser congelado (veja a p. 203) e ir direto para o forno; só não se esqueça de que seu tempo de cozimento aumentará um pouco (principalmente se não tiver sido pré-assado). Se você planeja congelar, talvez valha a pena dobrar a receita.

1. Preaqueça o forno a 205°C. Unte uma assadeira baixa com óleo de canola.

2. Ferva bastante água em uma panela grande com sal e adicione as batatas. Cozinhe até que estejam macias ao perfurá-las, o que leva de 15 a 20 minutos. Escorra bem e retorne as batatas à panela seca. Amasse-as até que estejam bastante cremosas. Junte as 2 colheres (sopa) de schmaltz e a farinha de matsá. Tempere com sal e pimenta a gosto e então acrescente o ovo. Essa mistura ficará bem seca, com a textura próxima de massinha de modelar.

3. Divida-a em 12 pedaços iguais. Com as mãos untadas com

óleo, modele cada pedaço em uma bola e amasse para formar um "hambúrguer" de 10 cm. Trabalhando um de cada vez, coloque 2 colheres (sopa) de recheio no centro. Molde a massa em torno do recheio de modo a fechá-la. Use a palma das mãos para achatar levemente o knish em discos de 6 cm de diâmetro, então use o polegar para fazer uma pequena marquinha em cima. Coloque o knish finalizado na assadeira e continue até acabar com a massa de batata e o recheio. Separe as unidades de maneira uniforme na assadeira.

4. Asse os knishes até ficarem bem dourados, o que leva cerca de 40 minutos. Sirva quente.

MASSAS RECHEADAS DO MUNDO TODO

RECHEIO DE FRANGO DA CANJA

RENDE O SUFICIENTE PARA 12 UNIDADES

Sempre sirvo apenas o caldo da canja da minha avó (p. 204) no Pessach — com tanta comida, quem precisa de frango na sopa? —, então uso parte do frango cozido para rechear o knish. É claro que você não precisa fazer uma panela de canja para fazer knish. Qualquer sobra de frango pode ser usada.

1 **PEITO DE FRANGO COZIDO** pequeno, sem pele e sem osso

2 colheres (sopa) de **AZEITE**

½ **CEBOLA** pequena picada

1 **CENOURA** pequena descascada e picada

1 **TALO DE AIPO** pequeno picado

SAL KASHER

Desfie o frango com as mãos.

Aqueça o azeite em uma frigideira média em fogo médio-alto. Adicione a cebola, a cenoura, o aipo e uma pitada generosa de sal. Refogue por cerca de 10 minutos, mexendo de vez em quando, até que os legumes estejam macios e comecem a dourar. Misture o frango desfiado e tempere com sal. Deixe atingir a temperatura ambiente antes de rechear o knish.

RECHEIO DE COGUMELO E BRÓCOLIS

RENDE O SUFICIENTE PARA 12 UNIDADES

Admito que é estranho colocar shoyu no knish. Não é assim que se fazia antigamente, mas naquela época não havia tantos vegetarianos. O molho de soja adiciona umami aos cogumelos, de modo que você não sente falta da carne.

2 colheres (sopa) de **AZEITE**

½ **CEBOLA** pequena picada

SAL KASHER

PIMENTA-DO-REINO moída na hora

225 g de **COGUMELO-PARIS** sem talo e picado grosseiramente

1 **DENTE DE ALHO** picado

1½ xícara (chá)/180 g de **BRÓCOLIS** picado

1 colher (sopa) de **ÁGUA**

1 colher (chá) de **SHOYU**

Aqueça o azeite em uma frigideira média em fogo alto. Adicione a cebola, uma pitada generosa de sal e um pouco de pimenta. Refogue por cerca de 5 minutos, mexendo de vez em quando, até que a cebola esteja macia e começando a dourar. Acrescente os cogumelos e continue a refogar, mexendo de vez em quando, até começarem a ficar macios e dourados em alguns pontos, o que leva cerca de mais 5 a 10 minutos. Adicione o alho, o brócolis, a água e o shoyu e cozinhe por aproximadamente 2 minutos, até que o brócolis esteja verde brilhante.

Transfira a mistura para o processador e pulse 3 ou 4 vezes, até que tudo esteja bem picado e misturado, mas sem virar um purê ou uma pasta. Deixe que chegue à temperatura ambiente antes de rechear os knishes.

BYREK DE QUEIJO

RENDE 12 UNIDADES (DE 7,5 CM); SERVE 12 PESSOAS

1¼ de xícara (chá)/160 g de **FARINHA DE TRIGO**, e mais um pouco para modelar

Uma pitada de **SAL KASHER**

¼ de xícara (chá) e mais 2 colheres (sopa)/85 ml de **ÁGUA** morna

6 colheres (sopa)/85 g de **AZEITE**

2 **OVOS** grandes

1½ xícara (chá)/225 g de **FETA** picado

¼ de xícara (chá)/60 g de **LEITE INTEGRAL**

Ela, nativa da Albânia (veja a p. 214), ensinou-nos a fazer byrek, uma massa recheada local. É feita com diversas camadas de uma massa simples aberta bem fina manualmente e recheada com uma mistura salgada de queijo, leite e ovos. Sirva quente ou em temperatura ambiente com salada na hora do almoço, ou faça em tamanhos menores para a entrada. Os byrek são perfeitos para piqueniques e podem ser congelados: siga as instruções na p. 203 e leve direto ao forno.

1. Junte a farinha, o sal, a água e 2 colheres (sopa)/30 g de azeite em uma tigela grande e misture com uma colher de pau até formar uma massa. Transfira-a para uma superfície levemente enfarinhada e sove por cerca de 5 minutos, até que esteja brilhante, elástica, macia e não grude nos dedos. Volte a massa à tigela e deixe descansar.

2. Enquanto isso, quebre um ovo em uma tigela pequena e bata levemente. Misture o feta, o leite e 1 colher (sopa) de azeite.

3. Preaqueça o forno a 180°C. Forre uma assadeira baixa com papel-manteiga.

4. Coloque a massa em uma superfície levemente enfarinhada. Divida-a em 3 partes iguais (cada uma pesando cerca de 93 g). Use um rolo enfarinhado para abrir um pedaço de cada vez (mantendo os outros cobertos com filme) em um quadrado fino de 30 cm. Se estiver resistente, deixe que descanse por mais alguns minutos antes de prosseguir.

5. Regue o quadrado com 1 colher (sopa) de azeite e espalhe com os dedos por toda a superfície. Corte a massa em quatro tiras iguais, cada uma com cerca de 7,5 cm de largura. Coloque uma tira na vertical e ponha 2 colheres (sopa) do recheio de feta na parte de cima, a 2,5 cm da borda direita e do topo. Levante a ponta esquerda superior da massa e dobre-a na diagonal até onde o recheio acaba, formando um triângulo. Dobre esse triângulo para baixo, na sua direção, formando outra camada de massa. Então dobre o triângulo novamente na diagonal. Continue alternando esses dois passos até chegar ao fim da tira, acumulando camadas. Coloque o triângulo na assadeira preparada, com a emenda virada para baixo, e repita o processo com o restante da massa, do azeite e do recheio. Distribua os byrek de maneira uniforme na assadeira.

6. Quebre o outro ovo em uma tigela pequena e bata-o levemente. Pincele nos triângulos.

PÃO QUENTE

7. Asse os byreks, girando a assadeira na metade do tempo, até que estejam bem dourados, o que deve levar 45 minutos. Deixe esfriar por pelo menos 15 minutos antes de servir.

MASSAS RECHEADAS DO MUNDO TODO

Perfil da padeira

LUELA OSMANAJ, GERENTE DE PADARIA DA HOT BREAD KITCHEN

Luela (carinhosamente chamada por nós de Ela) chegou a Nova York vinda da Albânia em 2011. Estudou contabilidade em seu país natal, mas deixou sua educação para trás — sem falar na família — quando foi selecionada em um programa de imigração (e agora está envolvida no processo de trazer seu marido para os Estados Unidos). Luela se sustentou em Nova York trabalhando como babá, basicamente para famílias albanesas, já que falava pouquíssimo inglês. Em 2013, juntou-se ao programa de estágio da Hot Bread Kitchen.

Luela é uma padeira nata e aprendeu a fazer pães profissionalmente antes de aprender os termos culinários em inglês. Duas coisas contribuíram para isso. Por ter um passado em contabilidade, é muito boa com números: Luela consegue olhar para a produção do dia e calculá-la de cabeça. E ela gosta muito de pão. A Albânia tem uma cultura forte na área, portanto Luela chegou com um olhar excelente para controle de qualidade (não deixe de conferir seu byrek de queijo na p. 212).

Luela avançou nas aulas de inglês rapidamente. Ela conta que gosta muito da comunidade da Hot Bread Kitchen. "Foi difícil no início", comenta, a respeito da chegada a Nova York, "mas agora tenho um grupo de pessoas com quem conversar e passar um tempo junto." Apesar das diferentes línguas e costumes, as mulheres da Hot Bread Kitchen sempre conseguem compartilhar suas habilidades e histórias.

Luela se formou no nosso programa de estágio no verão de 2014; aceleramos seu treinamento porque ela simplesmente tinha jeito para pães. E então a contratamos como gerente de padaria.

Sobre o futuro, Luela planeja continuar estudando e voltar para a área de contabilidade. Ela espera trabalhar em um banco um dia e diz que, além de ter aprendido a fazer pães na Hot Bread Kitchen, aprendeu a se comunicar efetivamente com pessoas do mundo inteiro, o que é ainda mais importante. Talvez Luela volte um dia à nossa padaria como diretora financeira. Ou quem sabe ela consiga o trabalho na Women's World Banking que eu nunca consegui?

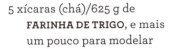

MOMOS TIBETANOS

RENDE 48 UNIDADES; SERVE 6 PESSOAS

- 5 xícaras (chá)/625 g de **FARINHA DE TRIGO**, e mais um pouco para modelar
- 1½ xícara (chá) mais 2 colheres (sopa)/375 ml de **ÁGUA**
- 2 colheres (sopa) de **AZEITE**
- 1 **CEBOLA** grande picada
- ½ **PIMENTA DEDO-DE-MOÇA** fresca sem sementes e cortadas em fatias finas
- 455 g de **ACÉM**, limpo e cortado em cubos de 6 mm
- **SAL KASHER**
- 1 pedaço de 2,5 cm de **GENGIBRE FRESCO** descascado e bem picadinho
- 1 xícara (chá)/40 g de **FOLHAS DE COENTRO FRESCAS** picadas
- 4 **CEBOLINHAS** (somente a parte branca, bem picadinha)
- **ÓLEO DE CANOLA**
- **SEPEN** (receita a seguir) ou outro **MOLHO PICANTE**

Nos primórdios da Hot Bread Kitchen, Tashi, uma padeira do Tibete, revolucionou a maneira como fazíamos tortilhas (p. 94) a partir do modo como sua família fazia momos, um bolinho tibetano recheado de carne. Quando começamos a fazer tortilhas, moldávamos as porções uma por uma, pesando-as minuciosamente para garantir que todas tivessem o mesmo tamanho. Tashi nos mostrou como abrir a massa como uma longa cobra e depois — rápida e precisamente —, dividi-la em pedaços do mesmo tamanho. Assim, ela nos poupou horas de trabalho. Os momos são tradicionalmente feitos com carne de iaque, mas você pode usar carne de vaca. Eles podem ser fritos ou servidos na sopa, mas a versão cozida no vapor, descrita aqui, é a mais popular e fica deliciosa com o molho sepen (veja a p. 217), picante. É a massa mais simples de todas e deve ficar um pouquinho grossa para se obter um bolinho saboroso.

1. Coloque a farinha e a água na batedeira com o gancho acoplado e bata até que vire uma massa. Após cerca de 4 minutos, adicione um pouco mais de farinha ou de água, se necessário, para que as laterais da tigela fiquem limpas. Deixe a massa descansando sob filme, sem pressionar, enquanto você prepara o recheio.

2. Aqueça o azeite em uma frigideira grande em fogo médio-alto. Adicione a cebola e a pimenta e refogue por cerca de 10 minutos, até ficarem macias e começarem a dourar. Acrescente a carne e polvilhe uma pitada generosa de sal. Cozinhe por aproximadamente 6 minutos, mexendo até que esteja dourada. Transfira para uma tigela grande e adicione o gengibre, o coentro e a cebolinha. Mexa, prove e tempere a gosto. Deixe esfriar.

3. Forre uma assadeira baixa com papel-manteiga.

4. Coloque a massa em uma superfície levemente enfarinhada e divida-a em 4 pedaços iguais (cada um pesando cerca de 265 g), transformando-os em cilindros de 30 cm de comprimento. Com uma faca afiada, corte cada cilindro em 12 pedaços iguais (cada um pesando cerca de 22 g). Forme bolinhas com cada pedaço. Mantenha-as cobertas com filme, sem pressionar. Pressione uma bolinha por vez (mantenha as outras sob o filme) em uma superfície enfarinhada para formar um disco pequeno e então, com um rolo, abra-o em um círculo com 10 cm de diâmetro. Mantenha os discos abertos cobertos com filme, sem pressionar.

5. Quando terminar, coloque no centro de cada um deles (mantendo os outros sob filme) 2 colheres (chá) do recheio de carne.

A receita continua...

MASSAS RECHEADAS DO MUNDO TODO

6. Junte as pontas sobre o recheio e gire-as, para formar uma trouxinha (veja a foto ao lado). Use um pouco de água ao fazer isso para garantir que grudem (a água vai funcionar como cola). Você também pode montar os momos em meia-lua, colocando o recheio no centro, dobrando ao meio e então fechando a borda com a ponta de um garfo. Transfira os momos montados para a assadeira forrada com papel-manteiga.

Quando todos estiverem montados, prepare uma panela de cozimento a vapor sobre 2,5 cm de água fervente e cubra sua superfície com óleo de canola. Adicione quantos momos couberem em uma única camada, tampe e cozinhe-os por cerca de 10 minutos, até que a massa esteja translúcida e levemente contraída ao redor do recheio. Transfira os momos cozidos para um prato quente e cubra-os com papel-alumínio enquanto cozinha o restante.

7. Sirva os momos quentes com bastante sepen.

SEPEN

RENDE CERCA DE 1½ XÍCARA (CHÁ)/360 ML

Sepen é um molho picante tibetano. Você pode substituir as pimentas inteiras por pimenta calabresa, caso não as encontre. Aumente ou diminua a quantidade de alho de acordo com seu gosto.

1 xícara (chá)/30 g de **PIMENTA DE ÁRBOL** desidratada e inteira ou outra **PIMENTA VERMELHA** pequena sem semente

2 colheres (sopa) de **ÓLEO DE CANOLA**

3 **DENTES DE ALHO** picados grosseiramente

1 **CEBOLA ROXA** média cortada em fatias finas

1 **TALO DE AIPO** cortado em fatias finas

2 **TOMATES ITALIANOS** picados grosseiramente

2 **CEBOLINHAS** cortadas em fatias finas

Um punhado de **FOLHAS DE COENTRO FRESCO** picadas grosseiramente

½ colher (sopa) de **SAL KASHER**

Coloque as pimentas em uma tigela e cubra-as com água quente. Deixe que descansem enquanto prepara o restante dos ingredientes.

Aqueça o óleo em uma frigideira grande em fogo médio-alto. Adicione o alho e frite-o por cerca de 1 minuto, até que solte aroma. Acrescente a cebola e o aipo e refogue, mexendo por mais 1 minuto, até que soltem seu aroma. Junte o tomate, a cebolinha, o coentro e o sal e mexa. Deixe a mistura ferver, reduza o fogo e cozinhe por cerca de 10 minutos, em fervura branda até que todos os ingredientes estejam macios.

Escorra as pimentas (descarte o líquido) e transfira-as para um processador ou liquidificador. Adicione a mistura de tomates e processe até ficar cremoso. Quando o molho estiver frio, cubra e armazene na geladeira em um pote de vidro por até 1 semana.

PASTEL DE FORNO DE ESPINAFRE

RENDE 10 UNIDADES

1 xícara (chá) e mais 2 colheres (sopa)/140 g de **FARINHA DE TRIGO**, e mais um pouco para polvilhar

½ xícara (chá)/65 g de **FARINHA DE TRIGO INTEGRAL**

½ colher (chá) de **FERMENTO BIOLÓGICO SECO**

⅔ de xícara (chá)/145 ml de **ÁGUA** morna

SAL KASHER

6 colheres (sopa)/80 g de **AZEITE**, e mais um pouco, se necessário

½ **CEBOLA** média em cubos

1 maço (250 g) de **ESPINAFRE FRESCO CORTADO EM FATIAS FINAS**

1 colher (chá) de **SUMAGRE** em pó

1½ colher (chá) de **SUMO DE LIMÃO** fresco

PIMENTA-DO-REINO moída na hora

1 **OVO** batido

Um chef talentoso da Palestina cozinhou conosco durante um curto período e inspirou essa receita. Esses pastéis de forno parecem a spanakopita grega, mas em vez de feta usamos limão e sumagre, uma especiaria do Oriente Médio. Se não conseguir encontrar sumagre, substitua por raspa de 1 limão mais ¼ de colher (chá) de pimenta-do-reino moída na hora. Estes pastéis são uma ótima alternativa vegana; pincele com azeite em vez de ovo antes de assar.

1. Junte a farinha, a farinha integral, o fermento, a água, ½ colher (chá) de sal e 3 colheres (sopa)/40 ml de azeite na batedeira com o gancho acoplado. Bata em velocidade baixa por cerca de 2 minutos, até misturar os ingredientes. Aumente a velocidade para média e bata por cerca de 10 minutos, até formar uma massa macia e flexível, que desgrude das laterais da tigela.

2. Unte uma tigela grande com azeite e, com as mãos também untadas, transfira a massa para ela. Cubra com filme e deixe descansar em temperatura ambiente por cerca de 1 hora, até que a massa esteja elástica e macia.

3. Enquanto isso, aqueça as 3 colheres (sopa)/40 ml de azeite remanescentes em uma frigideira grande em fogo médio. Adicione a cebola e refogue por cerca de 10 minutos, mexendo de vez em quando, até que esteja macia. Acrescente o espinafre, o sumagre e o sumo de limão e mexa até misturar. Tempere com sal e pimenta a gosto e deixe o recheio esfriar completamente.

4. Preaqueça o forno a 235°C. Forre 2 assadeiras baixas com papel-manteiga.

5. Coloque a massa em uma superfície de trabalho levemente enfarinhada. Divida-a em 10 pedaços iguais (cada um pesando cerca de 40 g). Polvilhe farinha, cubra com filme sem pressionar e deixe descansar por 10 minutos.

6. Use um rolo de massa para transformar um pedaço de massa de cada vez (mantendo os outros sob o filme) em círculos de 13 cm de diâmetro. Coloque uma colher (sopa) bem cheia de recheio de um lado do círculo, deixando uma borda de 1,5 cm. Pincele com água e dobre a massa por cima do recheio, formando uma meia-lua. Pressione as bordas para fechar e use um garfo para fazer as pregas. Repita o processo até a massa e o recheio terminarem.

7. Transfira os pastéis para as assadeiras e pincele o ovo batido. Coloque no forno, trocando as assadeiras de grade (de cima para baixo e vice-versa) e girando-as (passando os pastéis do fundo do forno para a frente e vice-versa) na metade do tempo de cozimento, até que estejam dourados, o que leva cerca de 15 minutos.

8. Sirva quente ou em temperatura ambiente.

MASSA DE EMPANADA

RENDE 905 G

2 **GEMAS DE OVO**

¾ de xícara (chá)/175 ml de **ÁGUA** fria

4 xícaras (chá)/500 g de **FARINHA DE TRIGO**

2 colheres (sopa) de **AÇÚCAR**

2 colheres (chá) de **SAL KASHER**

2 colheres (sopa) de **MANTEIGA** fria em cubos

12 colheres (sopa)/170 g de **BANHA DE PORCO** ou **GORDURA VEGETAL** resfriada

Quase todos os países da América Latina têm seu próprio estilo de empanada. Às vezes as pessoas compram massa congelada, já aberta e cortada. Não há nada de errado com isso (sou sempre a favor de uma boa refeição, mesmo que seja necessário pegar um ou dois atalhos), mas esta receita é fácil de fazer e vale a pena manter no repertório. Você pode simplesmente dobrar as quantidades se quiser, assim como acontece com o pastel de forno.

1. Com um batedor de arame, bata as gemas e a água em uma tigela pequena.

2. Misture a farinha, o açúcar e o sal em uma tigela grande. Adicione a manteiga e a banha e, com um garfo ou com as mãos, trabalhe a gordura e a farinha, de forma que lembre areia bem grossa (ou uma farofa). Enquanto isso, despeje a mistura de gema e mexa até que a farinha esteja úmida (a massa ainda estará bem grossa). Trabalhe com as mãos até formar uma massa compacta, tomando cuidado para não misturar demais. Envolva com um pedaço grande de filme e deixe descansar na geladeira por pelo menos 1 hora ou durante a noite.

EMPANADAS CHILENAS

RENDE 12 UNIDADES; SERVE 12 PESSOAS

2 colheres (sopa) de **AZEITE**

2 **CEBOLAS** grandes cortadas em cubos pequenos

1 colher (sopa) de **ORÉGANO FRESCO** picado ou 1 ½ colher (chá) do seco

1 colher (chá) de **COMINHO** em pó

¼ de colher (chá) de **PIMENTA-CAIENA**

1½ colher (chá) de **SAL KASHER**

455 g de **BIFE DE ACÉM** cortado em cubos de 6 mm

FARINHA DE TRIGO

MASSA DE EMPANADA (p. 220)

3 **OVOS** cozidos cortados em quartos no sentido do comprimento

¼ de xícara (chá)/25 g de **UVAS-PASSAS**

12 **AZEITONAS PRETAS** sem caroço cortadas ao meio

2 **OVOS** grandes batidos

Passei um ano estudando na Universidade de Chile. Na época, eu não comia carne e, além de estar no paraíso dos carnívoros, tinha um orçamento reduzido. Encontrar a Fábrica de Empanadas na esquina da minha casa mudou tudo. Eu comia a empanada de queijo com cogumelo todos os dias. Anos mais tarde, ao pesquisar receitas da massa, percebi que o que a fazia ficar tão gostosa e aerada era a grande quantidade de banha que levava. Uma loucura para quem não queria consumir carne animal! Recomendo fazer o recheio e a massa no dia anterior e montar as empanadas com o recheio frio.

1. Preaqueça o forno a 180°C.

Aqueça o azeite em uma frigideira grande em fogo médio-alto. Adicione a cebola e refogue por cerca de 10 minutos, mexendo de vez em quando, até que esteja macia e começando a dourar. Acrescente o orégano, o cominho, a pimenta-caiena e o sal e mexa por cerca de 1 minuto, até soltar os aromas. Junte a carne e cozinhe por aproximadamente 6 minutos, até que fique dourada. Transfira para uma tigela e deixe esfriar.

2. Enquanto isso, polvilhe uma superfície com farinha, encha uma tigela pequena com água e forre uma assadeira baixa com papel-manteiga.

3. Divida a massa em 12 pedaços iguais (cada um pesando cerca de 75 g). Abra um pedaço de cada vez (mantendo os outros cobertos com filme) e use um cortador de 20 cm de diâmetro para fazer 2 círculos (ou use um prato e passe a faca ao redor). Faça isso com todas as partes.

4. Pegando um círculo de cada vez (mantenha os outros cobertos levemente com filme), coloque 2 colheres (sopa) de recheio no centro. Cubra com ¼ do ovo cortado, 1 colher (chá) de uvas-passas e 2 metades de azeitona. Use os dedos para umedecer toda a borda com água e dobre em meia-lua. Pressione as bordas para se certificar de que estão bem fechadas — do meio para fora, para retirar todo o ar de dentro. Com uma faca de apoio, transforme os semicírculos em retângulos e então, com os dedos úmidos, levante as bordas (veja a foto da p. 200). Fure em cima algumas vezes com um garfo. Transfira a empanada para a assadeira. Continue abrindo, recheando e montando até acabar a massa e o recheio.

5. Distribua as empanadas espaçadamente na assadeira. Pincele os ovos batidos por cima. Asse até dourarem, o que leva cerca de 30 minutos. Sirva quente.

MASSAS RECHEADAS DO MUNDO TODO

PASTELLITOS

RENDE 24 UNIDADES (DE 15 CM); SERVE 12 PESSOAS

¼ de xícara (chá)/55 ml de **AZEITE**

1 **CEBOLA** grande cortada em cubos pequenos

1 **TOMATE FRESCO** grande ou 2 **TOMATES PELADOS** enlatados cortados em cubos

2 colheres (chá) de **ORÉGANO FRESCO** picado ou 1 colher (chá) do seco

¼ de colher (chá) de **CANELA** em pó

¼ de colher (chá) de **COMINHO** em pó

SAL KASHER

340 g de **CARNE MOÍDA**

¼ de xícara (chá)/55 ml de **ÁGUA**

2 colheres (sopa) de **EXTRATO DE TOMATE**

3 colheres (sopa) de **UVAS-PASSAS**

¼ de colher (chá) de **PIMENTA-DO-REINO** moída na hora

FARINHA DE TRIGO

MASSA DE EMPANADA (p. 220)

ÓLEO DE CANOLA para fritar

MOLHO PICANTE À BASE DE VINAGRE, tipo tabasco

Estes pastéis crocantes recheados de carne moída com uva-passa são dominicanos, assim como muitas coisas deliciosas em Nova York. Eles são servidos durante o ano todo e são obrigatórios no Natal da minha família. Certifique-se de não colocar recheio demais, ou ficarão difíceis de manusear e abrirão ao fritar. Podem ser feitos com antecedência e congelados (veja a p. 203). Não descongele antes de fritar; só os deixe alguns minutos a mais no óleo quente. O recheio e a fritura roubam a cena aqui, então é possível usar massa pronta, se necessário.

1. Aqueça o azeite em uma frigideira grande em fogo médio-alto. Adicione a cebola, o tomate e cozinhe por de cerca de 10 minutos, mexendo de vez em quando para amassar os tomates com a colher, até que estejam macios e começando a dourar e que o líquido tenha evaporado. Misture o orégano, a canela, o cominho e uma pitada generosa de sal. Junte a carne, tempere com sal e aumente o fogo para alto. Cozinhe por uns 10 minutos, até que a carne comece a ficar dourada. Acrescente a água, o extrato de tomate, as uvas-passas e a pimenta. Mexa bem e deixe ferver. Diminua o fogo e cozinhe em fervura branda por aproximadamente 10 minutos, até que quase todo o líquido tenha evaporado e as uvas-passas tenham inchado. Tempere a gosto com mais sal, se precisar, e deixe o recheio esfriar.

2. Enquanto isso, enfarinhe uma superfície de trabalho, encha uma tigela pequena com água e forre uma assadeira baixa com papel-manteiga.

3. Molde a massa em formato cilíndrico e corte-a de maneira uniforme em 24 pedaços (cada um pesando cerca de 38 g); é mais fácil fazer isso cortando o cilindro ao meio e depois cada parte em 12 pedaços, com a ajuda de uma régua). Com um rolo, abra cada porção em um círculo de 15 cm de diâmetro. Mantenha os círculos abertos cobertos com filme enquanto trabalha nos outros.

4. Coloque os círculos na superfície enfarinhada e ¼ de xícara (chá)/60 g do recheio no centro de cada um. Use os dedos para umedecer a borda da massa com água e dobre em meia-lua. Passe o rolo delicadamente por cima das bordas e então pressione-as para se certificar de que estão bem fechadas. Use um garfo para fazer pregas nelas (darão uma segurança extra de que o pastel está completamente fechado). Transfira-as para a assadeira forrada e continue abrindo, recheando e montando as outros até acabar a massa e o recheio.

5. Forre uma assadeira com papel-toalha. Despeje 7,5 cm de óleo de canola em uma panela grande e pesada e aqueça em fogo médio-alto. Quando estiver quente (e um pedacinho de massa borbulhar ao entrar em contato com ele), adicione os pastéis em levas, para que não encham demais a panela. Frite-os por cerca de 6 minutos, virando uma vez, até que estejam bem dourados dos dois lados. Use um pegador ou uma escumadeira para transferir as empanadas para a assadeira forrada com papel-toalha e polvilhe sal. Continue fritando o restante.

6. Sirva imediatamente com molho picante.

MASSAS RECHEADAS DO MUNDO TODO 223

TORTILHAS DE TIESTO

RENDE 12 UNIDADES RECHEADAS (DE 11 CM); SERVE 12 PESSOAS

- 3½ xícaras (chá)/455 g de **FARINHA DE TRIGO INTEGRAL**
- 1¾ de xícara (chá)/225 g de **FARINHA DE TRIGO**
- ¼ de xícara (chá) mais 1 colher (sopa)/60 g de **AÇÚCAR**
- 1 colher (chá) de **FERMENTO BIOLÓGICO SECO**
- 1 colher (chá) de **SAL KASHER**
- 1½ xícara (chá)/340 g de **LEITE INTEGRAL**
- 1 **OVO** batido
- 16 colheres (sopa)/225 g de **MANTEIGA** gelada em cubos
- 1½ xícara (chá)/225 g de **QUEIJO FRESCO** ou **FETA** picado

Tiesto é uma panela rasa de barro usada na culinária equatoriana para muitas coisas, incluindo estas tortilhas — que não devem ser confundidas com as mexicanas, de milho, ou com as espanholas, de batata. Feita com uma massa doce integral que fica macia devido à quantidade de manteiga e leite que leva, elas são recheadas com um pouco de queijo branco salgado (o feta funciona muito bem) e então cozidas até dourar. Ao morder a parte externa crocante, você encontra um interior macio. Normalmente vendidas como aperitivos na rua, ficam perfeitas com uma xícara de morocho (p. 226).

1. Junte a farinha integral, a farinha de trigo, o açúcar, o fermento, o sal, o leite, o ovo e a manteiga na batedeira com o gancho acoplado. Bata em velocidade baixa por cerca de 2 minutos, até misturar os ingredientes. Aumente a velocidade para média e bata por cerca de 5 minutos, até que as laterais da tigela estejam limpas (a massa deve estar macia e não deve grudar nos dedos).

2. Cubra bem a tigela com filme e deixe a massa descansar por cerca de 30 minutos, até crescer um pouco e estar macia e inflada.

3. Forre uma assadeira baixa com papel-manteiga.

4. Coloque a massa em uma superfície levemente enfarinhada. Divida-a em 12 pedaços iguais (cada um pesando cerca de 115 g). Forme bolas e mantenha-as cobertas com filme. Use as mãos para pressionar e esticar cada bola formando um disco de 10 cm de diâmetro. Mantenha os discos finalizados cobertos com filme enquanto prepara os outros.

5. Coloque 2 colheres (sopa) de feta no centro do disco e encubra-o juntando a massa ao redor e grudando as pontas, de maneira a formar uma trouxinha com o queijo no meio. Achate a bola e abra-a em um disco com 11 cm de diâmetro. Transfira a tortilha recheada de queijo para a assadeira preparada e continue o processo até acabar com a massa e o queijo.

6. Aqueça uma frigideira de ferro fundido grande em fogo médio. Em levas, coloque as tortilhas na frigideira quente e cozinhe-as por cerca de 10 minutos, até que estejam douradas dos dois lados, virando-as algumas vezes.

7. Sirva as tortilhas enquanto estiverem quentes, mornas ou até em temperatura ambiente. O que sobrar pode ser armazenado em um pote hermético na geladeira, depois reaquecido em uma frigideira quente.

MASSAS RECHEADAS DO MUNDO TODO

MOROCHO

SERVE 12 PESSOAS

1 pacote grande (455 g) de **CANJICA DE MILHO**

1 litro de **LEITE INTEGRAL**

3 **RAMAS DE CANELA**

8 **ANISES-ESTRELADOS**

1 xícara (chá)/200 g de **AÇÚCAR**

2 colheres (chá) de **EXTRATO DE BAUNILHA**

Uma pitada de **SAL KASHER**

¼ de xícara (chá)/30 g de **AMIDO DE MILHO**

½ xícara (chá)/120 ml de **ÁGUA**

Rival equatoriana da orchata espanhola, esta é uma bebida de leite doce e quente, engrossada com milho para canjica. Fanny perfuma sua versão clássica com anis-estrelado e canela. Normalmente vendido na rua, o morocho pode ser saboreado no café da manhã ou no lanche — ficaria delicioso com os biscoitos de coco da Margaret (p. 238). Note que o milho precisa ser hidratado por pelo menos 8 horas.

1. Coloque o milho em uma tigela e adicione água o suficiente para cobri-lo em no mínimo 5 cm. Deixe hidratar durante a noite.

2. Escorra o milho e transfira-o para uma panela grande. Cubra com 2,8 litros de água e deixe ferver em fogo alto. Reduza o fogo e cozinhe em fervura branda por cerca de 45 minutos, mexendo de vez em quando para se certificar de que não está grudando no fundo, até que o milho esteja macio.

3. Aumente o fogo para alto e adicione o leite, as ramas de canela, o anis-estrelado, o açúcar, a baunilha e o sal. Cozinhe por aproximadamente 15 minutos, até pequenas bolhas começarem a surgir ao redor da panela. Diminua o fogo para médio-baixo e cozinhe, sempre mexendo, por mais 15 minutos, até que o açúcar tenha dissolvido e a mistura esteja bem reduzida e grossa.

4. Em uma tigela pequena, bata com um batedor de arame o amido de milho e a água. Vá mexendo o morocho e regando delicadamente com a mistura de amido enquanto cozinha, até que esteja grosso como um milk-shake levemente derretido, o que deve levar somente alguns minutos. Sirva quente.

Perfil da padeira

FANNY PEREZ, DONA E CHEF DE LAS DELICIAS DE FANNY E MEMBRO DA HBK INCUBATES

Quando Fanny era criança, no Equador, sua mãe comandava um restaurante. A comida foi o elemento que guiou sua vida desde que ela se lembra. Fanny veio para os Estados Unidos em 1994. Como não tinha educação completa nem fluência em inglês, fez diversos trabalhos mal remunerados. Mas ela também comandava uma empresa informal de alimentação, Las Delicias de Fanny, para complementar sua renda. Suas especialidades incluíam ceviche, pernil e outras guloseimas equatorianas.

Vinte anos após chegar aos Estados Unidos, Fanny entrou no programa de treinamento da Hot Bread Kitchen, melhorou seu inglês e aprendeu a cozinhar profissionalmente. Ela tinha adquirido experiência em casa e fazia belas guaguas de pan (p. 250) e tortilhas de tiesto (p. 225), mas nunca havia trabalho com produção em grande escala. Felizmente, ela era uma padeira nata.

Após se formar no programa de treinamento da HBK, Fanny se inscreveu na nossa incubadora. Seu objetivo era fazer Las Delicias de Fanny crescer em uma cozinha comercial, e foi exatamente isso o que aconteceu — agora ela é inspecionada e licenciada pelas agências governamentais adequadas. Fanny diz que sua experiência na Hot Bread Kitchen a ensinou a trabalhar com senso de urgência e a calcular suas receitas em escala.

Hoje ela faz comida para festas e casamentos e é a fornecedora preferida para nossos eventos. Juntando suas receitas tradicionais com seus conhecimentos profissionais, Fanny sustenta a família com sua empresa em ascensão.

MASSAS RECHEADAS DO MUNDO TODO   227

CEVICHE EQUATORIANO DE CAMARÃO

SERVE 4 PESSOAS COMO PRATO PRINCIPAL OU 8 PESSOAS COMO ENTRADA

ÓLEO DE CANOLA

1 pacote pequeno (225 g) de **MAÍZ TOSTAR CARHUAY** (veja a nota)

SAL KASHER

1 **CEBOLA ROXA** pequena cortada ao meio e em fatias bem finas

4 **TOMATES ITALIANOS**

½ **PIMENTÃO VERMELHO** pequeno picado grosseiramente

½ **CEBOLA** pequena picada grosseiramente

6 **DENTES DE ALHO** amassados e descascados

PIMENTA-DO-REINO moída na hora

Uma pitada de **COMINHO** em pó

905 g de **CAMARÃO** médio descascado e limpo

½ maço de **COENTRO FRESCO** picado

2 xícaras (chá)/350 g de **ARROZ BRANCO** cozido fresco (opcional)

> **NOTA:** O ingrediente secreto que torna este ceviche memorável é o adorno: maíz tostar carhuay. Os grãos são grandes e fritos em óleo quente, o que os deixa bem dourados e com um gosto amendoado, como uma versão rica em amido do piruá.

Além das tortilhas de tiesto (p. 225), não resistimos e incluímos o ceviche de camarão refrescante da Fanny, feito com frutos do mar cozidos.

1. Forre uma assadeira baixa com uma camada dupla de papel-toalha.

2. Aqueça 2,5 cm de óleo de canola em uma panela pesada em fogo médio-alto. Adicione o milho e frite por cerca de 15 minutos, mexendo com uma colher de pau até que os grãos estejam bem dourados e uniformes. Use uma escumadeira para transferi-los para a assadeira forrada e polvilhe bastante sal.

3. Coloque a cebola roxa em uma tigela com água fria e deixe hidratar.

4. Ferva água em uma panela grande, acrescente os tomates e deixe por cerca de 1 minuto, até que a pele se solte. Retire-os da água. Meça 1 xícara (chá)/225 ml do líquido de cozimento, mas mantenha a panela com água no fogão. Retire a pele dos tomates e transfira-os para um liquidificador.

5. Aqueça 2 colheres (sopa) de óleo de canola em uma frigideira em fogo médio-alto. Adicione o pimentão e a cebola e cozinhe, mexendo até que os legumes fiquem macios. Transfira-os para o liquidificador com os tomates e adicione o líquido de cozimento reservado. Bata até ficar cremoso. Passe a mistura por uma peneira fina, pressionando os sólidos (que serão descartados). Resfrie a tigela colocando-a dentro de outra com gelo e água.

6. Enquanto isso, ferva novamente o líquido de cozimento do tomate e adicione o alho, algumas pitadas de pimenta-do-reino, uma pitada generosa de sal e o cominho. Deixe a mistura ferver por alguns minutos. Reduza o fogo para uma fervura branda, acrescente os camarões e cozinhe-os, mexendo de vez em quando, somente até ficarem opacos, o que leva de 1 a 2 minutos. Use uma escumadeira para transferir o camarão para uma tigela e deixe esfriar. (Descarte qualquer pedaço de alho que tenha ido junto com o camarão.) Separe 1 xícara (chá)/225 ml do líquido de cozimento e descarte o restante.

7. Escorra a cebola roxa e junte-a à mistura de tomate com o coentro, 2 colheres (sopa) de óleo de canola e o líquido de cozimento do camarão reservado. Misture bem. Acrescente o camarão cozido, tempere com sal e pimenta e deixe marinar por, no mínimo, 20 minutos (mantenha a mistura resfriada até a hora de servir) ou leve à geladeira por até 48 horas.

8. Sirva o camarão sobre arroz cozido, com o milho por cima.

QUESADILLAS
COM QUEIJO BRANCO E FLOR DE ABÓBORA

RENDE 10 UNIDADES; SERVE 4 PESSOAS EM UMA REFEIÇÃO LEVE

4 xícaras (chá)/455 g de **MASA NIXTAMALIZADA** (p. 91) ou *MASA* **FEITA COM** *MASA HARINA* (p. 92)

1¼ de xícara (chá)/150 g de **QUEIJO OAXACA, MUÇARELA** ou algum outro de sabor leve de sua preferência

10 **FLORES DE ABÓBORA** com o caule descartado

ÓLEO DE CANOLA

A padeira Nancy Mendez (p. 93) faz essas quesadillas na frigideira com *masa* fresca (pp. 91-92) recheada com queijo oaxaca e serve com salada verde. Essa combinação simples é surpreendente. A parte externa é crocante, pois pedacinhos de queijo escapam para a frigideira e ficam irresistivelmente torrados, a parte interna permanece macia e tudo fica com gosto de milho fresco. Se estiver nixtamalizando milho para tortilhas (p. 94), considere fazer um pouco mais para quesadillas.

1. Coloque uma frigideira de ferro fundido grande ou chapa em fogo médio-alto e deixe esquentar enquanto prepara as quesadillas.

2. Pressione a massa para fazer 10 tortilhas de 18 cm (veja a p. 94).

3. Com uma tortilha de cada vez, coloque 2 colheres (sopa)/15 g de queijo no centro e uma flor de abóbora por cima. Dobre a tortilha em meia-lua e pressione as bordas para selar e formar uma trouxinha. Repita o processo com o restante.

4. Pincele levemente a frigideira com óleo. Em levas, cozinhe as quesadillas por 4 minutos, virando-as uma vez, até que estejam douradas e crocantes do lado de fora e que o queijo esteja completamente derretido por dentro. Adicione mais óleo à frigideira, se necessário, até a massa acabar.

5. Sirva imediatamente, ainda quentes. Para mantê-las assim enquanto termina as outras, envolva-as em um pano de prato limpo.

MASSAS RECHEADAS DO MUNDO TODO

FÁCEIS E DOCES

PÃES RÁPIDOS E FESTIVOS

Os pães doces deste capítulo são divididos em duas categorias. A primeira inclui os rápidos, o que significa que leveduras químicas como fermento em pó e bicarbonato de sódio ajudam no processo de crescimento. Eles não precisam ser sovados nem descansar. São gostosos e fáceis de fazer. O pão de banana (p. 241) e os biscoitos de coco (p. 238) são bons exemplos e vão ganhar um lugar entre seus preferidos.

A segunda categoria é de pães festivos, feitos em feriados e ocasiões especiais em diferentes culturas. Alguns são um pouco mais complicados, mas valem o esforço, principalmente considerando que são feitos apenas em datas comemorativas. A Hot Bread Kitchen produz alguns desses pães nos feriados, como o stollen (p. 244), cheio de amêndoas e frutas secas hidratadas no conhaque. As receitas são passadas de geração em geração, geralmente em cadernos, tanto da minha família quanto da família de nossas padeiras. O resultado é uma coletânea eclética, com raízes em antigas tradições, mas que certamente inspiram novas.

Este capítulo também inclui a receita de granola da minha mãe e diversas maneiras de aproveitá-la. Embora não seja pão, está tão enraizada na produção diária da Hot Bread Kitchen que eu não poderia deixar de incluí-la aqui.

Dicas para pães rápidos

Este capítulo inclui receitas que usam bicarbonato de sódio e fermento em pó, que agem rapidamente, para ajudar no crescimento.

- O bicarbonato de sódio reage com ácidos (como sumo de limão, buttermilk ou iogurte) para liberar dióxido de carbono, que ajuda no crescimento de massas. Para se certificar de que o bicarbonato de sódio está ativo antes de adicioná-lo à receita, misture um pouquinho com vinagre. Se não borbulhar, é hora de comprar um novo.

- O fermento em pó nada mais é que bicarbonato de sódio já misturado com ácido e amido de milho ou fécula de batata para absorver a umidade. Isso mantém os componentes alcalinos e ácidos secos e separados, para que não reajam antes de serem misturados ao líquido. Também prolonga a vida útil do fermento em pó industrializado e torna a medição mais fácil, uma vez que não empelota.

- Com pães rápidos, é importante lembrar que não se pode bater demais a massa; misture somente até os ingredientes estarem incorporados e a farinha desaparecer.

- Ao adicionar nozes, castanhas, pedaços de chocolate e/ou frutas secas às massas, sejam elas mais cremosas ou mais firmes, uma boa maneira de evitar que desçam para o fundo é inseri-los envoltos em um pouco de farinha, apenas o suficiente para cobri-los. Essa camada agirá como uma pequena boia, ajudando-os a flutuar dentro da massa.

- Todas as receitas deste capítulo que pedem frutas secas, nozes ou castanhas são um convite ao improviso. Não gosta de limão cristalizado? Troque pela mesma quantidade de laranja cristalizada ou damasco. Prefere avelã a noz-pecã? Substitua! Troque pelo tipo de que gosta na mesma quantidade.

FÁCEIS E DOCES: PÃES RÁPIDOS E FESTIVOS

PÃO IRLANDÊS

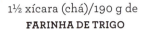

RENDE 1 UNIDADE REDONDA (DE 18 CM); SERVE 6 PESSOAS

- 1½ xícara (chá)/190 g de **FARINHA DE TRIGO**
- ¾ de xícara (chá) mais 2 colheres (sopa)/85 g de **AVEIA EM FLOCOS**
- 1 colher (sopa) de **AÇÚCAR**
- 1¼ de colher (chá) de **FERMENTO**
- 1 colher (chá) de **ALECRIM FRESCO** picado
- 1 colher (chá) de **SAL KASHER**
- ½ colher (chá) de **PIMENTA-DO-REINO** moída na hora
- ⅓ de xícara (chá)/30 g de **CHEDDAR** ralado grosseiramente
- 8 colheres (sopa)/115 g de **MANTEIGA** gelada em cubos
- ½ **CEBOLA** pequena picada
- ¼ de xícara (chá)/40 g de **AZEITONA KALAMATA** sem caroço e picada
- 1 **OVO** batido
- 5 colheres (sopa)/75 ml de **LEITE INTEGRAL**

Para celebrar as raízes irlandesas (compartilhadas por muitos nova-iorquinos) da minha avó materna, fizemos este pão para o St. Patrick's Day. Nossa versão não é tradicional, levando azeitona, pimenta e cheddar, mas é macia, crocante e gostosa, como todo pão irlandês deve ser. Assim como em todos os pães rápidos, o mais importante é não misturar demais a massa, para não ficar duro; mexa somente até incorporar os ingredientes. Sirva quente ou como torrada. De toda forma, seja generoso na manteiga. A melhor maneira de apreciar o pão irlandês é com um ensopado e um copo de cerveja. *Sláinte!*

1. Preaqueça o forno a 190°C. Forre uma assadeira baixa com papel-manteiga.

2. Em uma tigela grande, misture a farinha, a aveia, o açúcar, o fermento, o alecrim, o sal e a pimenta até incorporar. Adicione o cheddar e a manteiga e amasse, quebrando a manteiga com os dedos e formando uma farofa grossa. Acrescente a cebola e as azeitonas e mexa até que estejam separadas e distribuídas de maneira uniforme. Em uma tigela pequena, bata o ovo com um batedor de arame até ficar espumoso, então acrescente o leite. Junte essa mistura à farinha e mexa somente até os ingredientes secos estarem úmidos. A massa deve ficar um pouco grudenta.

3. Com as mãos úmidas, molde uma bola com 18 cm de diâmetro e transfira-a para a assadeira preparada. Use uma faca de serra para fazer uma cruz de 4 cm de comprimento e 1,5 cm de profundidade no centro do pão. Asse até que fique levemente dourado e um palito saia limpo quando inserido, o que deve levar de 40 a 45 minutos. Deixe o pão esfriar em uma grade por no mínimo 15 minutos antes de fatiá-lo e servi-lo. Armazene o que sobrar em um saco hermético em temperatura ambiente por até 2 dias.

Perfil da padeira

FRANCIS TRINIDAD, FORMADA NA HOT BREAD KITCHEN E PADEIRA DO WHOLE FOODS

Francis mora em Nova York há quase uma década. Ela veio de uma família dominicana da área da saúde: sua irmã é médica, seu pai é contador em um hospital e sua mãe é assistente de cardiologia. Até sua chegada a Nova York, Francis também era da área, trabalhando como enfermeira acompanhante, e sonhava em se tornar nutricionista. Um dia, passou em La Marqueta para comprar quitutes para um paciente que morava ali perto. Ela viu a placa da Hot Bread Kitchen e, interessada no treinamento pago, se inscreveu.

No nosso programa, Francis aprendeu a escalonar e misturar receitas, fazer inventário e controlar a qualidade. Seu inglês melhorou e ela obteve algumas certificações na área alimentícia. Após um ano conosco, o treinamento e o trabalho árduo levaram-na para o Whole Foods, onde foi contratada na área de produção de massas. Francis faz biscoitos, bolos e coberturas e garante que todas as entregas estejam prontas na hora certa. Recentemente foi nomeada funcionária do bimestre da loja.

Seguindo a tradição da família, Francis está estudando para se tornar nutricionista na Hostos Community College, no Bronx. Quatro noites por semana, depois do turno de oito horas no Whole Foods, ela frequenta as aulas. Seu objetivo é unir tudo o que está vendo na faculdade com o que aprendeu no trabalho. "Há grandes oportunidades para mim no Whole Foods, com nutricionistas na equipe de funcionários que desenvolvem receitas para as lojas e para as demonstrações que são feitas nelas", Francis me contou recentemente. Ela também notou que a empresa apoia muito seus funcionários e com frequência os promove: "Meu chefe começou como caixa".

Juntando a tradição familiar, o amor pela cozinha e o talento nato, o futuro de Francis parece doce!

FÁCEIS E DOCES: PÃES RÁPIDOS E FESTIVOS

TORTA DOMINICANA

RENDE 1 UNIDADE REDONDA (DE 20 CM); SERVE 8 PESSOAS

- 1 xícara (chá)/125 g de **FARINHA DE TRIGO**
- 1 xícara (chá)/150 g de **FUBÁ** fino ou extrafino
- 1 xícara (chá)/200 g de **AÇÚCAR**
- 2½ colheres (chá) de **FERMENTO EM PÓ**
- ½ colher (chá) de **SAL KASHER**
- 2 **OVOS** grandes
- ½ colher (chá) de **EXTRATO DE BAUNILHA**
- 1 xícara (chá) menos 2 colheres (sopa)/225 ml de **LEITE INTEGRAL**
- 9 colheres (sopa)/125 g de **MANTEIGA**

Um dos benefícios de ser casada com Eli é ter todo um repertório de receitas da República Dominicana, incluindo este pão rápido feito com milho moído. É uma receita da minha sogra, Ydalia, que foi aprovada pelas padeiras dominicanas da Hot Bread Kitchen. A doçura delicada da torta dominicana faz com que seja bem-vinda no café da manhã, principalmente se for torrada e com um pouco de mel, mas você também pode servir a qualquer hora e com qualquer coisa que combine com pão de milho.

1. Preaqueça o forno a 180°C. Coloque uma frigideira de ferro fundido de 20 cm dentro para esquentar.

2. Misture a farinha, o fubá, o açúcar, o fermento e o sal em uma tigela grande.

3. Em outra tigela, misture os ovos e a baunilha.

4. Aqueça o leite e 8 colheres (sopa)/115 g de manteiga em uma panela pequena em fogo médio-alto, mexendo de vez em quando, até que derreta por completo. Regue delicadamente a mistura seca, mexendo sempre. Com um batedor de arame, bata até que fique cremosa e uniforme, então acrescente a mistura de ovos.

5. Tire a frigideira do forno e adicione a colher (sopa) de manteiga restante. Ela deverá derreter imediatamente. Incline a frigideira para espalhar a manteiga por toda a superfície. Derrame a massa na frigideira e devolva ao forno. Asse até que o pão de milho esteja levemente dourado e um palito saia limpo quando inserido, o que deve levar cerca de 30 minutos.

6. Deixe a torta dominicana esfriar completamente antes de desenformá-la da frigideira e cortá-la em quadrados ou fatias para servir. Armazene o que sobrar em um pote hermético em temperatura ambiente por até 2 dias.

FÁCEIS E DOCES: PÃES RÁPIDOS E FESTIVOS

BISCOITOS DE COCO

RENDE 12 UNIDADES

- 4 xícaras (chá)/500 g de **FARINHA DE TRIGO**
- ½ xícara (chá)/100 g de **AÇÚCAR**
- 2 colheres (chá) de **FERMENTO EM PÓ**
- ½ colher (chá) de **CANELA** em pó
- ¼ de colher (chá) de **SAL KASHER**
- 8 colheres (sopa)/115 g de **MANTEIGA** em temperatura ambiente
- 3 **OVOS** grandes batidos
- 1 colher (chá) de **EXTRATO DE BAUNILHA**
- 1 xícara (chá)/50 g de **COCO RALADO** industrializado (sem açúcar) ou fresco
- ¼ de xícara (chá)/35 g de **UVAS-PASSAS** (opcional)
- ½ xícara (chá) cheia/110 g de **LEITE DE COCO**

Margaret (veja a p. 240) faz estes pãezinhos tradicionais da Guiana com frequência para seus filhos no café da manhã ou no lanche da tarde. Fáceis de preparar, são amanteigados e crocantes. Levam uma dose dupla de coco, com o leite de coco e o coco ralado. Para acompanhá-los, Margaret recomenda uma caneca de leite quente adoçado e aromatizado com uma colher (chá) de gengibre ralado bem fino.

1. Preaqueça o forno a 180°C. Forre uma assadeira baixa com papel-manteiga.

2. Coloque a farinha, o açúcar, o fermento, a canela e o sal na batedeira com o gancho acoplado. Bata em velocidade baixa até misturar os ingredientes. Pare a batedeira e adicione a manteiga, os ovos, a baunilha, o coco ralado, as uvas-passas (se for usá-las) e o leite de coco. Aumente a velocidade para média e bata até formar uma massa grossa e grudenta. Deixe descansar por 5 minutos.

3. Com duas colheres ou as mãos enfarinhadas, divida a massa em 12 porções iguais (cada uma pesando cerca de 90 g), arrumando-as uniformemente na assadeira forrada (como se estivesse fazendo cookies). Asse até que os pãezinhos estejam bem dourados e que a cozinha esteja com um aroma de coco tostado, o que leva de 30 a 35 minutos.

4. Transfira os pãezinhos para uma grade para esfriar por pelo menos 15 minutos antes de comer. Sirva quente ou em temperatura ambiente. Armazene o que sobrar em um saco hermético em temperatura ambiente por até 2 dias.

Perfil da padeira

MARGARET RAYMOND, FORMADA PELA HOT BREAD KITCHEN E PADEIRA DA AMY'S BREAD

A Hot Bread Kitchen encontrou Margaret quando ela estava perdida. Antes de nos mudarmos para La Marqueta — o mercado de 1930 que chamamos de casa —, as pessoas podiam passar por dentro do prédio, usando-o como atalho. Quando a Hot Bread Kitchen se instalou, o atalho foi... fechado. Margaret passava com frequência lá e, um dia, viu que seu caminho estava interrompido. Ela percebeu que o prédio, que era bem pacato, de repente estava cheio de vida e atividade. Viu-nos cozinhando e preencheu um formulário de inscrição, em que dizia que tinha interesse em "mexer com farinha".

Margaret incluiu também a receita do pão que fazia em casa. Nossa diretora de treinamento a testou e disse a Margaret que ele era bom, mas um pouco pesado. Margaret recebeu bem a crítica. "Eu sabia que tinha muito para aprender e percebi que ia descobrir tudo através destas portas", ela disse depois.

Nascida na Guiana, Margaret veio para Nova York em 1987. Apesar de ter uma experiência significativa em secretariado, teve dificuldades para encontrar emprego na área e foi trabalhar como empacotadora em uma loja de artigos para o lar no Brooklyn. Outros empregos surgiram, mas nada que Margaret achasse significativo. Ela não tinha nenhuma experiência no setor de alimentos além do fato de que fazia compota de frutas para bolos na Guiana. A Hot Bread Kitchen oferecia exatamente o tipo de trabalho e comunidade que ela procurava. "Amo estar com todas as mulheres aqui, aprender mais sobre o local de onde cada uma vem e o que cozinham lá. É muito boa a sensação de estar mais próxima das pessoas, e a Hot Bread Kitchen é um ótimo trabalho para nós todas", diz.

Margaret também acredita que o fato de a mãe (sua inspiração culinária) ter falecido no mesmo dia em que foi contratada na Hot Bread Kitchen não é uma coincidência. Ela entendeu isso como um sinal de que encontraria aqui o próximo capítulo de sua vida, repleto de oportunidades.

Margaret prosperou no programa de treinamento. Em um ano, passou do empacotamento para a produção de lavash e granola com Lutfunnessa, então foi aprender a misturar massa, modelar e assar. Depois de se formar, conseguiu um trabalho como modeladora de pães na Amy's Bread, uma padaria grande no Queens. Quando a encontrei recentemente, ela me contou que estava muito feliz com seu novo trabalho e que sentia que tinha muito a aprender. A coisa mais valiosa que aprendeu na Hot Bread Kitchen foi aceitar críticas e crescer com elas — uma qualidade essencial para a vida profissional. Aqui, Margaret só não aprendeu a fazer tranças de três pontas (nosso forte realmente são as tranças de uma e duas), mas conseguiu desenvolver essa habilidade sozinha depois.

Com espírito empreendedor, Margaret sonha em levar um pouco do que aprendeu na Hot Bread Kitchen para a Guiana: "Quero fazer todo mundo comer frango ao curry com pão chalá!".

PÃO DE BANANA

RENDE 1 UNIDADE (DE 23 × 13 CM); SERVE DE 6 A 8 PESSOAS

MANTEIGA

3 **BANANAS** bem maduras

½ xícara (chá)/100 g de **AÇÚCAR CRISTAL**

½ xícara (chá) cheia/110 g de **AÇÚCAR MASCAVO**

2½ colheres (chá) de **FERMENTO EM PÓ**

½ colher (chá) de **SAL KASHER**

2 **OVOS** grandes

¾ de xícara (chá)/180 g de **BUTTERMILK** (veja a nota)

¼ de xícara (chá)/55 ml de **ÓLEO DE CANOLA**

2 xícaras (chá)/250 g de **FARINHA DE TRIGO**

½ xícara (chá)/60 g de **NOZES** picadas (opcional)

NOTA: Se você não tiver buttermilk, pode substituir por iogurte integral ou misturar 2 colheres (sopa) de vinagre de vinho branco ou sumo de limão e ¾ de xícara (chá)/180 g de leite integral. Deixe a mistura descansar em temperatura ambiente por 5 minutos antes de adicioná-la à receita.

Essa massa também pode ser feita em formato de muffin — rendendo 20 unidades — e assada durante 1 hora.

Todo mês fazemos entrevistas para recrutar novas estagiárias para a padaria. Testamos velocidade, precisão e conhecimentos básicos, e perguntamos a todas as candidatas quais pães sabem fazer. Algumas falam de pães de suas distantes cidades natais; outras mencionam receitas novas do Food Network. Mas o pão mais citado é o de banana. Fico fascinada de ver que mulheres do mundo todo parecem compartilhar a experiência de ter de lidar com bananas maduras em excesso! Esta versão deliciosa é assada bem devagar e sai do forno escura e úmida. Para uma versão mais doce, substitua as nozes por gotas de chocolate ou coloque meia medida de cada. Uma alternativa tropical saborosa é substituir nozes por coco ralado.

1. Preaqueça o forno a 135°C. Unte com manteiga uma forma de bolo inglês de 23 × 13 cm, forre-a com papel-manteiga e então passe mais manteiga por cima do papel.

2. Faça um purê com as bananas no processador ou manualmente. Adicione os açúcares, o fermento e o sal e bata até incorporar. Acrescente os ovos, o buttermilk e o óleo e misture bem. Transfira a mistura para uma tigela grande, adicione a farinha e misture até que desapareça e que a massa esteja macia e brilhante. Junte as nozes (se for usá-las).

3. Transfira a massa da tigela para a fôrma preparada e asse até que um palito saia limpo quando inserido no centro, o que deve levar de 2 horas a 2h30. Deixe o pão esfriar dentro da fôrma por 5 minutos em cima de uma grade. Então desenforme-o e deixe que esfrie completamente sobre a grade. Envolva bem o que sobrar com filme e armazene em temperatura ambiente.

FÁCEIS E DOCES: PÃES RÁPIDOS E FESTIVOS

ROCAMBOLE DE NOZES DA MINHA AVÓ

RENDE 4 UNIDADES (DE 30 CM); SERVE 24 PESSOAS

PARA O RECHEIO

910 g de **NOZES** picadas

1½ xícara (chá)/300 g de **AÇÚCAR**

1½ colher (sopa) de **MANTEIGA** derretida

RASPAS da casca de 1 **LIMÃO**

PARA A MASSA

1 colher (sopa) mais 1½ colher (chá) de **FERMENTO BIOLÓGICO SECO**

½ xícara (chá)/120 ml de **LEITE INTEGRAL** morno

16 colheres (sopa)/225 g de **MANTEIGA** derretida e resfriada e mais um pouco para untar a tigela

1 xícara (chá)/225 g de **IOGURTE GREGO**

3 **OVOS** grandes batidos

6 xícaras (chá)/750 g de **FARINHA DE TRIGO** peneirada, e mais um pouco para modelar

3 colheres (sopa) de **AÇÚCAR**

1 colher (chá) de **SAL KASHER**

> **NOTA:** Esta receita rende quatro rocamboles, e cada um rende uma dúzia de fatias generosas, mas é tão gostosa que eu sugiro fazer a quantidade toda indicada e dar um ou dois de presente, ou então congelar para outra ocasião.

Minha avó materna, Rita Kozak, vivia em Grand Rapids, Michigan, que fica a sete horas de carro de Toronto, onde cresci. Minha família ia visitá-la várias vezes ao ano, e a longa viagem de carro se tornava tolerável por sabermos que, além dos rostos sorridentes dos nossos avós, encontraríamos uma fatia quentinha de rocambole de nozes nos aguardando. Minha avó, que era irlandesa e morava nos Estados Unidos, aprendeu a fazer este pão em um livro de culinária eslovaca que ganhou de presente de sua cunhada. A deliciosa massa fermentada, feita com manteiga, ovos e iogurte grego, é recheada com uma mistura de nozes, açúcar e uma pitada vibrante de raspas de limão.

1. Para fazer o recheio: misture as nozes, o açúcar, a manteiga derretida e as raspas de limão em uma tigela.

2. Para preparar a massa: misture o fermento e o leite quente em uma tigela média. Deixe descansar por cerca de 5 minutos, até que a superfície fique espumosa. Misture com um batedor de arame a manteiga derretida, o iogurte grego e os ovos.

3. Em uma tigela grande, junte a farinha, o açúcar e o sal. Acrescente a mistura de leite e mexa até ficar uniforme. Unte levemente uma tigela grande com manteiga e transfira a massa para ela. Cubra bem a tigela com filme e deixe descansar por 1 hora; ela não dobrará de tamanho, mas ficará mais macia, um pouco inflada e muito mais fácil de ser manuseada.

4. Transfira a massa para uma superfície levemente enfarinhada. Divida-a em 4 pedaços iguais (cada um pesando cerca de 388 g). Com um rolo, abra um pedaço por vez (mantenha o restante coberto com

filme) em um quadrado de 30 cm. Espalhe de maneira uniforme pela superfície ¼ do recheio de nozes. Enrole a massa bem apertada, para obter um rocambole de 30 cm de comprimento e cerca de 7,5 cm tanto de largura quanto de altura. Repita o processo com o restante.

5. Forre 2 assadeiras baixas com papel-manteiga e transfira 2 rocamboles para cada uma, espaçando-os de maneira uniforme. Cubra as assadeiras com filme, sem pressionar, e deixe-as em um local quente da cozinha por cerca de 1 hora, para que a massa cresça até ficar macia e elástica.

6. Enquanto isso, preaqueça o forno a 180°C. Descubra os rocamboles e asse-os até ficarem bem dourados, o que levará de 40 a 45 minutos. Deixe esfriar durante 30 minutos em grades antes de fatiá-los e servi-los quentes ou em temperatura ambiente. Para congelá-los, envolva-os com filme ou armazene-os em um saco hermético. Deixe voltar à temperatura ambiente e reaqueça fatias individuais no forno a 150°C.

FÁCEIS E DOCES: PÃES RÁPIDOS E FESTIVOS

STOLLEN

RENDE 2 UNIDADES (DE 30 CM)

PARA AS FRUTAS

⅔ de xícara (chá)/80 g de **UVAS-PASSAS**

⅓ de xícara (chá)/40 g de **CEREJAS DESIDRATADAS**

2 colheres (sopa) de **CASCA DE LIMÃO CRISTALIZADA** cortada em cubinhos

2 colheres (sopa) de **CASCA DE LARANJA CRISTALIZADA** cortada em cubinhos

¼ de xícara (chá)/55 ml de **RUM ENVELHECIDO**

¼ de xícara (chá)/55 ml de **CONHAQUE**

½ colher (chá) de **EXTRATO DE BAUNILHA**

ÁGUA quente

½ xícara (chá)/75 g de **AMÊNDOAS** branqueadas

PARA O RECHEIO

2½ colheres (sopa) de **PASTA DE AMÊNDOAS** (veja a nota)

1 colher (sopa) de **CROÛTONS** caseiros (p. 276) ou comprados

½ colher (sopa) de **AÇÚCAR CRISTAL**

½ colher (sopa) de **MANTEIGA** em temperatura ambiente

1½ colher (chá) de **ÁGUA**

O stollen, um pão doce recheado com amêndoas e frutas e coberto com açúcar, é servido nas datas festivas alemãs e agora é também uma tradição na Hot Bread Kitchen. Muito amor é colocado no nosso pão: usamos uma quantidade enorme de pasta de amêndoas no recheio e preenchemos a massa amanteigada com amêndoas e frutas secas picadas que hidratamos durante dias em bastante bebida alcoólica. É o presente perfeito de fim de ano e tem uma vida longa na despensa. Repare que esse pão precisa de um pouco de planejamento, porque as frutas são hidratadas durante três dias! Veja nas fotografias como moldá-lo.

1. Para hidratar as frutas: coloque as uvas-passas, as cerejas, as cascas de limão e de laranja, o rum, o conhaque e o extrato de baunilha em uma tigela grande e cubra com água quente. Mexa bem, cubra a tigela com filme e deixe descansar

> **NOTA:** Para fazer pasta de amêndoas em casa, você vai precisar de:
>
> 1½ xícara (chá) de **AMÊNDOAS** branqueadas
> 1½ xícara (chá) de **AÇÚCAR DE CONFEITEIRO**
> 1 **OVO**
> 1 colher (chá) de **EXTRATO DE AMÊNDOAS**
>
> Em um processador, bata as amêndoas por cerca de 1 minuto, até que se desfaçam. Adicione o restante dos ingredientes e processe a mistura por mais 1 minuto, até incorporar. Coloque o conteúdo em uma superfície com açúcar de confeiteiro e molde em formato cilíndrico. Enrole em filme e leve à geladeira por cerca de 1 hora, ou até firmar. Pode ser armazenada na geladeira por aproximadamente 1 semana.

em temperatura ambiente por 3 dias. Antes de incorporar as frutas à massa, escorra-as bem, certificando-se de retirar todo o líquido delas. (Guarde-o para usar em outras receitas, como calda de sorvete ou um drinque com bastante gelo.)

2. Preaqueça o forno a 165°C.

3. Espalhe as amêndoas em uma camada uniforme em uma assadeira pequena e baixa e toste-as no forno, mexendo uma ou duas vezes, até que estejam douradas, o que leva de 10 a 12 minutos. Deixe esfriar e então corte-as ao meio com uma faca afiada.

4. Para fazer o recheio: coloque a pasta de amêndoas, os croûtons e o açúcar cristal em uma tigela pequena e misture com a ponta dos dedos até formar uma pasta esfarelenta. Corte a manteiga em pedacinhos e incorpore-a à massa com a ponta dos dedos. Acrescente a água e misture até que seja absorvida. Coloque a pasta em um pedaço de filme e molde-a em duas

A receita continua…

PÃO QUENTE

PARA A MASSA

½ xícara (chá)/120 ml de **LEITE INTEGRAL** morno

2¼ de colheres (chá) de **FERMENTO BIOLÓGICO SECO**

2 xícaras (chá)/250 g de **FARINHA DE TRIGO**, e mais um pouco para moldar

2½ colheres (sopa) de **AÇÚCAR CRISTAL**

½ colher (chá) de **CANELA EM PÓ**

¼ de colher (chá) de **GENGIBRE EM PÓ**

Uma pitada de **CARDAMOMO EM PÓ**

Uma pitada de **CRAVO EM PÓ**

Uma pitada de **NOZ-MOSCADA EM PÓ**

Uma pitada de **SAL KASHER**

8 colheres (sopa)/115 g de **MANTEIGA** em temperatura ambiente

PARA A COBERTURA

6 colheres (sopa)/85 g de **MANTEIGA** derretida

½ xícara (chá)/100 g de **AÇÚCAR CRISTAL**

1½ xícara (chá)/180 g de **AÇÚCAR DE CONFEITEIRO** e mais um pouco, se necessário

bolas iguais. Envolva cada uma com filme e leve à geladeira até firmar, por no mínimo 2 horas e no máximo 3 dias.

5. Para preparar a massa: despeje o leite na batedeira com o gancho. Polvilhe o fermento por cima.

6. Adicione à tigela a farinha, o açúcar cristal, a canela, o gengibre, o cardamomo, o cravo, a noz-moscada, o sal e a manteiga em temperatura ambiente. Em velocidade baixa, bata por cerca de 3 minutos, até formar uma massa. Nesse ponto, ela estará bastante grudenta. Aumente a velocidade para média-alta por aproximadamente 4 minutos até que a massa esteja macia e brilhante e as laterais da tigela estejam limpas.

7. Acrescente as amêndoas tostadas e as frutas já escorridas à massa e bata em velocidade baixa até integrá-las. Cubra a tigela com filme e deixe descansar em

Stollen sem álcool

Para os muçulmanos da nossa equipe, que não bebem álcool, fizemos uma deliciosa versão não alcoólica. No lugar de rum e conhaque, coloque 1 xícara (chá)/240 ml de água em uma panela pequena, adicione 1 fava de baunilha raspada e suas sementes e leve para ferver. Retire do fogo e deixe atingir a temperatura ambiente. Descarte a fava e use a água para hidratar as frutas.

temperatura ambiente por cerca de 1 hora, até que a massa esteja macia e elástica.

8. Transfira-a para uma superfície levemente enfarinhada e divida-a em 2 pedaços iguais. Faça retângulos e depois molde-os em formato cilíndrico (veja a p. 120) para obter 2 pães. Sem pressionar, cubra-os com filme ou com um saco plástico grande e deixe que descansem por 20 minutos.

9. Com as mãos, transforme cada cilindro em um retângulo com 2,5 cm de espessura. Pressione um rolinho de madeira (ou o cabo de uma colher de pau) de no mínimo 30 cm de comprimento e cerca de 1,5 cm de diâmetro no centro da massa para formar um canal (veja a p. 245). Role o cabo para os dois lados para fazer uma abertura de 5 cm de largura.

10. Pegue o recheio em temperatura ambiente, abra cada porção em formato de cilindro com o mesmo comprimento da massa. Coloque um cilindro à sua frente no sentido do comprimento, como na foto da p. 245. Coloque o recheio no canal aberto e dobre a parte de cima da massa sobre ele, de forma a cobri-lo e tocar a parte de cima da massa. Use o rolinho de madeira para levar o recheio para o terço mais baixo da massa. Depois, faça o contrário para que o recheio vá para o terço de cima, criando uma elevação na massa. As duas pontas da massa vão naturalmente se separar um pouco. Pegue o rolinho de madeira e pressione-o nessa separação, na qual as duas dobras se encontram — a cerca de ⅔ da altura do stollen — para criar uma segunda e uma terceira elevações. Ao final, ele deve ter 3 elevações distintas.

11. Transfira os stollens para 2 assadeiras baixas forradas com papel-manteiga. Coloque-as dentro de um saco plástico grande ou cubra-as com filme e deixe que cresçam até o volume das massas aumentar um pouco e ficarem levemente infladas ao toque, o que deve levar de 45 a 60 minutos.

12. Preaqueça o forno a 180°C.

13. Asse os pães por 25 a 30 minutos, trocando as assadeiras de lugar uma vez, até que estejam dourados (sua cozinha vai ficar com um aroma maravilhoso). Retire os pães do forno e deixe-os esfriar por 10 minutos.

14. Pincele manteiga derretida nos dois lados dos pães — não economize, eles devem ficar totalmente cobertos. Misture o açúcar cristal e ½ xícara (chá)/60 g do açúcar de confeiteiro em uma tigela pequena e envolva os dois pães com bastante dessa mistura.

Deixe esfriar completamente. Polvilhe 1 xícara (chá)/120 g de açúcar de confeiteiro. A primeira camada de açúcar ajudará a segunda a aderir.

15. Envolva separadamente cada um dos pães com filme e deixe que descansem por no mínimo 1 dia antes de servir. Também pode ser congelado: coloque cada um dos pães em um saco hermético e mantenha no freezer por até 1 mês. Deixe que descongele em temperatura ambiente e polvilhe mais açúcar de confeiteiro antes de servir.

FÁCEIS E DOCES: PÃES RÁPIDOS E FESTIVOS

PAN DE MUERTOS

RENDE 6 UNIDADES; SERVE 6 PESSOAS

FARINHA DE TRIGO

MASSA DE NAN-E QANDI (p. 71)
preparada até o passo 2

1 **OVO** batido

AÇÚCAR COLORIDO (opcional)

Este tradicional pão mexicano é a comida principal do Día de los Muertos, feriado que cai no dia 1º de novembro e celebra aqueles que já se foram. Nancy (veja a p. 93), que nasceu em Puebla, no México, ensinou-nos a moldar o pan de muertos no formato tradicional. Descobrimos que a massa de nan-e qandi (p. 71), que é rica e amanteigada, é uma ótima substituta para aquela usada no México. Note que ela demora mais tempo para crescer — 8 horas —; portanto, planeje-se.

1. Abra a massa em uma superfície levemente enfarinhada. Divida-a em 12 pedaços — 6 maiores (de 100 g cada um) e 6 menores (de 50 g cada um). Um de cada vez (mantendo o restante sob filme), molde os pedaços maiores em cilindros (veja a p. 123). Coloque-os com a emenda virada para baixo na superfície enfarinhada e cubra-os com filme, sem pressionar, para que não ressequem.

2. O próximo passo é moldar os pedaços menores. Para isso, corte-os em 3 partes iguais. Com os dedos, faça 2 cobrinhas, cada uma com cerca de 5 cm de comprimento, e molde bolinhas nas pontas (como se fosse um osso). Use a palma da mão para achatá-las levemente. A terceira parte pode ser enrolada em uma bolinha, que também deverá ser levemente achatada. Repita o processo com os pedaços restantes de massa, cobrindo-os com filme.

3. Descubra um dos pedaços grandes e borrife um pouco de água se estiver ressecado. Coloque a primeira cobrinha por cima, pressionando um pouco para que grude. Arrume a segunda

perpendicular à primeira, de maneira a formar uma cruz. Por fim, grude a bolinha na interseção das duas. Repita os passos nos 5 pedaços remanescentes, arrumando-os em uma assadeira forrada com papel-manteiga e cobrindo com filme, sem pressionar.

4. Pincele levemente um pouco de ovo batido em cada pãozinho. Se optar por decorá-los, polvilhe açúcar colorido por cima. Deixe que cresçam em temperatura ambiente por cerca de 3 horas, até que estejam elásticos (ao pressioná-los levemente, seus dedos devem deixar uma marca).

5. Enquanto isso, preaqueça o forno a 180°C.

6. Asse os panes de muertos por cerca de 25 minutos, até que estejam bem dourados. Deixe-os esfriar em uma grade. Sirva-os quentes ou em temperatura ambiente. Armazene o que sobrar em um saco plástico por até 4 dias em temperatura ambiente. Reaqueça no forno a 180°C durante alguns minutos.

FÁCEIS E DOCES: PÃES RÁPIDOS E FESTIVOS

GUAGUAS DE PAN

RENDE 2 UNIDADES (DE 30 CM)

FARINHA DE TRIGO

MASSA DE CHALÁ TRADICIONAL
(p. 175) preparada até o passo 2

4 **UVAS-PASSAS** (opcional)

1 **OVO** batido

Assim como o pan de muertos (p. 249) é feito para o Día de los Muertos no México, os equatorianos comemoram o Día de los Difuntos, no dia 2 de novembro, com guaguas de pan. Nesse dia, as pessoas rezam para aqueles que já morreram, na esperança de que as preces os libertem do purgatório, guiando-os ao céu. *Guagua* significa "bebê" em quéchua, por isso os pães são moldados em formato de homenzinhos (alguns ficam bem parecidos). Eles são colocados no chão de cemitérios para indicar onde os mortos foram enterrados e servir de sustento aos falecidos.

Raúl Guzman, nosso gerente de produção, que vem de uma grande família de cozinheiros equatorianos, introduziu este pão na Hot Bread Kitchen. Ele é um mestre na decoração de massas, conseguindo moldar os guaguas de pan para que estejam vestindo roupas e fazendo todo tipo de gesto. Suas instruções gerais estão compiladas abaixo, mas você está livre para improvisar! Estes bonecos comestíveis, que proporcionam uma alegria sem fim às crianças, também são deliciosos, podendo ser feitos com nossa massa densa de chalá. Nós o vendemos para marcar o Día de los Muertos, logo após o Halloween. Recomendamos que seja servido em um café da manhã macabro, servido com manteiga, creme de avelã e um copo do morocho da Fanny (p. 226).

1. Forre uma assadeira baixa com papel-manteiga.

2. Em uma superfície levemente enfarinhada, divida a massa em 3 pedaços: 2 pesando 400 g e 1 pesando 100 g. Molde a massa de um dos pedaços maiores (mantenha os outros cobertos com filme) em um retângulo com cerca de 20 cm de comprimento. Amasse as 2 pontas a cerca de 5 cm da extremidade e torça-as de forma a fazer uma esfera separada. Essa será a cabeça do boneco. Use a palma das mãos para achatar toda a massa, repetindo o processo com o outro pedaço de mesmo tamanho.

3. Transfira os bonecos para a assadeira preparada. Usando uma faca ou um cortador de massa, faça 2 cortes diagonais, cada um com 5 cm de comprimento, cerca de 5 cm abaixo da cabeça dos dois lados de cada pedaço de massa. Eles serão os braços. Faça um corte vertical de 5 cm na parte de baixo de cada uma das massas. Eles serão as pernas. Estique a massa para fazer braços e pernas do tamanho e forma que desejar, e sinta-se livre para usar sua imaginação — faça um braço dando tchau, se quiser. Use o cortador de massa ou uma tesoura para fazer talhos que lembrem dedos ou pés.

4. Use o pedaço de massa pequeno para fazer boca, orelha, roupas, sapatos — o que quiser! Pressione esses pedaços de massa decorativos nos bonecos. Use 2 uvas-passas ou balinhas

250 PÃO QUENTE

(se desejar) para fazer os olhos de cada boneco. Pincele ambos com ovo batido e envolva-os em filme, sem pressionar. Deixe descansar até que fiquem elásticos e mais macios que bexigas cheias (ao pressioná-los levemente, seus dedos devem deixar uma marca, o que deve levar cerca de 45 minutos).

5. Preaqueça o forno a 180°C.

6. Asse os guaguas por cerca de 25 minutos, até que fiquem dourados. Transfira-os para uma grade até esfriarem completamente. Armazene o que sobrar em sacos herméticos em temperatura ambiente.

FÁCEIS E DOCES: PÃES RÁPIDOS E FESTIVOS

ROSCA DE REIS

RENDE 1 UNIDADE (DE 30 CM); SERVE DE 8 A 10 PESSOAS

PARA A MASSA

2¼ de colheres (chá) de **FERMENTO BIOLÓGICO SECO**

¼ de xícara (chá)/60 ml de **ÁGUA** morna

¼ de xícara (chá)/60 ml de **LEITE INTEGRAL**

¼ de xícara (chá)/50 g de **AÇÚCAR CRISTAL**

4 colheres (sopa)/60 g de **MANTEIGA**

1 colher (chá) de **EXTRATO DE BAUNILHA**

½ colher (chá) de **CANELA EM PÓ**

1 colher (chá) de **SAL KASHER**

3½ a 4 xícaras (chá)/435 g a 500 g de **FARINHA DE TRIGO**, e mais um pouco para moldar

1 colher (copa) de **RASPAS DE LIMÃO** finas

2 **OVOS** grandes batidos

PARA A COBERTURA

1 xícara (chá) mais 3 colheres (sopa)/150 g de **FARINHA DE ROSCA**

¼ de colher (chá) de **FERMENTO EM PÓ**

¼ de colher (chá) de **SAL KASHER**

7 colheres (sopa)/100 g de **MANTEIGA** em temperatura ambiente

¾ de xícara (chá) mais 1 colher (sopa)/100 g de **AÇÚCAR DE CONFEITEIRO**

¾ de colher (chá) de **EXTRATO DE BAUNILHA**

Este pão doce é feito para celebrar o Dia de Reis, em 6 de janeiro. É comum inserir um boneco de plástico do bebê Jesus dentro dele, e quem o encontrar será abençoado. Se você não conseguir encontrar um bonequinho, pode substituir por uma moeda envolvida em papel-alumínio; só se certifique de que seus convidados saibam que ela está em algum lugar dentro do pão. Por questões de responsabilidade e segurança, na padaria vendemos os bebezinhos de plástico fora do pão e instruímos nossos clientes a inseri-los.

1. Para fazer a massa: misture o fermento e a água na batedeira com o gancho acoplado.

2. Em uma panela pequena, junte o leite, o açúcar cristal, a manteiga, a baunilha, a canela e o sal. Cozinhe em fogo médio por cerca de 5 minutos, mexendo de vez em quando, até a manteiga derreter e o açúcar dissolver. Deixe esfriar.

3. Adicione 3 ½ xícaras (chá)/435 g da farinha de trigo à batedeira com a mistura de fermento e a mistura de leite, depois acrescente a raspa de limão e os ovos. Bata em velocidade baixa até que a farinha esteja integrada, então aumente a velocidade para média-alta e bata até que a massa comece a desgrudar das laterais e fique macia e elástica, alguns minutos depois. Se estiver úmida demais, adicione até ½ xícara (chá)/65 g de farinha de trigo aos poucos.

4. Enfarinhe levemente a superfície da massa. Cubra com filme e deixe descansar em temperatura ambiente por cerca de 1 hora, até que a massa esteja elástica e mais macia do que uma bexiga cheia (ao pressioná-la levemente, seus dedos devem deixar uma marca).

5. Para fazer a cobertura: misture a farinha, o fermento e o sal em uma tigela. Bata a manteiga e o açúcar de confeiteiro na batedeira por cerca de 4 minutos em velocidade média até ficar cremoso. Adicione o extrato de baunilha e a mistura de farinha, reduza a velocidade para baixa e bata até que tudo esteja integrado. A massa deverá ter a textura da de cookie.

6. Transfira a cobertura para uma superfície enfarinhada. Achate-a com as mãos e coloque-a entre duas camadas retangulares de papel-manteiga. Abra a mistura formando um retângulo longo com cerca de 1,5 cm de espessura. Retire a camada de cima de papel-manteiga e, com uma faca afiada, corte 8 tiras. Cubra com filme e deixe descansar.

7. Volte a massa para a superfície enfarinhada e abra-a no formato de um cilindro com 60 cm de comprimento. Transfira para a assadeira, juntando as pontas para formar uma rosca e pressionando-as para grudar. Insira o bonequinho de plástico ou de cerâmica no pão pela parte de baixo, se quiser.

PARA DECORAR

1 **OVO GRANDE**

8 **CEREJAS EM CALDA**

4 **CASCAS DE LARANJA CRISTALIZADAS**

4 **CASCAS DE LIMÃO CRISTALIZADAS**

8. Preaqueça o forno a 180°C. Forre uma assadeira com papel-manteiga.

9. Em uma tigela pequena, bata o ovo com 1 colher (sopa) de água e pincele a parte de cima e a lateral do pão. Decore pressionando as tiras de cobertura, as cerejas em calda e as cascas de limão e laranja cristalizadas ao redor da rosca. Deixe o pão descansar, coberto, por mais 20 minutos.

10. Asse a rosca por aproximadamente 35 a 40 minutos até que esteja dourada. Transfira-a para uma grade e deixe que esfrie completamente. Sirva em fatias. Armazene o que sobrar envolvido em filme, em temperatura ambiente, por até 2 dias.

PÃEZINHOS COM COBERTURA DE CARDAMOMO

RENDE 12 UNIDADES INDIVIDUAIS

PARA A MASSA

1 colher (chá) de **FERMENTO BIOLÓGICO SECO**

¾ de xícara (chá)/180 g de **LEITE INTEGRAL**

3 xícaras (chá) mais 2 colheres (sopa) /405 g de **FARINHA DE TRIGO PARA PÃO**, e mais um pouco para modelar

¼ de xícara (chá)/50 g de **AÇÚCAR CRISTAL**

1 colher (chá) de **SAL KASHER**

½ colher (chá) de **CARDAMOMO** em pó

4 colheres (sopa)/60 g de **MANTEIGA** em temperatura ambiente

2 **OVOS** grandes

½ xícara (chá)/65 g de **UVAS-PASSAS**

½ xícara (chá)/65 g de **GROSELHA DESIDRATADA**

ÓLEO DE CANOLA

PARA A COBERTURA

½ xícara (chá)/65 g de **AÇÚCAR DE CONFEITEIRO**

2 colheres (chá) de **LEITE INTEGRAL**

½ colher (chá) de **EXTRATO DE BAUNILHA**

Uma pitada de **CARDAMOMO EM PÓ**

Estes pãezinhos doces deliciosos celebram a Páscoa e marcam o início da primavera na Hot Bread Kitchen, mas são ótimos em qualquer época do ano. Para fazê-los, aromatizamos uma massa amanteigada simples com cardamomo, colocamos uvas-passas e groselhas e moldamos pequenas bolinhas, que assamos próximas umas às outras — semelhante a maneira que assamos os pãezinhos americanos (p. 181). Quando esfriam, cada bolinha recebe uma cruz da cobertura de cardamomo.

1. Para fazer os pãezinhos: misture o fermento e o leite na batedeira com o gancho acoplado. Adicione a farinha de trigo para pão, o açúcar cristal, o sal, o cardamomo, a manteiga e 1 ovo. Bata em velocidade baixa até que os ingredientes secos estejam combinados. Acrescente um pouco de água se isso não tiver acontecido depois de 3 minutos. Aumente a velocidade para média-alta e bata a massa por mais 4 minutos, para desenvolver o glúten. Faça o teste da transparência (p. 16). Quando estiver pronta, a massa deve ficar bem brilhante.

2. Adicione as uvas-passas e as groselhas e bata em velocidade baixa até misturá-las.

3. Unte uma tigela grande com óleo e transfira a massa para ela. Cubra com filme, sem pressionar, e deixe descansar em temperatura ambiente até que a massa esteja elástica e mais macia do que uma bexiga cheia (ao pressioná-la levemente, seus dedos devem deixar uma marca, o que deve levar cerca de 1 hora).

4. Forre uma assadeira baixa com papel-manteiga. Transfira a massa para uma superfície enfarinhada. Divida-a em 12 pedaços iguais (cada um pesando 75 g). Forme uma bola com cada parte (veja a p. 123), transfira-as para a assadeira e arrume-as (com a emenda virada para baixo) em 4 fileiras de 3 pães, de forma que as laterais se encostem. Cubra a assadeira com filme, sem pressionar, e deixe que os pãezinhos cresçam até que estejam elásticos e mais macios que uma bexiga cheia (ao pressioná-los levemente, seus dedos devem deixar uma marca, o que deve levar cerca de 1 hora). Enquanto isso, preaqueça o forno a 180°C.

5. Bata levemente o ovo restante, descubra os pãezinhos e pincele-os com ovo. Asse-os por cerca de 30 minutos, até que estejam lindamente dourados e firmes ao toque. Separe-os com uma faca fina para se certificar de que estejam assados por dentro — a massa não pode estar mole. Transfira-os para uma grade até esfriarem completamente.

6. Para fazer a cobertura: misture com um batedor de arame o açúcar de confeiteiro, o leite, a baunilha e o cardamomo. Aos poucos, adicione leite ou açúcar para atingir a consistência correta. Transfira a mistura para um saco de confeiteiro ou um saco plástico com uma pequena abertura na ponta.

7. Faça uma linha reta no meio de cada fileira de pãezinhos. Vire a assadeira a 45° e faça outra linha em cada fileira, formando uma cruz no topo de cada pãozinho. Sirva em temperatura ambiente. Armazene o que sobrar em um pote hermético em temperatura ambiente por até 3 dias.

FÁCEIS E DOCES: PÃES RÁPIDOS E FESTIVOS

PÃO DE CHOCOLATE COM CEREJA

RENDE 12 UNIDADES

½ xícara (chá) mais 1 colher (sopa)/75 g de **CEREJAS DESIDRATADAS**

30 g de **CHOCOLATE AMARGO** (60% a 70% de cacau) derretido, e mais 140 g adicionais cortados em pedaços de 1 cm

1 xícara (chá) menos 1 colher (sopa)/210 ml de **ÁGUA** quente

2⅓ de xícaras (chá)/295 g de **FARINHA DE TRIGO PARA PÃO**

¼ de xícara (chá)/20 g de **CACAU EM PÓ SEM AÇÚCAR**

2¼ de colheres (chá) de **SAL KASHER**

¼ de colher (chá) bem cheia de **FERMENTO BIOLÓGICO SECO**

⅓ de xícara (chá)/80 g de **PÂTE FERMENTÉE** (p. 126) cortado em pedaços do tamanho de uma noz

ÓLEO DE CANOLA

NOTA: Esta receita pede chocolate de três formas: em pedaços, derretido e em pó. A massa precisa de tempo extra para crescer, mas o resultado são pãezinhos mais escuros e densos.

Desenvolvemos esse pão delicioso para o Dia dos Namorados. O equilíbrio da massa azeda com a textura encorpada do chocolate amargo e o doce das cerejas faz com que possa ser comido no café, como sobremesa e com queijo. Uma maneira divertida de usá-lo é colocar em uma cumbuca, retirar o topo (coma ou guarde para depois), preencher com uma bola de sorvete e jogar um pouco de café expresso quente por cima, como se fosse uma calda — tigelinhas de affogato! As sobras podem ser partidas em pedaços e usadas para fazer pudim de pão (p. 272).

1. Cubra as cerejas com água quente e deixe hidratar.

Coloque o chocolate derretido na batedeira com o gancho acoplado e deixe esfriar um pouco (até atingir a temperatura de 38°C). Aos poucos, coloque a água quente (se fizer isso rápido demais ou se a água estiver muito fria, o chocolate vai se desfazer). Adicione a farinha, o cacau em pó, o sal, o fermento e o pâte fermentée. Bata em velocidade baixa por 1 a 2 minutos, até que todos os ingredientes estejam combinados. Aumente a velocidade para média-alta por cerca de 5 a 6 minutos, até que a massa esteja macia e brilhante e as laterais da tigela estejam limpas. Você saberá que a massa está pronta quando puxar delicadamente um pedacinho e ele não sair com facilidade.

2. Escorra as cerejas e adicione-as à massa com os pedaços de chocolate. Bata em velocidade baixa por cerca de 2 minutos, até estarem incorporados. A massa deverá estar macia e um pouco grudenta, mas ficará firme no tempo de crescimento.

3. Unte uma tigela média com óleo e transfira a massa para ela. Cubra a tigela com filme e deixe descansar em temperatura ambiente até crescer, de 2h30 a 3 horas. Alternativamente (para uma fermentação mais lenta), deixe descansar em temperatura ambiente por 45 minutos até que cresça um pouco e se torne mais macia. Dobre a massa ao meio e cubra-a com filme bem apertado. Leve à geladeira por no mínimo 4 e no máximo 12 horas. Deixe que volte à temperatura ambiente antes de prosseguir.

4. Forre uma assadeira baixa com papel-manteiga. Coloque a massa em uma superfície levemente enfarinhada. Com delicadeza, divida-a em 12 pedaços iguais (cada um pesando cerca de 70 g). Molde cada porção (mantendo o restante coberto com filme) em formato de bola (veja a p. 123). Se os pedaços de chocolate ou as cerejas estiverem aparecendo na superfície, empurre-os para dentro e puxe um pouquinho de massa por cima. Transfira os pãezinhos com a emenda virada para baixo para

A receita continua…

FÁCEIS E DOCES: PÃES RÁPIDOS E FESTIVOS

a assadeira e arrume-os de forma que encostem levemente um no outro, mas sem ficar grudados e prensados. Cubra-os com filme sem pressionar e deixe que descansem até que preencham quase toda a assadeira, de 2h30 a 3 horas depois.

5. Enquanto isso, preaqueça o forno a 205°C. Coloque uma assadeira na parte de baixo.

6. Faça um X no topo de cada pãozinho. Coloque a assadeira no forno e, na que já está lá, ponha 10 pedras de gelo. Asse os pãezinhos até que estejam bem dourados, o topo esteja crocante e, ao separá-los delicadamente com uma faca fina, o interior esteja completamente assado, e não grudento, o que deve levar de 15 a 20 minutos.

7. Transfira-os para uma grade até esfriarem completamente. Armazene em um saco plástico por até 4 dias.

EQUILIBRANDO O PAPEL DE MÃE E EMPRESÁRIA

Tenho uma amiga que coordena uma instituição sem fins lucrativos e tem filhos mais velhos que os meus. Ela me contou que, quando teve o primeiro, percebeu que poderia deixar sua carreira brilhante e ser mãe ou poderia fazer as duas coisas — e enlouquecer. A segunda opção, ela contou, soava muito mais divertida.

Se eu tivesse um método infalível para equilibrar a maternidade e o comando de uma empresa, provavelmente estaria escrevendo outro livro. A verdade é que abracei minha louca interior, assim como minha amiga fez. Também desenvolvi algumas estratégias ao longo do caminho que tornaram esse equilíbrio um pouco mais fácil.

Eu, meu marido e meus filhos moramos no Harlem, a sete minutos a pé da Hot Bread Kitchen. Em função do que fazemos, acho importante morar na comunidade, mas isso também significa que posso correr em casa para roubar um beijo do meu filho mais novo antes da soneca dele. Também é muito fácil para meus filhos participarem de atividades e eventos na padaria. Dahlia passou tanto tempo na HBK em seu primeiro ano de vida que a primeira palavra que falou foi *"pan"* ("pão" em espanhol). Sempre que as crianças estão lá, têm trinta tias amorosas para cuidar delas.

Tenho sorte por contar com a companhia do meu marido, Eli, e o apoio do resto da família. Muitas vezes, parece que passamos o bastão da paternidade um para o outro, como numa corrida de revezamento, e saber que Eli está sempre disposto a continuar indo em frente permitiu que eu crescesse com a Hot Bread Kitchen e que a organização tivesse impacto na vida das mulheres envolvidas. Minha sogra, Ydalia, que mora em Long Island, cuida constantemente das crianças, como uma *abuela* carinhosa e prestativa. Minha mãe mora em Toronto, mas vem a Nova York com frequência para ajudar. Nós a apelidamos de Vovó Voadora, pois ela passa 50% de seu tempo viajando entre minha casa e a do meu irmão — também um empresário com filhos —, que mora na Califórnia.

É interessante e maravilhoso descobrir que, de muitas maneiras, ser mãe me torna uma CEO melhor, e ser CEO me torna uma mãe melhor. Quando Dahlia nasceu, em 2011, tive que me afastar do controle de cada detalhe da Hot Bread Kitchen pela primeira vez. Aquilo me tornou uma gestora melhor, pois significou que eu tinha que delegar mais trabalho e confiar na minha equipe para executá-lo bem. Fiquei mais tempo de licença-maternidade quando Emile nasceu, em 2013. A Hot Bread Kitchen tinha crescido, mas eu pude me afastar e aproveitar os primeiros meses de vida dele. Meus filhos — e minha equipe — foram sensacionais.

Virar mãe também tornou meu trabalho mais sustentável. Não sei se eu conseguiria continuar trabalhando sem parar como fazia antes de ter filhos. Tirar alguns fins de semana de folga ou ir para casa antes do jantar (coisas que nunca havia feito antes de as crianças nascerem) me trouxeram mais equilíbrio. E uma das coisas mais valiosas de ser mãe é que isso me ajudou a criar uma empresa que respeita e valoriza esse papel na vida da mulher. Em 2013, os membros da equipe e da incubadora da Hot Bread Kitchen tiveram nove bebês. Eu me sinto feliz e orgulhosa de comandar — e trabalhar — numa empresa onde fazemos pães deliciosos e filhos lindos, ao mesmo tempo que descobrimos juntos como fazer isso funcionar.

FÁCEIS E DOCES: PÃES RÁPIDOS E FESTIVOS

GRANOLA DA MINHA MÃE

RENDE 8 XÍCARAS (CHÁ)/CERCA DE 1 KG

½ xícara (chá)/60 g de **AMÊNDOAS** cruas

½ xícara (chá)/55 g de **AMENDOIM** sem sal

½ xícara (chá)/60 g de **NOZES** cruas partidas ao meio

½ xícara (chá)/70 g de **SEMENTES DE ABÓBORA** cruas

½ xícara (chá)/70 g de **SEMENTES DE GIRASSOL** cruas

3 xícaras (chá)/300 g de **AVEIA EM FLOCOS**

¼ de xícara (chá)/15 g de **GÉRMEN DE TRIGO**

¾ de xícara (chá)/255 g de **MEL**

½ xícara (chá)/110 ml de **ÓLEO VEGETAL**

1 colher (sopa) de **ÁGUA FERVENTE**

1 colher (chá) de **SAL KASHER**

½ xícara (chá)/65 g de **UVAS-PASSAS**

> ### Granola simples
> Deixe de fora as nozes, castanhas e sementes e dobre a quantidade de uvas-passas — ou acrescente a mesma quantidade de cerejas desidratadas ou qualquer outra fruta seca.

Quando eu era pequena, minha mãe fazia granola — isso nos anos 1970, quando não havia granola para comprar em qualquer supermercado. Sempre tinha um pote de granola no armário da cozinha. Hoje, vendemos sua receita na Hot Bread Kitchen. Não é doce demais, e o sabor é enriquecido pelo longo tempo de torra das nozes, castanhas e sementes, chegando quase à textura de um musli. Na padaria, não colocamos as nozes, mas em casa, sim; a escolha é sua.

1. Coloque uma das grades do forno na prateleira do meio e preaqueça-o a 165°C.

2. Coloque as amêndoas, o amendoim, as nozes, as sementes de abóbora e de girassol em uma assadeira baixa, espalhadas em uma única camada. Asse por cerca de 15 minutos as nozes, castanhas e sementes, sacudindo a assadeira de vez em quando, até que estejam cheirosas e levemente douradas. Transfira-as para uma tigela grande. Acrescente a aveia e o gérmen de trigo.

3. Em uma tigela pequena, misture o mel, o óleo, a água fervente e o sal. Com uma espátula de silicone, transfira tudo para a mistura de aveia, mexendo vigorosamente. Leve tudo de volta à assadeira.

4. Asse a granola por 40 minutos, mexendo a cada 10 minutos, até que esteja quase seca. Ela deverá ficar bem dourada.

5. Desligue o forno e abra a porta. Deixe a granola esfriar dentro do forno, certificando-se de mexer de vez em quando para garantir que esteja uniforme. Ela ficará crocante ao esfriar. Por fim, adicione as uvas-passas. Armazene em um vidro hermético por até 2 semanas.

FÁCEIS E DOCES: PÃES RÁPIDOS E FESTIVOS

WAFFLES DE GRANOLA

RENDE 8 UNIDADES (DE 10 CM) OU 4 (DE 20 CM)

1¾ de xícara (chá)/220 g de **FARINHA DE TRIGO**

¼ de xícara (chá)/15 g de **GÉRMEN DE TRIGO**

2 colheres (sopa) de **AÇÚCAR**

2 colheres (chá) de **FERMENTO EM PÓ**

½ colher (chá) de **SAL KASHER**

2 **OVOS** grandes

1½ xícara (chá)/360 ml de **LEITE INTEGRAL**

4 colheres (sopa)/60 g de **MANTEIGA** derretida, e mais um pouco para untar

½ colher (chá) de **EXTRATO DE BAUNILHA**

1 xícara (chá)/170 g da **GRANOLA DA MINHA MÃE** (p. 261)

FRUTAS VERMELHAS

XAROPE DE MAPLE morno

Tive uma epifania maravilhosa uma manhã: joguei nossa granola na massa de waffle. Ela acrescenta textura e um sabor de aveia delicioso — aquele toque fácil e inesperado que deixa o café da manhã do fim de semana ainda mais especial. Para deixar o waffle mais saudável e enriquecer o sabor da granola, eu adiciono um pouco de gérmen de trigo à massa. Sinta-se livre para deixar de fora, se quiser — simplesmente use 2 xícaras (chá) cheias/250 g de farinha no lugar para substituir.

1. Em uma tigela grande, misture a farinha, o gérmen de trigo, o açúcar, o fermento e o sal. Em uma tigela pequena, misture os ovos, o leite, a manteiga e a baunilha. Despeje a mistura líquida dentro da tigela da mistura seca e mexa até incorporar completamente todos os ingredientes, sem exagero.

2. Aqueça a máquina de waffle. Quando estiver quente, unte os dois lados com manteiga e despeje a massa. Polvilhe um pouco de granola — a quantidade vai depender do tamanho da máquina. Feche-a e cozinhe o waffle de acordo com as instruções do fabricante. Coloque-o em uma assadeira e transfira-o para o forno para mantê-lo quente, enquanto faz os outros. Se a massa estiver grudando na máquina, unte com mais manteiga.

3. Sirva os waffles quentes, cobertos com frutas vermelhas e regados com xarope de maple.

CAFÉ DA MANHÃ DOS CAMPEÕES

SERVE 4 PESSOAS

- 1½ xícara (chá)/340 g de **RICOTA FRESCA**
- 2 xícaras (chá)/275 g de **CEREJAS** (veja a nota) sem caroço cortadas ao meio
- 2 xícaras (chá)/340 g da **GRANOLA DA MINHA MÃE** (p. 261)
- 1 xícara (chá)/240 ml de **LEITE INTEGRAL**

As manhãs na Hot Bread Kitchen são especialmente atarefadas, já que é quando misturamos nossas massas. Esse turno requer muita energia. Esta combinação de ricota fresca com cereja e granola não só é repleta de proteína e carboidratos saudáveis como leva 1 minuto para ficar pronta e pode ser consumida em uma tigela ou copo para viagem. Tente fazer em uma xícara de papel e dar para as crianças a caminho da escola, naqueles dias em que simplesmente não dá tempo de sentar e tomar um bom café da manhã em casa. Para transformar em uma sobremesa fácil inspirada no bolo floresta negra, sirva-a com raspas de chocolate amargo.

Divida a ricota em 4 tigelas rasas. Coloque por cima as cerejas, a granola e o leite. Sirva imediatamente.

NOTA: Qualquer fruta fresca, como frutas vermelhas ou fatias de pêssego ou de maçã, funciona perfeitamente como substituta para as cerejas, caso não seja época.

FÁCEIS E DOCES: PÃES RÁPIDOS E FESTIVOS

MAÇÃS ASSADAS
COM GRANOLA E CHANTILI

SERVE 4 PESSOAS

4 **MAÇÃS FUJI** (as maiores que encontrar)

4 colheres (sopa)/60 g de **MANTEIGA** em temperatura ambiente

½ xícara (chá) cheia/110 g de **AÇÚCAR MASCAVO**

1 colher (chá) de **CANELA EM PÓ**

Uma pitada de **SAL KASHER**

1 xícara (chá)/170 g da **GRANOLA DA MINHA MÃE** (p. 261)

½ xícara (chá)/120 ml de **CHANTILI**

Esta é uma sobremesa muito fácil. Ao assar as maçãs com açúcar mascavo e canela, você obtém o sabor de uma torta sem o trabalho de fazer a massa. A granola acrescenta um sabor de nozes e castanhas e dá um toque crocante. Sobras de maçãs assadas são excelentes para comer no café da manhã com mais granola e iogurte natural; na verdade, vale a pena dobrar a quantidade de maçãs para que sobrem mesmo.

1. Preaqueça o forno a 180°C. Forre uma assadeira baixa com papel-manteiga.

2. Retire as extremidades superior e inferior de cada maçã, então cave a partir de cima com uma colher pequena e remova as sementes e o talo, deixando cerca de 1,5 cm de fruta embaixo. Você estará criando uma vasilha com elas. Coloque-as na assadeira preparada. Tirar uma fina camada de baixo vai ajudá-las a ficar estáveis.

3. Misture a manteiga, o açúcar mascavo, a canela e o sal. Espalhe a mistura de maneira uniforme por cima das maçãs. Asse-as até que estejam douradas e macias ao espetá-las com uma faca fina, o que deve levar cerca de 30 minutos.

4. Transfira as maçãs para um prato de servir. Polvilhe a granola e coloque chantili por cima. Sirva imediatamente, enquanto as maçãs ainda estiverem quentes.

SEM DESPERDÍCIO

O QUE FAZER COM AS SOBRAS DE PÃO

Padarias comerciais, assim como cozinheiros amadores, estão sempre criando novas maneiras de utilizar as sobras. Alguns de nossos pães, como o bialy tradicional de cebola (p. 159), usam farinha de rosca. Pão amanhecido sempre pode virar pão novo, e algumas das receitas mais gostosas deste livro (chilaquiles, p. 287; ribollita do Saltie, p. 284) usam sobras de forma destacada. Essa é uma tradição antiga dos padeiros. Muitas massas de pães artesanais usam massa antiga para estender o processo de fermentação e adicionar complexidade ao sabor.

É comum que as refeições de nossa equipe comecem com a pergunta: *O que vamos fazer com o pão de ontem?* Vem então uma enxurrada de soluções criativas, como panzanella de inverno (p. 279), salada de verão com tomate, atum e croûton (p. 280), rabanada com queijo e pêssego caramelizado (p. 271) e memoráveis sobremesas, como o pudim de pão *tres leches* com calda mexicana de chocolate (p. 272).

Também doamos centenas de pães amanhecidos toda semana para o City Harvest e a New York Common Pantry, que trabalham no combate à fome na cidade. Além disso, no armazém da Hot Bread Kitchen, todos os dias a partir das duas horas da tarde, você pode pagar quanto quiser pelos pães. Essas ações minimizam o desperdício e garantem que nossos produtos alimentem o máximo de pessoas possível, independentemente da situação financeira.

Receita para um empreendedor

Essa receita é definitivamente uma brincadeira, mas ressalta um aspecto importante do que acreditamos na Hot Bread Kitchen. Identificamos indivíduos com alto potencial para o sucesso na indústria alimentícia. Então, proporcionamos treinamento técnico e espaço para crescimento, de forma que possam montar suas empresas e dar uma vida melhor à família. Parafraseando um provérbio clássico, ensinamos mulheres a pescar. Mas também mostramos como cortar o peixe, limpá-lo, fritá-lo e vendê-lo com uma embalagem apropriada.

   3 partes de **RESILIÊNCIA**
   2 partes de **VISÃO**
   2 partes de **OBSTINAÇÃO** (que pode ser substituída por **DISPOSIÇÃO A SEGUIR REGRAS**)
   2 partes de **ESPÍRITO COMPETITIVO**
   1 parte de **ORGANIZAÇÃO INCANSÁVEL**
   Uma pitada de **CASCA GROSSA**

Para o empresário do setor alimentício

Pegue os atributos acima e misture com:

   1 parte de **ESTAMINA FÍSICA, NECESSÁRIA PARA OS LONGOS TURNOS DE TRABALHO**
   1 parte de **COMPROMETIMENTO MANÍACO COM O CONTROLE DE QUALIDADE**
   1 parte de **CONHECIMENTO TÉCNICO**

Para o empresário social

Pegue todos os atributos acima e misture com:

   2 partes de **DESEJO DE TORNAR O MUNDO UM LUGAR MELHOR**
   1 parte de **PAIXÃO PELAS PESSOAS**

RABANADA COM QUEIJO E PÊSSEGO CARAMELIZADO

SERVE 4 PESSOAS

7 colheres (sopa)/100 g de **MANTEIGA**

2 **PÊSSEGOS FIRMES** cortados em fatias finas

2 colheres (sopa) de **AÇÚCAR**

2 colheres (sopa) de **SUMO DE LIMÃO**

8 **OVOS** grandes

½ xícara (chá)/120 g de **LEITE INTEGRAL**

½ colher (chá) de **SAL KASHER**

¼ de colher (chá) de **CANELA** em pó

8 fatias (de 2 cm) de **CHALÁ** amanhecido, caseiro (pp. 175 ou 188) ou comprado

1 xícara (chá)/95 g de **CHEDDAR EXTRAFORTE** ralado grosseiramente

Meu pai amava cozinhar. Ele fazia uma versão divina da canja da mãe dele (p. 204), incluindo pé de galinha quando conseguia encontrar no açougue. Também fazia um delicioso schnitzel (p. 282) e até frango frito. Mas esta receita híbrida, que serve como café da manhã, almoço, sobremesa e lanche, se destaca entre as diversas comidas saborosas que fez durante minha adolescência. Não faço ideia de quando ou por que começou a fazer esta receita, mas é a comida mais reconfortante que você pode imaginar. Quando não for época de pêssego, maçãs são excelentes substitutas.

1. Derreta 3 colheres (sopa)/45 g da manteiga em uma frigideira grande em fogo médio-alto. Adicione as fatias de pêssego em uma camada única, se possível, e polvilhe 1 colher (sopa) de açúcar. Cozinhe o pêssego por 2 minutos, virando as fatias uma vez, até que estejam douradas dos dois lados. Retire a frigideira do fogo e regue com o sumo de limão.

2. Em uma travessa, misture os ovos, o leite, o sal, a canela e a colher (sopa) restante de açúcar. Acrescente o chalá, certificando-se de que todas as fatias estejam totalmente cobertas, e deixe que descanse para absorver a mistura.

3. Derreta 2 colheres (sopa)/30 g da manteiga em uma frigideira grande em fogo médio-alto. Coloque 4 fatias do chalá embebido em uma camada única na frigideira e cozinhe por cerca de 1 minuto, até que ambos os lados

estejam levemente dourados. Vire delicadamente 2 das fatias e divida ½ xícara (chá)/50 g do cheddar entre elas. Levante as outras 2 fatias e coloque por cima, de forma que os lados dourados fiquem para dentro, encostando no queijo. Pressione os sanduíches com uma espátula e tampe a frigideira (ou cubra com papel-alumínio) e deixe que cozinhem por cerca de 2 minutos, até que estejam bem dourados. Destampe a panela, vire os sanduíches e cozinhe por mais 1 minuto, até que o outro lado também esteja bem dourado e o queijo tenha derretido. Transfira os sanduíches para um prato. Repita o processo com o restante da manteiga, do pão embebido e do queijo.

4. Cubra os sanduíches com pêssego e regue com o líquido da fruta que restar na frigideira. Sirva enquanto ainda estiver quente.

SEM DESPERDÍCIO: O QUE FAZER COM AS SOBRAS DE PÃO

PUDIM DE PÃO *TRES LECHES*
COM CALDA MEXICANA DE CHOCOLATE

SERVE DE 8 A 10 PESSOAS

6 **OVOS** grandes

1 lata (396 g) de **LEITE CONDENSADO**

1 lata (354 ml) de **LEITE EVAPORADO** (veja a nota)

2 xícaras (chá)/480 g de **LEITE INTEGRAL**

3 colheres (chá) de **EXTRATO DE BAUNILHA**

1 colher (chá) de **CANELA** em pó

1 colher (chá) de **SAL KASHER**

1 (455 g) de **CHALÁ** amanhecido, caseiro (p. 175) ou comprado, cortado em pedaços de 2,5 cm

½ xícara (chá)/55 g de **AMÊNDOAS** fatiadas

½ xícara (chá)/65 g de **UVAS-PASSAS**

1 colher (sopa) de **MANTEIGA** em temperatura ambiente

1 xícara (chá)/240 g de **CREME DE LEITE FRESCO** (com no mínimo 35% de gordura) gelado

2 colheres (sopa) de **AÇÚCAR**

CALDA MEXICANA DE CHOCOLATE (receita ao lado)

Quando faço pudim de pão, misturo todos os laticínios que tenho em casa, incluindo leite, creme de leite, iogurte grego, ovos e manteiga. Adiciono açúcar, misturo um ou dois punhados de uvas-passas, acrescento pedaços de chalá amanhecido, levo ao forno e chamo de pudim. Não há nada errado com essa receita, mas a versão *tres leches* é campeã. Coberta com chantili e uma rica calda de chocolate com infusão de canela, é um desfecho memorável para um jantar em casa. Quanto menos fresco o pão estiver, melhor; ele absorverá mais da mistura maravilhosa de leite.

1. Preaqueça o forno a 180°C.

2. Em uma tigela grande, misture com um batedor de arame os ovos, os três leites, 2 colheres (chá) do extrato de baunilha, a canela e o sal. Acrescente o pão, as amêndoas e as uvas-passas e misture bem com as mãos. Deixe descansar por 5 minutos para que o pão absorva a mistura.

3. Unte com manteiga uma travessa de 2,3 litros. Transfira a mistura com pão embebido para a travessa. Asse o pudim de pão até que esteja dourado por cima e firme, o que deve levar de 45 minutos a 1 hora.

4. Deixe o pudim de pão esfriar por no mínimo 10 minutos antes de servir.

5. Enquanto isso, junte o creme de leite fresco com a colher (chá) restante de extrato de baunilha na batedeira com o batedor comum. Bata em velocidade alta até que forme pontas em formato de suspiro. Acrescente o açúcar e misture.

6. Sirva o pudim de pão quente coberto com chantili e calda de chocolate.

NOTA: Para fazer leite evaporado em casa, junte 540 ml de água e 110 g de leite em pó no liquidificador e bata bem até incorporar. Transfira para um recipiente hermético e leve à geladeira por 12 horas.

CALDA MEXICANA DE CHOCOLATE

RENDE 1⅓ XÍCARA (CHÁ)/350 G

Essa calda leva um pudim de pão ou mesmo um simples pote de sorvete a outro nível. O chocolate mexicano tem açúcar e canela, o que adiciona o gosto característico. Se não conseguir encontrá-lo, sinta-se livre para substituí-lo pela mesma quantidade de chocolate amargo picado com uma boa pitada de canela em pó.

200 g de **CHOCOLATE MEXICANO** cortado em pedaços pequenos

30 g de **CHOCOLATE MEIO AMARGO**

½ xícara (chá)/120 g de **CREME DE LEITE FRESCO** com no mínimo 35% de gordura

Ferva água em uma panela pequena e então reduza o fogo para uma fervura branda. Coloque os dois chocolates e o creme de leite fresco em uma tigela resistente ao calor e encaixe-a em cima da panela. Certifique-se de que a água não esteja encostando na tigela (se estiver, retire um pouco). Aqueça a mistura, mexendo sempre, até que o chocolate esteja derretido por completo e a calda esteja cremosa. Sirva imediatamente. Se quiser fazer a calda com antecedência, deixe-a esfriar até atingir a temperatura ambiente, cubra-a com filme e armazene na geladeira por até 1 semana. Reaqueça-a da mesma forma que a cozinhou.

SALADA DE RÚCULA COM CROÛTONS DE CHALÁ SEFARDITA E VINAGRETE DE LIMÃO

SERVE 4 PESSOAS

½ xícara (chá) mais 3 colheres (sopa)/155 ml de **AZEITE**

3 colheres (sopa) de **SUMO DE LIMÃO** fresco

1 **DENTE DE ALHO** pequeno picado

SAL KASHER

6 xícaras (chá)/200 g de **RÚCULA BABY**

½ **CHALÁ SEFARDITA** (p. 190) ou outro pão amanhecido, cortado em cubos de 1,5 cm (4 xícaras de chá/400 g)

PIMENTA-DO-REINO moída na hora

Devido às especiarias usadas no chalá sefardita (p. 190), as sobras viram croûtons deliciosos. Você pode usar qualquer pão amanhecido, claro. Aliás, qualquer outra verdura amarga pode ser usada no lugar da rúcula, como radicchio ou escarola.

1. Misture em uma tigela grande ½ xícara (chá)/110 g de azeite, o sumo de limão, o alho e uma boa pitada de sal. Coloque a rúcula na tigela, mas não mexa ainda.

Aqueça as 3 colheres (sopa)/ 45 ml restantes de azeite em uma frigideira grande em fogo médio. Coloque os croûtons e polvilhe uma pitada generosa de sal. Cozinhe por cerca de 5 minutos, mexendo de vez em quando, até que estejam dourados e crocantes. Transfira os croûtons para a tigela da rúcula e mexa para misturar. O calor dos croûtons vai fazer a rúcula murchar um pouquinho. Tempere com sal e pimenta a gosto. Sirva imediatamente.

PANZANELLA DE INVERNO

SERVE 6 PESSOAS

300 g de **FILÃO** ou **CIABATTA** amanhecidos, caseiros (pp. 128 ou 141) ou comprados, cortados em pedaços de 2,5 cm (cerca de 2 pães médios)

455 g de **ABÓBORA-MANTEIGA** descascada, sem sementes e cortada em cubos de 4 cm

455 g de **COUVES-DE-BRUXELAS** limpas e cortadas ao meio

½ xícara (chá) mais 3 colheres (sopa)/155 g de **AZEITE**

SAL KASHER

2 colheres (chá) de **MOSTARDA DE DIJON**

2 colheres (chá) de **XAROPE DE MAPLE**

3 colheres (sopa) de **VINAGRE DE MAÇÃ**

PIMENTA-DO-REINO moída na hora

½ ramo de **COUVE** sem os talos cortado em fatias finas (cerca de 3 xícaras de chá/200 g)

½ **CEBOLA ROXA** pequena cortada em pequenos cubos

½ xícara (chá)/50 g de **PARMESÃO** ralado ou moído

Quando penso em salada com croûton (veja a salada de verão com tomate, atum e croûton, p. 280), penso em verão, mas um pedaço crocante de pão misturado aos sabores deliciosos de legumes de inverno assados e um molho de mostarda é igualmente gostoso. Esta salada consistente é perfeita para o almoço em um dia frio.

1. Preaqueça o forno a 205°C.

2. Coloque os cubos de pão em uma assadeira e leve ao forno por 15 minutos, mexendo a assadeira de vez em quando, até que estejam dourados e crocantes de todos os lados. Transfira os croûtons para um prato ou tigela.

3. Coloque a abóbora e a couve na assadeira e misture-as com 3 colheres (sopa)/45 ml de azeite e ½ colher (chá) de sal. Asse os legumes, mexendo de vez em quando, até que estejam dourados e macios, o que deve levar de 35 a 40 minutos. Retire-os do forno e deixe que esfriem enquanto prepara o molho. (Esta salada é bem gostosa com os legumes quentes, mas, se preferir assá-los com antecedência, também ficam deliciosos em temperatura ambiente.)

4. Em uma tigela grande, misture com um batedor de arame a mostarda, o xarope de maple e o vinagre enquanto despeja em fio a ½ xícara (chá)/110 ml restante de azeite. Tempere o molho com sal a gosto e bastante pimenta.

5. Acrescente os croûtons, os legumes assados, a couve, a cebola e metade do parmesão e misture. Tempere com mais sal e pimenta a gosto. Transfira a panzanella para uma travessa, jogue o restante de parmesão por cima e sirva imediatamente.

SALADA DE VERÃO COM TOMATE, ATUM E CROÛTON

SERVE 4 PESSOAS

340 g de **FILÃO** ou **CIABATTA** amanhecidos, caseiros (pp. 128 ou 141) ou comprados, cortados em fatias grossas (cerca de 2 pães médios)

1 **DENTE DE ALHO** grande descascado

2 colheres (sopa) de **VINAGRE BALSÂMICO**

¼ de xícara (chá) mais 2 colheres (sopa)/85 ml de **AZEITE**

¼ de xícara (chá)/55 ml de **ÁGUA** fria

SAL KASHER

½ **CEBOLA** pequena cortada em cubinhos

1 **TOMATE** grande cortado em cubos de 1,5 cm

1 colher (sopa) de **ALCAPARRAS** escorridas

¼ de xícara (chá)/40 g de **AZEITONAS KALAMATA** sem caroço e cortadas ao meio

1 lata/200 g de **ATUM EM ÓLEO**

1 colher (sopa) de **SUMO DE LIMÃO** fresco

¼ de xícara (chá) cheia/10 g de **FOLHAS DE SALSINHA** cortadas grosseiramente

PIMENTA-DO-REINO moída na hora

Esta salada deliciosa mostra meu amor por tudo o que é saboroso no universo do sal; leva uma abundância de alcaparras, azeitonas, atum e vinagre, tudo de que você precisa em uma tarde quente de verão. Não tem problema se ela ficar um tempinho na mesa antes de ser servida. Na verdade, fica até melhor.

1. Preaqueça o forno a 205°C.

2. Coloque o pão em uma assadeira baixa em uma camada única e asse-o por 15 minutos no total, virando uma vez, até que esteja dourado e crocante dos dois lados.

3. Esfregue o alho nos dois lados de cada fatia de torrada. Quebre o pão em pedaços de 2,5 cm e deixe-os na assadeira.

4. Em uma tigela pequena, misture com um batedor de arame o vinagre balsâmico, ¼ de xícara (chá)/60 ml de azeite, a água e uma pitada de sal. Regue o pão e mexa um pouco para se certificar de que todos os pedaços obtenham um pouco de líquido. Deixe que descanse por no mínimo 15 minutos, para que amoleça e absorva o azeite e o vinagre.

5. Em uma tigela grande, coloque a cebola e uma pitada de sal. Misture com as mãos e deixe descansar por alguns minutos.

6. Adicione o tomate, as alcaparras e as azeitonas. Com um garfo, retire o atum da lata e acrescente à tigela. Junte o sumo de limão e as 2 colheres (sopa)/30 ml restantes de azeite. Misture e tempere com sal e pimenta a gosto.

7. Coloque o croûton na mistura de tomate e deixe descansar por mais 15 minutos para que todos os sabores se unifiquem. Delicadamente, acrescente a salsinha e tempere com mais sal e bastante pimenta-do-reino moída na hora, antes de servir.

FARINHA DE ROSCA TEMPERADA

RENDE 2 XÍCARAS (CHÁ)/460 G

1 **PÃO** amanhecido cortado em cubos de 2,5 cm (8 xícaras de chá/455 g)

1 colher (chá) de **SAL KASHER**

1 colher (chá) de **SALSINHA SECA**

½ colher (chá) de **ALHO EM PÓ**

½ colher (chá) de **PIMENTA-DO-REINO** moída na hora

Uma pitada de **COMINHO** moído

Farinha de rosca simples

Tire a salsinha, o alho em pó, a pimenta-do-reino e o cominho.

Farinha de rosca caseira é fácil de fazer e muito melhor do que a industrializada. Mantenha um saco hermético no congelador e vá guardando os restos de filão ou ciabatta lá. Quando tiver juntado uma boa quantidade, faça uma leva de farinha de rosca. Dura 2 semanas em um saco hermético em temperatura ambiente ou até 1 mês no congelador.

1. Preaqueça o forno a 205°C.

2. Coloque o pão em uma camada única em uma assadeira e leve ao forno por cerca de 15 minutos no total, até que esteja dourado, seco e crocante, mexendo de vez em quando. Deixe esfriar.

3. Em levas, se necessário, pulse o pão torrado no processador de alimentos até que vire uma farofa. Adicione o sal, a salsinha, o alho em pó, a pimenta e o cominho e pulse mais umas vezes, até que tudo fique bem misturado.

SCHNITZEL DE FRANGO CROCANTE COM PICLES DE CEBOLA ROXA

SERVE 6 PESSOAS

905 g de **SOBRECOXA DE FRANGO** desossada, sem pele e sem gordura (cerca de 8 pedaços)

¾ de xícara (chá)/85 g de **FARINHA DE TRIGO**

SAL KASHER

1 colher (chá) de **ALHO EM PÓ**

4 **OVOS** grandes

2 colheres (sopa) de **ÁGUA**

3 xícaras (chá)/690 g de **FARINHA DE ROSCA TEMPERADA**, de preferência caseira (p. 281)

ÓLEO DE CANOLA para fritar

PICLES DE CEBOLA ROXA NO LIMÃO (receita a seguir)

Esta é outra receita do meu pai. Embora funcione com peito de frango, prefiro com sobrecoxa desossada sem pele, que tem muito mais sabor e é suculenta. O melhor de tudo é que esse schnitzel combina perfeitamente com o picles de cebola roxa no limão, que não poderia ser mais fácil de fazer nem mais delicioso. Seja paciente e deixe o frango fritar até que esteja bonito e dourado.

1. Seque as sobrecoxas de frango com papel-toalha. Coloque-as entre duas camadas de papel-manteiga e use um martelo de carne ou uma panela pequena para amassar o frango até ficar com 6 mm de espessura. Repita o processo com todos os pedaços.

2. Coloque a farinha de trigo em uma travessa e misture 1 colher (chá) de sal e o alho em pó. Em uma tigela pequena, bata os ovos e a água. Coloque os ovos batidos em outra travessa, e a farinha de rosca em uma terceira.

3. Passe cada pedaço de frango na farinha de trigo, retirando o excesso. Depois, passe no ovo e, finalmente, na farinha de rosca. Coloque o frango pronto para fritar em uma assadeira.

4. Forre 1 ou 2 assadeiras com três camadas de papel-toalha. Encha 2,5 cm de uma frigideira grande com óleo e leve ao fogo médio-alto. Ao jogar um pouquinho de farinha de rosca, ela deve fritar imediatamente.

5. Em levas e acrescentando mais óleo de acordo com a necessidade, frite os pedaços de frango até que fiquem dourados e crocantes, de 5 a 7 minutos de cada lado. Transfira os pedaços para a assadeira com papel-toalha e jogue sal por cima.

6. Sirva quente com bastante picles de cebola roxa no limão.

PICLES DE CEBOLA ROXA NO LIMÃO

RENDE CERCA DE 1 XÍCARA (CHÁ)/225 G

Esta deve ser a receita mais simples do livro e certamente é uma das mais versáteis. A cebola proporciona um sabor refrescante e único que complementa a gordura e o toque crocante do schnitzel.

1 **CEBOLA ROXA** média cortada em anéis finos

½ colher (chá) de **SAL KASHER**

Sumo de 1 **LIMÃO**

Coloque a cebola em uma tigela pequena, jogue o sal por cima e misture com as mãos. Adicione o sumo de limão e deixe descansar até que a cebola fique macia, por no mínimo 15 minutos em temperatura ambiente ou até 1 ou 2 dias coberta na geladeira.

SEM DESPERDÍCIO: O QUE FAZER COM AS SOBRAS DE PÃO

RIBOLLITA DO SALTIE

SERVE DE 8 A 10 PESSOAS

455 g de **FEIJÃO-BRANCO**

1 molho pequeno de **TOMILHO FRESCO** (cerca de 24 ramos)

1 molho pequeno de **SÁLVIA FRESCA** (cerca de 12 ramos)

6 **FOLHAS DE LOURO** secas

20 **DENTES DE ALHO** descascados; 12 cortados ao meio no sentido do comprimento e os 8 restantes em fatias finas

¾ de xícara (chá)/170 ml de **AZEITE**, e mais um pouco para regar

SAL KASHER

2 **CEBOLAS** médias cortadas em cubos pequenos

2 **CENOURAS** grandes descascadas e cortadas em cubos pequenos

4 **TALOS DE AIPO** cortados em cubos pequenos

1 molho de **FOLHAS DE SALSINHA** picadas grosseiramente

2 latas (795 g) de **TOMATE PELADO** amassado com as mãos e com o sumo reservado

¼ de **COUVE-LOMBARDA** pequena sem talo e cortada em fatias finas

6 folhas grandes de **COUVE** cortadas em fatias finas

6 xícaras (chá)/300 g de **CUBOS DE PÃO AMANHECIDO**

Saltie é uma pequena loja de sanduíches em Williamsburg, no Brooklyn. A dona, Caroline Fidanza, foi uma das primeiras compradoras dos pães da Hot Bread Kitchen, muito antes de abrir seu próprio estabelecimento. Eu estava nervosa e animada quando Caroline me ligou para fazer uma degustação de lavash para o restaurante que ela comandava — ela logo se tornou uma grande defensora do pão. Esta receita de ribollita, uma sopa italiana de feijão e legumes engrossada com pão, é adaptada de seu livro de receitas *Saltie*. É uma das minhas maneiras preferidas para aproveitar sobras, especialmente de focaccia ou ciabatta. "Ribollita" significa "refervida", e a sopa é tradicionalmente feita no dia anterior e então reaquecida e consumida. O pão é adicionado para engrossá-la na hora de reaquecê-la.

1. Escolha os grãos de feijão e descarte as pedrinhas. Coloque-os em uma tigela com água suficiente para cobri-los em no mínimo 5 cm. Deixe hidratar durante a noite.

2. Escorra os grãos e coloque-os em uma panela de pelo menos 11 litros. Adicione 2,8 litros de água fria e deixe ferver em fogo alto. Com a escumadeira, retire a espuma que se formar na superfície e reduza para uma fervura branda. Amarre o tomilho e a sálvia com um pedaço de barbante para cozinhar e adicione as ervas à panela, com as folhas de louro, os 12 dentes de alho cortado ao meio e ¼ de xícara (chá)/60 ml de azeite. Cozinhe em fervura branda até que estejam bem macios, o que pode levar entre 45 minutos e 2 horas, dependendo de quão frescos forem os grãos. Acrescente um pouco mais de água, se necessário. Os feijões devem sempre estar cobertos com líquido.

3. Quando estiverem macios, mas não totalmente moles, tempere-os com sal a gosto e retire e descarte as ervas e as folhas de louro. Depois de esfriar, os grãos podem ficar armazenados em seu próprio líquido em um pote hermético na geladeira por até 3 dias.

4. Enquanto isso, aqueça a ½ xícara (chá)/120 ml restante de azeite em uma caçarola grande em fogo médio-alto. Adicione a cebola, os 8 dentes de alho em fatias e uma pitada generosa de sal. Refogue por cerca de 5 minutos, mexendo de vez em quando, até que a cebola comece a ficar macia. Acrescente a cenoura, o aipo e mais uma pitada generosa de sal e reduza para fogo médio. Cozinhe os legumes por aproximadamente 20 minutos, mexendo de vez em quando até que estejam macios e quase desmanchando.

5. Adicione a salsinha e os tomates amassados, junto com seu sumo. Aumente o fogo para alto e leve para ferver. Imediatamente reduza o fogo e tempere com sal a gosto. Deixe cozinhar em fervura branda por cerca de 30 minutos, até que os sabores se unifiquem.

NOTA: Se você for fazer a sopa com antecedência, retire-a do fogo antes de adicionar o pão, deixe que esfrie até atingir a temperatura ambiente e armazene-a na geladeira, coberta, por até 1 semana. Incorpore o pão quando for reaquecê-la.

6. Acrescente a couve-lombarda e a couve comum à caçarola com mais 1 litro de água. Deixe ferver novamente, reduza para uma fervura branda, tempere com sal e cozinhe por cerca de 10 minutos, até que a couve-lombarda murche.

7. Escorra o feijão (descarte o líquido de cozimento ou reserve-o para outro uso; ele acrescentaria amido demais a esta receita) e junte-o à panela com mais 1 litro de água. Deixe ferver, tempere levemente com sal, reduza ao fogo mínimo e deixe a tampa entreaberta. Cozinhe em fervura branda até que tudo esteja bem macio, desmanchando, e os sabores pareçam densos e bem desenvolvidos, o que provavelmente levará mais que 2 horas. Mexa de vez em quando para se certificar de que os feijões não estejam grudando no fundo e então prove. Acrescente um pouco de água algumas vezes, se parecer seco. Os legumes não terão mais cores vibrantes e estarão moles — mas isso é bom. Como diz o pessoal do Saltie: "Quando a sopa estiver parecendo ferrugem, você saberá que está pronta".

8. Tempere com sal a gosto pela última vez — não se acanhe, vai precisar de bastante sal mesmo. Acrescente os cubos de pão e cozinhe pelos últimos 5 minutos, até que absorvam bastante líquido e comecem a se desfazer. Coloque a sopa em tigelas e sirva cada porção com um fio de azeite e um pouco de sal.

CHILAQUILES

SERVE 4 PESSOAS

ÓLEO DE CANOLA para fritar

12 **TORTILHAS DE MILHO**
(de 15 cm) caseiras (p. 94)
ou compradas cortadas
em 6 pedaços

SAL KASHER

3 xícaras (chá)/780 g de
SALSA VERDE (p. 108)

¼ de xícara (chá)/60 g de
IOGURTE GREGO

2 colheres (sopa) de
LEITE INTEGRAL

½ xícara (chá)/50 g de **COTIJA**
ralado ou **FETA** quebrado
em pedaços

Um pequeno punhado de
FOLHAS DE COENTRO
cortadas grosseiramente

Chilaquiles, tortilhas fritas com salsa verde, são a melhor maneira de usar sobras. Sempre temos muita na padaria, que viram esta refeição deliciosa e reconfortante. Também amo servi-la no brunch com ovos fritos por cima.

1. Forre uma assadeira com papel-toalha. Encha 2,5 cm de uma frigideira grande com óleo e leve ao fogo médio-alto. Em levas, coloque um punhado de tortilhas e frite-as por 2 minutos, virando uma vez, até que fiquem crocantes e bem douradas. Use uma escumadeira para transferi-las para a assadeira com papel-toalha e tempere com sal. Continue a fritá-las, acrescentando mais óleo à frigideira, se necessário, e deixando que aqueça bem, até que todas as tortilhas estejam fritas.

2. Descarte o óleo da frigideira, ponha a salsa verde e deixe ferver. Reduza para fervura branda e adicione as tortilhas. Cozinhe por cerca de 5 minutos, mexendo de vez em quando, até que as tortilhas estejam macias e tenham absorvido a salsa.

3. Enquanto isso, em uma tigela pequena, misture o iogurte grego e o leite, e tempere com sal a gosto.

4. Para servir, coloque essa mistura sobre os chilaquiles e jogue o queijo e as folhas de coentro por cima. Sirva quente.

SEM DESPERDÍCIO: O QUE FAZER COM AS SOBRAS DE PÃO

BARRINHAS CROCANTES

RENDE 680 G

4 colheres (sopa)/60 g de **MANTEIGA**

½ xícara (chá)/170 g de **MEL**

½ xícara (chá)/100 g de **AÇÚCAR**

3 xícaras (chá)/240 g de **FLOCOS DE MATSÁ** ou **MATSÁ**, caseiro (p. 42) ou comprado, quebrado em pedaços (de 1,5 cm)

½ xícara (chá)/60 g de **AMÊNDOAS** fatiadas

½ xícara (chá)/60 g de **NOZ-PECÃ** cortada ao meio

As sobras de matsá não são uma preocupação para a maioria das pessoas, mas, se você tiver um estoque de caixas em casa, sei exatamente o que fazer com elas. Essa barrinha doce, tirada diretamente do caderno de receitas da minha mãe, é uma sobremesa maravilhosa que virou um ritual de Pessach na minha família. Se você não tiver micro-ondas, pode fazê-la no fogão, em uma panela em fogo médio-alto. Siga todos os passos normalmente. Sirva com chá ou café ou quebre-a em pedaços bem pequenos e ponha por cima do sorvete, como uma farofa doce.

1. Forre uma assadeira baixa com papel-manteiga.

2. Em um pote médio que possa ir ao micro-ondas, junte a manteiga, o mel e o açúcar. Leve ao micro-ondas na temperatura alta até que esteja tudo fervendo e bem dourado, o que deve levar de 5 a 6 minutos, dependendo do seu aparelho. Certifique-se de parar uma ou duas vezes para mexer durante esse tempo.

3. Junte os pedaços de matsá, as amêndoas e a noz-pecã e devolva ao micro-ondas. Ligue em temperatura alta por mais 4 ou 5 minutos, até que tudo esteja bem dourado (parando aos 2 minutos para mexer). Para testar se está pronto, coloque uma pequena quantidade da mistura em uma xícara com água fria. Se ela não ficar crocante, volte ao micro-ondas e tente de novo.

4. Transfira a mistura para a assadeira preparada e deixe esfriar por alguns minutos. Com as mãos úmidas, pressione com firmeza para achatar a mistura. Deixe descansar por cerca de 1 hora, até firmar. Quebre em pedaços pequenos e sirva. Se sobrar, você pode armazenar em um pote hermético por alguns dias.

Fontes

Food52.com/shop, onde você encontra todo tipo de objetos e utensílios belos para cozinhar e também cópias do *The Baker´s Appendix* [em tradução livre, O apêndice dos confeiteiros], um pequeno livro repleto de todo tipo de medidor, balança e dica para confeiteiros amadores.

Kitchenaid.com para batedeiras e moedor de grãos.

Lehmans.com ou **ebay.com** para moedores de milho para fazer tortilhas caseiras do zero. Corona é uma boa marca para procurar.

Webstaurantstore.com para assadeiras. Investir em assadeiras grandes de aço inox, usadas em restaurantes (normalmente mais pesadas do que a maioria vendida para uso doméstico), irá gerar melhores resultados em seus pães e massas.

Embora alguns ingredientes sejam mais difíceis de serem encontrados no Brasil, aqui estão algumas lojas e sites que oferecem produtos importados e especializados:

Casa Santa Luzia (http://www.santaluzia.com.br/), onde você pode encontrar produtos kasher e importados.

Casa Flora (http://www.casaflora.com.br/), outra opção em São Paulo de produtos importados.

Casas Pedro (http://www.casaspedro.com.br/), no Rio de Janeiro, para especiarias e produtos importados.

La Fruteria (http://www.alafruteria.com.br/), loja de produtos naturais e ingredientes especializados no Rio de Janeiro.

Loja Bondinho (http://www.lojabondinho.com.br/), que vende produtos e utensílios para confeiteiros.

Bombay Spices (https://www.bombayherbsspices.com.br/), marca dedicada a especiarias.

Agradecimentos

À equipe da Clarkson Potter e os editores que tornaram possível este belo livro: Rica Allannic, a editora mais talentosa e sensata do mercado; Marysarah Quinn; Christine Tanigawa; Kim Tyner; Erica Gelbard; Kevin Sweeting; Sara Katz; Doris Cooper e Aaron Wehner.

A Julia Turshen, que fez com que um processo totalmente amedrontador parecesse viável e trouxe equilíbrio e leveza para todas as situações.

A Calt Hoyt, Jeff Jacobs e à equipe do CAA, por me encontrarem e me guiarem por todo o processo de escrita deste livro.

A Jen May, Erin McDowell, Evan Sung, Barbara Turk, por fazerem nossos pães e nossa equipe parecerem incrivelmente lindos.

A Steven Schmidt e Mitchell Woo pelos testes meticulosos. E aos nossos outros provadores cuidadosos: Janet e Jeremy Bloom, Geraldine Bowman, Jessica Edwards, Felice Waldman, Barb Ward e Dave Ward.

Os membros da família da Hot Bread Kitchen citados a seguir contribuíram com receitas gloriosas: Mark Fiorentino, Hiyaw Gebreyohannes, Raúl Guzman, Lutfunnessa Islam, Olga Luna, Nancy Mendez, Luela Osmenaj, Thuy Nguyen, Fanny Perez, Elidia Ramos, Bourchra Rashibi, Margaret Raymond e Tashi.

Minha família também contribuiu com receitas: Mini Starkman, através de Masha e Leona Ami; Rita Kozak, através de Patty Sugar (sei que vocês duas amariam ver o rocambole de nozes ao vivo); vovó Ruth Perlmutter, Dennis Waldman (espero que este livro tenha deixado você orgulhoso), Ydalia Rodriguez e Eli Rodriguez.

Caroline Fidanza, uma das minhas clientes de atacado e empresária inspiradora, também contribuiu com receitas.

A Aileen Sementz, Peter Endriss e Karen Bornarth — suas sugestões, testes e ideias cuidadosas foram impagáveis. Karen, obrigada por saber exatamente como ensinar conceitos complicados. Adrianna Campbell, agradeço por responder tantas perguntas! Mark Fiorentino, mentor, amigo e cozinheiro, obrigada por tudo com que contribuiu.

As receitas e o DNA dos chefes da Hot Bread Kitchen estão entranhadas neste livro. Ao longo dos anos, essas pessoas criaram lindos pães e talentosas padeiras que hoje trabalham por toda a cidade. Em ordem cronológica, agradeço a Lauren Peterson, Peter Endriss, Sandy Kim, Bem Hershberger e Aileen Sementz. Todos marcaram a Hot Bread Kitchen e as mulheres que treinaram.

Um conselho administrativo comprometido é essencial para o crescimento de uma organização sem fins lucrativos. Gostaria de citar cada uma das contribuições dos diretores à Hot Bread Kitchen e a este livro. Nada disso seria possível sem uma integrante perspicaz como Joanne Wilson — obrigada por tudo o que faz. Em ordem de ocupação, obrigada a Antonia Bowring por sua amizade e por defender os direitos das mulheres e das empresas que servimos; Bem Leventhal, por sempre dar a ideia perfeita no momento certo; Emily Susskind, que nos apoiou de inúmeras maneiras e é uma incentivadora incansável; Christina Tosi, cujas habilidades e ideias como chef, autora, contadora, guru de operações e dona de padaria são incomparáveis e sempre certeiras; Gail Simmons, por sua prática do direito constante e por ser uma conselheira confiável, encontrando tempo para nos apoiar entre viagens, sessões de foto e a maternidade (é importante ter sempre outra canadense a bordo); Dana Cowin, por sua inspiração como modelo vivo de excelência e por me aguentar durante o processo de escrita deste livro; Jordan Levy, pelas soluções financeiras precisas; Kay Blackwell, por apoiar toda a equipe e fornecer soluções pragmáticas quando mais precisamos; Ivy Grant, por trazer rigor intelectual e senso de humor aos assuntos mais sérios; Giuseppe Scalamogna, por cozinhar e cultivar tomates no jardim de sua casa; e a Joe Gold e Mary McCaffrey, que recentemente se juntaram ao nosso grupo extraordinário. À minha equipe fundadora, porque sem sua paciência e perseverança talvez nunca tivéssemos chegado aonde chegamos. Agathe Blanchon-Ehrsam, Jessica Edwards, Mark Fiorentino e Michelle Chasin, obrigada por acreditarem desde o começo e pelo apoio constante.

A equipe da Hot Bread Kitchen apoiou esse projeto e trabalhou muito para que acontecesse. Para o pessoal do escritório — Shimme, que nos faz brincar e rir, e Jasmyn Farris, que gerencia com graça e elegância —, obrigada. A Kobla, Linda, Grace, Bryan, Yeneri, Debbie, Natalie, Fabiola, Marie, Ilyssa, Sandra, Molly, Beatriz, Rachel, Katrina, Elidia, Robin e todos os que trabalharam na Hot Bread Kitchen desde a abertura em 2008... São muitos para listar, mas este livro é fruto da colaboração de todo o nosso trabalho árduo.

AGRADECIMENTOS

Eli Rodriguez, dedico este livro a você. Também quero agradecer por suas contribuições a esse empreendimento social crescente. Você tem sido meu equilíbrio emocional, meu parceiro e um eterno otimista, além de dono do paladar mais refinado para pães entre todas as pessoas que conheço. Eu te amo e agradeço muito. Dahlia e Emile, vocês elevam meu espírito até nos dias mais PERFEITOS.

À " editora júnior", minha incentivadora de sempre, a pessoa que me ensinou a amar a cozinha e a escrever, Nell Waldman, minha mãe. Desde a proposta inicial até a prova final, este livro não teria sido feito sem suas contribuições à narrativa, sua edição cuidadosa e seu apoio moral. E ao "editor sênior", que também é um incentivador incansável e um guru literário, meu padrasto, Lorne Rubenstein.

À minha família: Jaron, Martha, Dennis, Ydalia, Juan, Bubie Ruth, Barb, Bob, Steve, Felice, Sarah, Mark, Dan, Anne, Martin, Juan, Desire, Isobel e os primos queridos que compartilham minha paixão pela comida e cujo amor e apoio permitiram a realização deste trabalho.

A Jessica Edwards, que cabe em tantas categorias aqui — testadora de receitas, conselheira estética, profunda apoiadora emocional. Agradeço também a Gary e Hazel Hustwit.

A Erica Kopyto e Lucky Budd, queridos amigos e leitores perspicazes.

À equipe do Bank Street Family Center, que cuida todos os dias de Dahlia e Emile com amor e criatividade.

Peter e Janet Bloom, vocês enxergaram o brilho logo no início, e sua amizade e seu apoio significam o mundo para mim e para a Hot Bread Kitchen.

Christina Minardi (e sua equipe do Whole Foods), você tem sido uma incansável ativista e abriu inúmeras portas de imensa importância.

Obrigada a Ellen Galinsky e Tracey Zabar pelos conselhos no início do processo. A Mimi Sheraton e Peter Madonia, duas pessoas que, ao longo dos anos, e talvez sem nem saber, proporcionaram inspiração, ideias e apoio.

Ao NYC City Council e à equipe da NYCEDC, que nos trouxeram para La Marqueta. A Kathy Wylde, Maria Gotsch e à equipe do Fundo de Investimento da cidade de Nova York. Ken Knuckles e Hope Knight na Upper Manhattan Empowerment Zone, pelo investimento e apoio moral, e por serem ativistas do desenvolvimento econômico inovador no Harlem.

A GrowNYC, Michael Hurwitz e à equipe do Greenmarket por fornecer a plataforma ideal para dar vida à nossa missão e por serem nossos primeiros defensores.

Apoio filantrópico torna possível que a Hot Bread Kitchen faça esse trabalho que muda a vida de pessoas. Quero agradecer a Anthony Berger, Eileen Fisher, Echoing Green, Fundação Freygish, Jaron e Martha Waldman e à Fundação das Mulheres de Nova York por serem os primeiros a investir na nossa visão. Obrigada à Fundação Robin Hood pelo apoio à equipe de desenvolvimento de negócio. A Citi Community Development e Capital One pelo apoio contínuo aos empreendedores de baixa renda da incubadora da HBK. Ao Barclays pelo apoio às jovens mulheres em ambos os programas. À fundação Only the Brave pela ajuda para expandir nosso alcance nas comunidades imigrantes africanas. Ao Goldman Sachs por ajudar a ampliar nossos programas. À Fundação Rockefeller pela ajuda na divulgação. E às muitas fundações que ajudam famílias carentes, incluindo a Patrina, a Price Family e a Leslie and Daniel Ziff, por fornecerem apoio operacional e bolsas de estudo para nossas estagiárias.

Índice remissivo

As páginas destacadas em itálico indicam as fotos.

A

abacate: torradas de centeio multigrãos com cebolinha e abacate, 152; guacamole, *110*, 113

abacaxi: tamales doces com canela e abacaxi, 114, *115*

abóbora: tacos de abóbora, 102, *111*; panzanella de inverno, *278*, 279; quesadillas com queijo branco e flor de abóbora, 229

açúcar, 23

alecrim: focaccia de batata e alecrim, 83

alho: naan de alho com pimenta verde, *74*, 75

atum: pan bagnat, 131; salada de verão com tomate, atum e croûton, 280

aveia: granola da minha mãe, *260*, 261; pão de centeio multigrãos, 150-1; pão irlandês, 234; torradas de centeio multigrãos com sementes de abóbora, 153-5, *154*

azeite, 22

azeitona: boules de azeitona, 136-7; empanadas chilenas, 221; muffuletta com azeite, 79; pan bagnat, 131; pão irlandês, 234; salada de verão com tomate, atum e croûton, 280

B

bahn mi, 194

bahn mi com barriga de porco assada, 195-6

barrinhas crocantes, 288, *289*

batata: curry de carne e batata, 38, *39*; focaccia de batata e alecrim, 83; knish de batata, 209-11, *210*

bebidas: café gelado vietnamita, 199; chá de hortelã, 33

bialys: bialy com salada de carapau defumado 166; bialy tradicional de cebola, *158*, 159-60; minibialys de queijo, 160, *161*;

biscoitos de coco, 238, *239*

bolillos, 193

boules de azeitona, 136, *137*

brócolis e cogumelo: recheio para knishes, 211

C

café gelado vietnamita, 199

camarão: ceviche equatoriano de camarão, 228

carne: curry de carne e batata, 38, *39*; empanadas chilenas, 221; momos tibetanos, 215-7, *216*; muffuletta com azeite, 79; pastellitos, 222, *223*; recheio para kreplach, 208; sanduíche reuben com molho especial, 148, *149*; *ver também* porco

carnitas: carnitas cemitas, *132*, *134*, 135; carnitas de cozimento lento, 106, *111*; carnitas de cozimento rápido, 107

cebola: bialy tradicional de cebola, *158*, 159-60; minibialy de queijo, 160, *161*; schnitzel de frango crocante com picles de cebola roxa, 282, *283*

cebolinha: focaccia de cebolinha pecorino, 83; torradas de centeio multigrãos com abacate e cebolinha, 152

cemitas, *132*, *134*, 135

cenoura: picles rápido de cenoura e rabanete branco, 198; e repolho e cenoura braseados, *61*, 63

centeio: farinha de centeio, 21; pão de centeio com fubá, *146*, 147; pão de centeio multigrãos, 150-1; pão de centeio nova-iorquino, 142-4, *143*; torradas de centeio multigrãos com sementes de abóbora, 153-5, *154*

cereja: café da manhã dos campeões, 263; pão de chocolate com cereja, *256*, 257-8; rosca de Reis, 252-3; stollen, 244-6, *245*, *247*

ceviche equatoriano de camarão, 228

chá de hortelã, 33

chalá: chalá com passas, 178, *179*; dicas para fazer as tranças, 172-3; chalá integral, 188, *189*; chalá sefardita, 190, *191*; chalá tradicional, *174*, 175-6

chapati integral, *34*, 35

chilaquiles, *286*, 287

chocolate: calda mexicana de chocolate, 273; conchas de baunilha ou chocolate, *184*, 185; pão de chocolate com cereja, *256*, 257-8

ciabatta, *140*, 141; miniciabatta, *118-9*, 141

coco: biscoitos de coco, 238, *239*

cogumelo e brócolis: recheio para para knish, 211

conchas de baunilha ou chocolate, *184*, 185

couve: m'smen de couve--portuguesa com cebola e cheddar, , 31, *32*; panzanella de inverno, *278*, 279; ribollita do Saltie, 284-5

crema mexicana, 108, *111*

croûtons: salada de rúcula com

croûtons de chalá sefardita e vinagrete de limão, , 276, *277*

curry de carne e batata, 38, *39*

D

dicas de negócio: equilibrando mercado e missão, 41; equilibrando o papel de mãe e empresária, 259; investindo em equipamentos, 96; receita para um empreendedor, 269

doro wat, *61*, 62

E

eier kichel, 46, *47*

empanada: empanadas chilenas, 221; massa de empanada, *200-1*, 220

equipamento, 20-1

espinafre: pastel de forno de espinafre, 218, *219*

F

farinhas: de arroz, 22; de rosca simples, 281; de trigo, 21; temperada, 281; tipos de, 21-2

feijão: carnitas cemitas, *134*, 135; flautas de queijo, 100, *101*; feijão refrito, 109; tacos de abóbora, 102, *111*; tostadas de tinga, 103-5, *104*

feijão-branco: ribollita do Saltie, 284-5

fermento, 22

fígado: patê de fígado de porco, 197; picadinho de fígado, 45

filão rústico, 128-30, *129*

flautas de queijo, 100, *101*

focaccia de azeite, *80*, 81-3; variações sazonais da foccaia, 83

frango: canja da minha avó, 204,

205; doro wat, *60*, 62; picadinho de fígado, 45; recheio de frango da canja para knishes, 211; schnitzel de frango crocante com picles de cebola roxa, 282, *283*; tamales de frango, 97-9, *98*; tostadas de tinga, 103-5, *104*

fubá: filão de pimenta-do-reino e cheddar, 138, 139; pão de centeio com fubá, *146*, 147; torta dominicana, *236*, 237

G

ghee, 23

granola: café da manhã dos campeões, 263; granola da minha mãe, *260*, 261; maçãs assadas com granola e chantili, 264, *265*; waffles de granola, 262

grão-de-bico: homus, *77*, 78

groselha: filão de groselha e noz-pecã, 156, *157*; pãezinhos com cobertura de cardamomo, 254, *255*

guacamole, *110*, 113

guagas de pan, 250, *251*

guefilte fish, 44

H

hambúrguer, pão de, 182, *183*

homus, *77*, 78

hortelã: chá de hortelã, 33; naan de alho com pimenta dedo-de-moça verde, *74*, 75

I

injera de farinha de teff, 56, *57*

injera híbrido, 58

iogurte, 23

K

kasha: recheio para kreplach, 208

knish de batata, 209-11, *210*

kreplach, 206-8, *207*

L

lavash: 50, *51*; biscoito lavash integral, com gergelim, *48*, 49

legumes: legumes e verduras ao estilo de Bangladesh, 37; panzanella de inverno, *278*, 279; ribollita do Saltie, 284-5; *ver também legumes específicos*

leite, 22

M

m'smen, 28-30, *29*

m'smen de couve-portuguesa, cebola e cheddar, 31-2

maçã: maçãs assadas com granola e chantili, 264, *265*; focaccia de maçã e cheddar, 83

maionese: maionese de azeite, 167; maionse de vinagre de arroz, 167

manteiga, 22

masa harina, 22; tamales doces com canela e abacaxi, 114, *115*

massa: *masa* feita com *masa harina*, 92; quesadillas com queijo branco e flor de abóbora, 229; *masa* nixtamalizada, *90*, 91; tamales de frango, 97-9, *98*; tamales vegetarianos, 99; tortilhas, 94-5; trabalhando com massa, 89

massas recheadas: byrek de queijo, 212, *213*; ceviche equatoriano de camarão, 228; dicas, 203; empanadas chilenas, 221;

ÍNDICE REMISSIVO

knish de batata, 209-11; kreplach, 206-8, *207*; massa de empanada, *200-1*, 220; momos tibetanos, 215-7, *216*; morocho, 226; pastel de forno de espinafre, 218, *219*; pastellitos, 222, *223*; quesadillas com queijo branco e flor de abóbora, 229; tortilhas de tiesto, *224*, 225

matsá, 42, *43*

mel, 23

milho: ceviche equatoriano de camarão, 228; *masa nixtamalizada*, *90*, 91; morocho, 226

miniciabatta, *118-9*, 141

molhos de acompanhamento: guacamole, *110*, 113; homus, *77*, 78; maionese de azeite, 167; maionese de vinagre de arroz, 167

molhos e caldas: calda mexicana de chocolate, 273; molho de tomate, 69; salsa verde, 108, *111*; sepen, 217

momos tibetanos, 215-7

monkey bread, 186, *187*

morocho, 226

muffuletta com azeite, 79

N

naan, 72, *73*; naan de alho com pimenta dedo-de-moça verde, *74*, 75

nan-e barbari, 66-7; pizza de nan-e barbari, 68-9

nan-e qandi, *70*, 71

notas sobre ingredientes, 21-3

nozes e castanhas: barrinhas crocantes, 288, *289*; filão de groselha e noz-pecã, 156-7; granola da minha mãe,

260, 261; pudim de pão *tres leches* com calda mexicana de chocolate, 272-3, *274-5*; rocambole de nozes da minha avó, *242*, 243; stollen, 244-7, *245*; waffles de granola, 262

O

óleo, 22; de canola, 22

ovos, 23

P

pães: armazenamento, 19; dicas para fazer, 15-7; notas sobre equipamentos, 20-1; notas sobre ingredientes, 21-3

pães básicos: bialy tradicional de cebola, *158*, 159-60; boules de azeitona, 136-7; cemitas, 132; ciabatta, *140*, 141; dicas para assar, 125; filão de groselha e noz-pecã, 156-7; filão de pimenta-do-reino e cheddar, 138-9; filão rústico, 128-30, *129*; minibialy de queijo, 160, *161*; miniciabatta, *118-9*, 141; minipão multigrãos com sementes de abóbora, 155; moldando um cilindro, 120-1; moldando um filão, 122; moldando um pão de fôrma, 120; moldando um pão redondo, 123; pãezinhos rústicos, 132; pão de centeio com fubá, *146*, 147; pão de centeio multigrãos, 150, *151*; pão de centeio nova-iorquino, 142-4, *143*; *pâte fermentée*, 126, *127*

pães fermentados: focaccia de azeite, *80*, 81-3; injera de farinha de teff, 56, *57*; injera

híbrido, 58; naan, 72, *73*; naan de alho com pimenta verde, *74*, 75; nan-e barbari, 66-7; nan-e qandi, *70*, 71; pão de queijo, 64; pita, 76, *77*; pizza de nan-e barbari, 68-9

pães rápidos e festivos: biscoitos de coco, 238, *239*; dicas para assar, 233; guaguas de pan, 250-1; pãezinhos com cobertura de cardamomo, 254-5; pan de muertos, *248*, 249; pão de banana, 241; pão de chocolate com cereja, *256*, 257-8; pão irlandês, 234; rocambole de nozes da minha avó, *242*, 243; rosca de Reis, 252-3; stollen, 244-7, *245*; torta dominicana, *236*, 237

pães sem fermento: biscoito lavash integral com gergelim, *48*, 49; chapati integral, *34*, 35; dicas de cozimento, 27; eier kichel, 46-7; lavash, 50-1; m'smen, 28-30, *29*; m'smen de couve-portuguesa, cebola e cheddar, 31-2; matsá, 42, *43*; paratha, 40

pães *ver também tipos específicos*

pãezinhos americanos, *180*, 181

pãezinhos com cobertura de cardamomo, 254, *255*

pan bagnat, 131

pan de muertos, *248*, 249

panzanella de inverno, *278*, 279

pão de banana, 241

pão de fôrma de leite, 192-3

pão de queijo, 64, *65*

paratha, pão, 40

pastellitos, 222-3

patê de fígado de porco, 197

pâte fermentée, 126-7

peixe: bialy com salada de carapau defumado, 166; guefilte fish, 44; pan bagnat, 131; salada de verão com tomate, atum e croûton, 280

perfil do padeiro: Fanny Perez, 227-8; Francis Trinidad, 235; Hiyaw Gebreyohannes, 56, 59, 63; Luela (Ela) Osmanaj, 212, 214; Lutfunnessa Islam, 35-8; Margaret Raymond, 238, 240; Nancy Mendez, 93, 107, 113, 229, 249

pêssego caramelizado: rabanada com queijo e pêssego caramelizado, *270*, 271

picles: picles rápido de cenoura e rabanete branco, 198; schnitzel de frango crocante com picles de cebola roxa no limão, 282-3

pimenta: legumes e verduras ao estilo de Bangladesh, 37; salsa verde, 108, *111*; sepen, 217; tamales de frango, 97-9, *98*; tamales vegetarianos, 99; naan de alho com pimenta dedo-de-moça verde, *74*, 75

pita, 76, *77*

pizza de nan-e barbari, 68-9

porco: bahn mi com barriga de porco assada, 195, *196*; carnitas cemitas, *134*, 135; carnitas de cozimento lento, 106, *111*; carnitas de cozimento rápido, 107; patê de fígado de porco, 197

pudim de pão *tres leches* com calda mexicana de chocolate, 272-3, *274-5*

Q

queijo: bialy al barrio, *164*, 165;

branco quesadilla com queijo branco e flor de abóbora, 229; byrek, 212, *213*; carnita cemita, *134*, 135; chilaquiles, *286*, 287; filão de pimenta-do-reino e cheddar, 138-9; flautas de queijo, *100-1*; focaccia de cebolinha e pecorino, 83; focaccia de maçã e cheddar, 83; m'smen de couve-portuguesa, cebola e cheddar, 31, *32*; minibialy de, 160-1; muffuletta com azeite, 79; panzanella de inverno, *278*, 279; pão de queijo, 64; pão irlandês, 234; pizza de nan-e barbari, 68-9; rabanada com quijo e pêssego caramelizado, *270*, 271; sanduíche reuben com molho especial, 148, *149*; tacos de abóbora, 102, *111*; tamales vegetarianos, 99; tortilhas de tiesto, *224*, 225

quesadillas com queijo branco e flor de abóbora, 229

R

rabanada com queijo e pêssego caramelizado

rabanete branco: picles rápido de cenoura e rabanete branco, 198

repolho: repolho e cenoura braseados, *61*, 63; legumes e verduras ao estilo de Bangladesh, 37; ribollita do Saltie, 284-5; sanduíche reuben com molho especial, 148, *149*

reuben, sanduíche, com molho especial, 148, *149*

ribollita do Saltie, 284-5

ricota: café da manhã dos campeões, 263

rosca de Reis, 252-3

rúcula: salada de rúcula com croûtons de chalá sefardita e vinagrete de limão, 276

S

sal, 22

saladas: salada de verão com tomate, atum e croûton, 280; panzanella de inverno, *278*, 279; salada de rúcula com croûtons de chalá sefardita e vinagrete de limão, 276, *277*

salsa verde, 108, *111*

sanduíches: bahn mi com barriga de porco assada, 195-6; bialy al barrio, *164*, 165; bialy com salada de carapau defumado, 166; carnitas cemitas, *134*, 135; muffuletta com azeite, 79; pan bagnat, 131; rabanada com queijo e pêssego caramelizado, *270*, 271; sanduíche reuben com molho especial, 148, *149*; torradas de centeio multigrãos com abacate e cebolinha, 152

schnitzel de frango crocante com picles de cebola roxa no limão, 282-3

sementes: biscoito lavash integral com gergelim, *48*, 49; chalá sefardita, 190-1; granola da minha mãe, *260*, 261; minipão multigrãos com sementes de abóbora, 155; pão de centeio multigrãos, 150-1; torradas de centeio multigrãos com sementes de abóbora,153-5, *154*

semolina, 22

sepen, 217

sopas: canja da minha avó, 204-5; ribollita do Saltie, 284-5
stollen, 244-7, *245*

T

tacos: como fazer tacos verdadeiros, 110; tacos de abóbora, 102, *111*

tamales: tamales de frango, 97-9, *98*; tamales dóces com canela e abacaxi, 114, *115*; tamales vegetarianos, 99

teff: farinha de teff, 22; injera de farinha de teff, 56-7; injera híbrido, 58

tomate: ceviche equatoriano de camarão, 228; focaccia de tomate e manjericão, 83; guacamole, *110*, 113; molho de tomate, 69; pastellitos, 222-3; ribollita do Saltie, 284-5; salada de verão com tomate, atum e croûton, 280; sepen, 217; tamales vegetarianos, 99; tostadas de tinga, 103-5, *104*

tomates verdes mexicanos: salsa verde, 108, *111*; tamales de frango, 97-9, *98*

torta dominicana, *236*, 237

tortilha(s), 94-5; chips de tortilha com dedo-de-moça, cominho e limão, 112, *266*; de tiesto, *224*, 225; de tinga, 103-5, *104*; dicas, 89

tranças e pães enriquecidos: bahn mi, 194; bolillos, 193; chalá com passas, 178, *179*; chalá integral, 188, *189*; chalá sefardita, 190, *191*; chalá tradicional, *174*, 175-6; conchas de baunilha ou chocolate, *184*, 185; monkey bread, 186, *187*; pão de cachorro-quente e de hambúrguer, 182, *183*; pão de fôrma de leite, *192*, 193; dicas para fazer tranças, 172-3

tres leches: pudim de pão *tres leches* com calda mexicana de chocolate, 272-3, *274-5*

trigo integral: farinha de trigo integral, 21; biscoito de lavash integral com gergelim, *48*, 49; chalá integral, 188-9; chapati integral, *34*, 35; injera híbrido, 58; torradas de centeio multigrãos com sementes de

abóbora, 153-5, *154*; tortilhas de tiesto, *224*, 225

U

uvas-passas: biscoitos de coco, 238, *239*; chalá com passas, 178, *179*; empanadas chilenas, 221; granola da minha mãe, *260*, 261; pãezinhos com cobertura de cardamomo, 254-5; pastellitos, 222, *223*; pudim de pão *tres leches* com calda mexicana de chocolate, 272-3, *274-5*; stollen, 244-7, *245*; tamales doces com canela e abacaxi, 114, *115*

V

vagem: legumes e verduras ao estilo de Bangladesh, 37; pan bagnat, 131

W

waffles de granola, 262

X

xarope de maple, 23